Apprêter et cuisiner
LE GIBIER

Données de catalogage avant publication (Canada)

Marrone, Teresa
Apprêter et cuisiner le gibier

Traduction de: Dressing & cooking wild game.

1. Cuisine (Gibier). 2. Gibier – Habillage. I. Titre.
II. Titre : Préparation et cuisson du gibier.

TX751.M3614 2000 641.6'91 C00-941083-X

Auteur des textes: Teresa Marrone
Auteurs des recettes et consultants pour les textes: Annette et Louis Bignami, Joan Cone, Billy Joe Cross, William Gregoire, George et Kathryn Halazon, Jim Schneider, Bill Stevens, Teresa Marrone
Éditeur délégué: Don Oster
Directeur artistique: Joe Fahey
Photographes: Tony Kubat, John Lauenstein, Mark Macemon, Mette Nielsen, Rex Irmen, William Lindner
Photographes collaborateurs: Erwin Bauer, Albert W. Damon III, Daniel Halsey, Jerry Robb, Norm et Sil Strung
Stylistes: Bobbette Destiche, Teresa Ernst, Suzanne Finley, Melinda Hutchison, Robin Krause, Lynn Lohmann, Sue Sinon, Susan Zechmann, Lynn Bachman, Carol Grones
Illustration du cerf: Mary Albury-Noyes
Analyste nutritionnelle : Hill Nutrition
Responsable de la production: Helga Thielen
Collaborateurs: Catherine E. Adams, Ministère de l'Agriculture des États-Unis; Mike Barron; Browning; Coleman Co., Inc./Western Cutlery; Mary Ebnet, Wild Acres Game Farm; Federal Cartridge Corporation; Dick Grzywinski; Alan et Debbie Hart; Département des Ressources naturelles du Minnesota: Mike Hammer, Jim Konrad, Paul Rice; Pete Nelson, Lindstrom Community Market; Larry Nelson; Remington Arms Company, Inc.; John Schneider; Simmons Outdoor Corporation; Bob et Karen Swanson; Marsh Lake Hunting Preserve

L'ouvrage original américain a été publié
par Creative Publishing international, Inc.
sous le titre *Dressing & Cooking Wild Game*

Dépôt légal: 3e trimestre 2000
Bibliothèque nationale du Québec

ISBN 2-7619-1560-7

NOTE: Selon l'endroit où l'on se trouve, différents règlements peuvent s'appliquer en ce qui concerne la chasse. Il est permis, par exemple, de chasser l'écureuil en certains territoires, alors qu'il est défendu de le chasser au Québec.

Si l'on ne trouve pas un type de gibier mentionné dans une recette, il est toujours possible de remplacer cet animal par un gibier du même genre.

L'Éditeur bénéficie du soutien de la Société de développement des entreprises culturelles du Québec pour son programme d'édition.

Nous remercions le Conseil des Arts du Canada de l'aide accordée à notre programme de publication.

Nous reconnaissons l'aide financière du gouvernement du Canada par l'entremise du Programme d'aide au développement de l'industrie de l'édition (PADIÉ) pour nos activités d'édition.

DISTRIBUTEURS EXCLUSIFS:

- Pour le Canada et les États-Unis:
MESSAGERIES ADP*
955, rue Amherst,
Montréal, Québec
H2L 3K4
Tél.: (514) 523-1182
Télécopieur: (514) 939-0406
* Filiale de Sogides ltée

- Pour la France et les autres pays:
INTER FORUM
Immeuble Paryseine, 3, Allée de la Seine
94854 Ivry Cedex
Tél.: 01 49 59 11 89/91
Télécopieur: 01 49 59 11 96
Commandes: Tél.: 02 38 32 71 00
Télécopieur: 02 38 32 71 28

- Pour la Suisse:
DIFFUSION: HAVAS SERVICES SUISSE
Case postale 69 - 1701 Fribourg - Suisse
Tél.: (41-26) 460-80-60
Télécopieur: (41-26) 460-80-68
Internet: www.havas.ch
Email: office@havas.ch
DISTRIBUTION: OLF SA
Z.I. 3, Corminbœuf
Case postale 1061
CH-1701 FRIBOURG
Commandes: Tél.: (41-26) 467-53-33
Télécopieur: (41-26) 467-54-66

- Pour la Belgique et le Luxembourg:
PRESSES DE BELGIQUE S.A.
Boulevard de l'Europe 117
B-1301 Wavre
Tél.: (010) 42-03-20
Télécopieur: (010) 41-20-24

Pour en savoir davantage sur nos publications,
visitez notre site: **www.edhomme.com**
Autres sites à visiter: www.edjour.com • www.edtypo.com
www.edvlb.com • www.edhexagone.com

Apprêter et cuisiner
LE GIBIER

De la récolte à la table

gros gibier
petit gibier
gibier à plume terrestre
gibier d'eau

Traduit de l'américain par Odette Lord
avec la collaboration de Sylvio Morin

LES ÉDITIONS DE L'HOMME

Introduction

On trouve maintenant de plus en plus d'oiseaux d'élevage et de gibier dans les supermarchés et les boutiques spécialisées. Le gibier figure donc plus que jamais sur les menus. Les grands repas de gibier dans les restaurants branchés sont très chers. Et comme la popularité du gibier d'élevage ne cesse d'augmenter, les chasseurs se rendent compte que le gibier sauvage qu'ils capturent est apprécié par un nombre croissant de personnes. Contrairement aux animaux domestiques, le gibier n'a jamais mangé de nourriture contenant des produits chimiques et il n'a pas été exposé à de dangereuses bactéries comme la plupart du bétail et des animaux de basse-cour. Le gibier est donc un cadeau inestimable.

Malheureusement, on a tendance à apprêter le gibier comme de la viande de tous les jours. De nombreux cuisiniers, parce qu'ils craignent de proposer un petit goût sauvage, font tremper la viande dans l'eau salée et la préparent avec des assaisonnements relevés qui en masquent la saveur naturelle. Ils la font cuire comme la viande domestique et sont déçus quand elle devient dure et sèche. De plus, même si le gibier a été bien préparé, s'il a été manipulé de façon inadéquate sur le terrain, il peut avoir un arrière-goût.

Cet ouvrage aidera le lecteur à éviter ces pièges. Le premier chapitre montre comment prendre soin de chaque type de gibier après qu'il a été abattu. On y découvre comment préparer et transporter le gibier, comment le suspendre, le faire vieillir et le dépouiller. Des photos illustrent clairement le débitage et le désossage du gros gibier. On y apprend exactement quoi faire pour tirer le maximum de sa récolte de gibier.

On apprend également l'abc de la préparation et du dépeçage du petit gibier et du gibier à plume. Tout y est traité, du plumage humide et à sec au dépouillement du lièvre. Le chapitre se termine par un guide détaillé de la congélation qui enseigne des méthodes éprouvées pour prévenir les brûlures de congélation, entre autres les techniques pour congeler le gibier dans des contenants remplis d'eau et pour emballer des pièces de viande de formes irrégulières comme les côtes.

Le chapitre sur la cuisson du gros gibier met en vedette plus de 50 recettes appétissantes, qui comprennent les grandes favorites — Tranche de gibier style poulet frit et Rôti de gros gibier braisé — comme les recettes traditionnelles de gros gibier salé, de mincemeat et de saucisses. Les photos facilitent plusieurs opérations telles que la préparation des steaks papillon, du rôti de gibier roulé et farci ou de la savoureuse Tourte de gros gibier.

Les trois chapitres qui suivent présentent d'appétissantes recettes de petit gibier, de gibier à plume terrestre et de gibier d'eau. On y apprend comment cuire le lapin à l'autocuiseur pour que la viande soit tendre et délicieuse, mais aussi comment rôtir une oie aux pommes et même comment griller une perdrix au tournebroche.

On trouve aussi des recettes de sauces, de farces et de marinades pour accompagner les plats de gibier. Une autre section enseigne comment tirer le plus grand parti du gibier en faisant du bouillon avec les os. Enfin, le dernier chapitre traite des techniques de fumage à chaud et à froid. Et cela comprend, bien sûr, une méthode pour faire la viande de gibier séchée à l'ancienne.

Toutes les recettes de cet ouvrage ont été expérimentées à fond par des professionnels. Les recettes traditionnelles ainsi que les recettes contemporaines ont toutes un point en commun: elles mettent en valeur la saveur naturelle et caractéristique du gibier. Tout au long de cet ouvrage, on peut voir des indications concernant certaines caractéristiques des recettes, comme celles qui sont particulièrement faciles à préparer ou qui sont faibles en calories.

-45 **vite fait** = de 30 à 45 minutes de préparation et de cuisson

-30 **se prépare en un clin d'œil** = 30 minutes ou moins de préparation et de cuisson

faible en matières grasses = 10 grammes ou moins de gras par portion

Comme le gibier sauvage est plus difficile à trouver que la viande domestique — et que l'achat de gibier d'élevage est coûteux —, on a intérêt à le préparer avec les meilleurs ingrédients. Si l'on peut trouver des herbes fraîches, on n'a qu'à remplacer les herbes séchées de la recette par une quantité deux fois plus grande d'herbes fraîches. Quand la recette demande du vin, utiliser un bon vin de table. Si l'on préfère un plat sans alcool, on le remplace par du bouillon ou par de l'eau.

La lecture de cet ouvrage avant la prochaine saison de chasse aidera sûrement le lecteur à profiter le plus possible de ses récoltes de gibier sauvage. Les savoureux plats de gibier préparés au retour seront aussi mémorables que la chasse qui les a rendus possibles.

La préparation du gibier sur le lieu de récolte

Les couteaux de chasse comprennent des couteaux pliants tout usage dont voici quelques exemples: 1. couteau à pointe tombante; 2. couteau à pointe coupante. La pointe coupante permet d'effectuer un travail plus précis et sa courbure est plus prononcée que celle de la pointe tombante (voir médaillon, p. 9). Certains autres couteaux ont des usages précis: 3. couteau pliant pour les oiseaux avec crochet d'éviscération (voir p. 38); 4. couteau à lames multiples: l'une possède une pointe peu tranchante qui empêche la perforation des intestins lors de l'éviscération; l'autre a une pointe coupante, alors que la troisième lame est dentelée pour scier les os de la cage thora-

Le choix et l'aiguisage des couteaux de chasse

Un couteau de chasse de qualité est l'un des meilleurs investissements que peut faire le chasseur. C'est un outil qui, s'il est utilisé correctement et bien entretenu, survit souvent à son propriétaire. En contrepartie, un couteau de chasse de piètre qualité risque de ne pas durer toute la saison.

Le matériau et la technique de fabrication de même que la longueur et la forme de la lame sont les principaux critères à retenir lors du choix d'un couteau de chasse. La lame en acier inoxydable doit être dure et non cassante. Elle doit pouvoir conserver son tranchant le plus longtemps possible, tout en étant facile à aiguiser lorsqu'elle est émoussée. Il est recommandé d'utiliser une lame dont la dureté varie de 57 à 60 — selon l'*échelle de Rockwell*.

Le manche peut être en bois franc, en bois imprégné de plastique ou encore en matière synthétique résistante. Ces matériaux sont plus durables que le plastique qui est cassant ou que le bois tendre qui s'entaille facilement.

On préférera un couteau que l'on pourra tenir confortablement. Comme la main devient souvent moite lorsqu'on manipule un couteau, il faut choisir un manche dont la forme procure une bonne prise. Une lame dont la longueur varie de 9 à 12 cm (3 ½ à 4 ½ po) permet d'utiliser l'outil avec le petit comme avec le gros gibier.

Comment aiguiser un couteau

Choisir une pierre à aiguiser de rugosité moyenne dont la longueur est au moins équivalente à celle de la lame du couteau. (Si la lame est très émoussée, utiliser d'abord une pierre très rugueuse, puis la pierre moyenne). Placer la pierre sur un chiffon plié pour la stabiliser, puis verser un peu d'huile d'affûtage.

Appuyer la lame sur la pierre selon l'angle d'origine du tranchant — cet angle varie généralement de 12 à 17°. En appliquant une légère pression, faire glisser la lame vers l'avant en dessinant un arc comme si l'on voulait racler le tranchant. Conserver toujours le même angle et garder le côté de la lame en contact avec la pierre. Répéter l'opération encore deux fois.

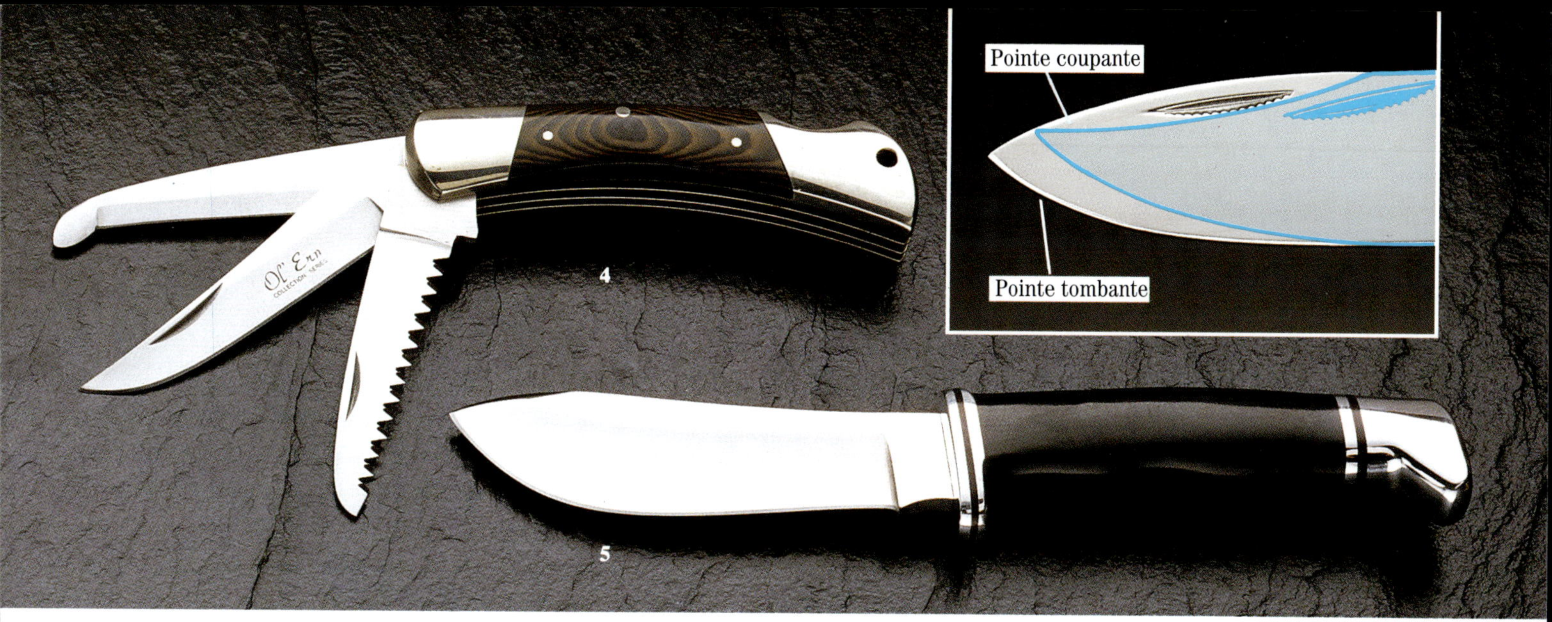

cique et du bassin du gros gibier; 5. couteau à écorcher le gros gibier dont la pointe peu tranchante minimise le risque de perforer la peau. Les côtés de l'émouture, soit la partie de la lame qui va en s'amincissant du dos jusqu'au tranchant, sont *concaves*. C'est la forme idéale pour écorcher. Cependant, ce type de lame peut facilement s'ébrécher au contact d'un os ou d'un morceau de bois. Les lames des autres couteaux illustrés ici présentent des formes plus ou moins concaves et possèdent des bords épais et robustes.

La pointe d'un couteau est soit *coupante,* soit *tombante* (voir médaillon). La pointe coupante permet d'effectuer des coupes précises en plus de pouvoir s'introduire facilement dans le ventre de l'animal. Par contre, la pointe tombante risque moins de perforer les intestins lors de l'incision de l'abdomen ou de percer la peau durant l'écorchement.

Pour des raisons de commodité et de sécurité, plusieurs chasseurs aiment mieux utiliser des couteaux pliants sur le lieu de récolte. Ces couteaux se transportent plus facilement que ceux dont la lame est fixe et sont plus sécuritaires en cas de chute. Il faut, bien sûr, choisir des couteaux de grande qualité, munis d'un système de cran d'arrêt qui maintient fermement la lame en position lorsqu'on ouvre l'outil. De même, la lame devrait s'imbriquer parfaitement dans le manche lors de la fermeture.

Le couteau doit servir à ce pour quoi il a été conçu. Le tranchant de la lame s'abîmera si l'on utilise l'outil comme ouvre-boîte ou comme hachette. De même, il importe de bien nettoyer et de garder au sec un couteau lors du rangement, car les meilleurs aciers inoxydables peuvent se corroder en présence de matières salées ou acides.

Un couteau bien affûté est plus sécuritaire que lorsqu'il est émoussé. En effet, on a alors moins d'efforts à fournir pour accomplir le travail. Il faut aussi dégauchir la lame régulièrement avec un fusil en acier (voir p. 21). Cette opération corrige les brèches dans la lame, mais ne l'aiguise pas. Lorsque la lame est complètement émoussée, utiliser la pierre à aiguiser.

À trois reprises, racler la lame vers soi dans un mouvement d'arc, en conservant le même angle d'attaque chaque fois. Aiguiser ainsi chaque côté de la lame, en utilisant de l'huile d'affûtage, si nécessaire. Passer très doucement le tranchant de la lame sur un ongle; si le tranchant ne glisse pas, c'est que la lame est assez aiguisée.

Répéter les étapes précédentes d'aiguisage, mais en utilisant cette fois une pierre très douce. Si la pierre s'encrasse, la nettoyer, puis appliquer de l'huile encore une fois. Le couteau est assez tranchant lorsqu'il coupe une feuille de papier sans aucun effort. Nettoyer la pierre à aiguiser à l'eau savonneuse avant de la ranger.

Quelques trousses d'aiguisage: 1. trousse à angles d'affûtage multiples; 2. trousse à tiges de céramique pour affûter légèrement; 3. fusil à affûter avec tige imprégnée de diamant, qui assure un aiguisage moyen.

Pendre le gros gibier à un arbre pour accélérer le refroidissement de l'animal. Cette opération protège également la carcasse des charognards si l'on doit quitter les lieux pour aller chercher de l'aide afin de la transporter. Pour faciliter l'opération, utiliser un équipement de levage à poulies (médaillon).

Le gros gibier: la préparation sur le lieu de récolte et le transport

S'il ne veut pas perdre son temps en efforts inutiles et s'il veut s'éviter des problèmes, le chasseur doit faire ses devoirs avant de se lancer à la poursuite de son animal préféré. De plus, cette préparation lui donne l'assurance que la viande qu'il rapportera fera les délices de la maisonnée.

Lors de l'achat du permis, le chasseur doit lire le livret attentivement ou se renseigner auprès des autorités concernées sur les règlements qui s'appliquent au territoire de chasse. Ainsi, en certains endroits, il est interdit de débiter et d'écorcher des bêtes sur le lieu de récolte, alors qu'en d'autres, on doit remettre les abats à des fins d'études.

La tête et les bois doivent être débités de façon très particulière si le chasseur veut les conserver comme trophée. Il aura tout avantage à consulter un taxidermiste chevronné qui pourra lui prodiguer ses conseils pour une préparation adéquate. Il peut également trouver sur le marché des trousses de taxidermie et de tannage maison.

La peau du cerf, de l'orignal et du wapiti donne un excellent cuir. Plusieurs tanneries achètent les peaux à l'état brut directement du chasseur, alors que d'autres peuvent demander une certaine préparation. D'autres encore échangeront la peau contre un produit fini — une paire de gants, par exemple. Il est possible également de faire tanner ses peaux pour les conserver.

À moins de disposer d'une chambre froide capable d'accueillir la carcasse du gibier pour le vieillissement, on doit s'être entendu avec son boucher afin de pouvoir mener à bien cette opération. On doit également s'assurer que le local sera accessible, même durant la fin de semaine.

L'équipement de base pour préparer la carcasse comprend: 1. deux couteaux de chasse pliants à cran d'arrêt (le second sert de rechange); 2. une petite pierre ou un fusil d'affûtage; 3. plusieurs mètres de ficelle de cuisine; 4. deux éponges propres; 5. des sacs de plastique pour congélation avec fermeture hermétique; 6. des gants de caoutchouc; 7. un petit équipement de levage à poulies; 8. une corde de nylon de 0,5 cm (1/4 po) d'une longueur de 6 m (20 pi). Dans le cas de l'orignal ou du wapiti, il faudra également apporter: 9. des sacs en tissu ou de la mousseline à fromage pour envelopper les quartiers s'il y a dépouillage; 10. une hachette ou une scie pliante; 11. des petits crochets en «S» peuvent également être utiles pour maintenir la cage thoracique ouverte pendant l'éviscération. À l'exception de la hachette, ranger tous ces articles dans un sac de transport avec une trousse de premiers soins et le reste de l'équipement de chasse.

Sur le terrain

Avant même de tirer un seul coup de feu, il faut bien examiner où se trouve la bête. En effet, l'endroit où elle tombe déterminera les efforts à fournir pour récupérer la carcasse. La présence de sentiers facilitera le transport si la bête est de l'autre côté d'un canyon. De même, il peut être tentant d'abattre un orignal qui broute dans un marécage, mais il faudra plusieurs personnes pour transporter l'animal sur la terre ferme avant de le débiter.

La précision et l'efficacité du tir ont aussi un grand rôle à jouer dans la qualité et la quantité de la viande que l'on rapporte à la maison. Une étude américaine d'une université texane a démontré qu'un gibier tué instantanément d'un seul coup de feu produit une viande plus tendre et plus savoureuse qu'un autre qui a été seulement blessé lors du premier coup de feu. Au même titre que les humains, les animaux sécrètent des substances chimiques, comme l'adrénaline, lorsqu'elles sont apeurées ou stressées, ce qui a pour effet de durcir la chair et d'en rendre le goût sauvage parfois trop prononcé. De même, un tir imprécis peut détruire des morceaux de choix ou perforer le système digestif, ce qui corrompt la viande.

Dans la mesure du possible, il faut décocher le tir lorsque l'animal est à l'arrêt, plutôt qu'à la course. Un tir franc dans le cœur ou dans le cou abattra la bête sur place et, de cette façon, la perte de viande sera réduite au minimum.

Après le coup de feu, il faut s'approcher de l'animal prudemment en gardant son arme chargée et en se tenant loin des bois et des sabots. Toucher l'animal du pied ou toucher doucement les yeux de la bête avec la pointe du canon pour voir si elle est bel et bien morte. Dans le cas contraire, tirer le coup de grâce dans la tête ou dans le cœur. Lorsque la bête est bien morte, il faut décharger son arme et la déposer dans un endroit sécuritaire.

On doit ouvrir la cage thoracique tout de suite après avoir tué l'animal, pour qu'il saigne et que la carcasse refroidisse. Il faut porter les gants de caoutchouc pour se protéger des parasites ou des maladies. Le port des gants facilite aussi le nettoyage des mains après le débitage.

Pour obtenir une carcasse prête pour le vieillissement et exempte de toute souillure, suivre les étapes de préparation des pages suivantes. Il n'est pas essentiel de sectionner le bassin de l'animal. Toutefois, par temps chaud, il est préférable de le faire pour accélérer le refroidissement des cuisses du gibier. Mais l'animal est alors plus difficile à transporter, et la cavité abdominale peut se salir pendant qu'on traîne la carcasse.

Si l'on décide de sectionner le bassin, il faut écarter les cuisses, insérer le couteau en plein centre et couper. Il faut ensuite localiser la jonction des deux parties de l'os du bassin et sectionner à cet endroit. Si la bête est imposante ou plus âgée, il sera peut-être nécessaire d'utiliser une hachette ou une petite scie pour parvenir à couper l'os. Certains chasseurs piquent leur couteau dans l'os et frappent le bout du manche avec la paume de la main. C'est une manœuvre à éviter pour ne pas endommager la lame, à moins que le couteau soit vraiment solide.

Il faut respecter les règlements en ce qui concerne l'identification du sexe de la bête. Les bois sont généralement suffisants comme preuve de reconnaissance du mâle. À certains endroits, les bois de l'animal doivent avoir une longueur minimale pour qu'on ait le droit de l'abattre légalement. Quand la loi le permet, attacher l'étiquette d'identification remise avec le permis après avoir terminé la préparation et non avant, car l'étiquette pourrait se détacher pendant les manipulations.

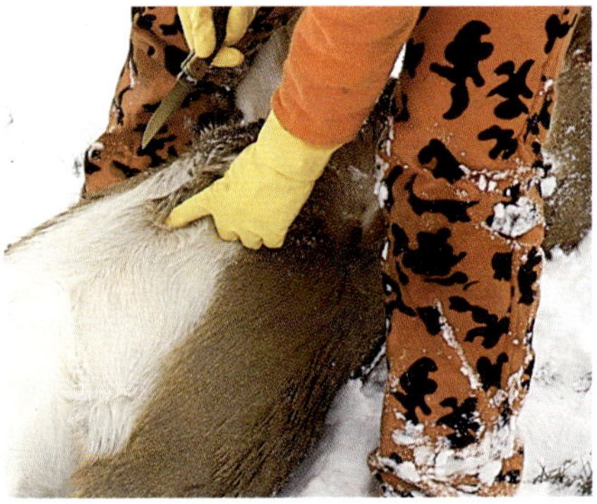

1. Avec l'index, localiser le sternum qui se trouve au centre de la cage thoracique. À la base du sternum, pratiquer une incision peu profonde permettant d'introduire deux doigts de la main gauche. Prendre soin de ne pas perforer les intestins pendant la manœuvre.

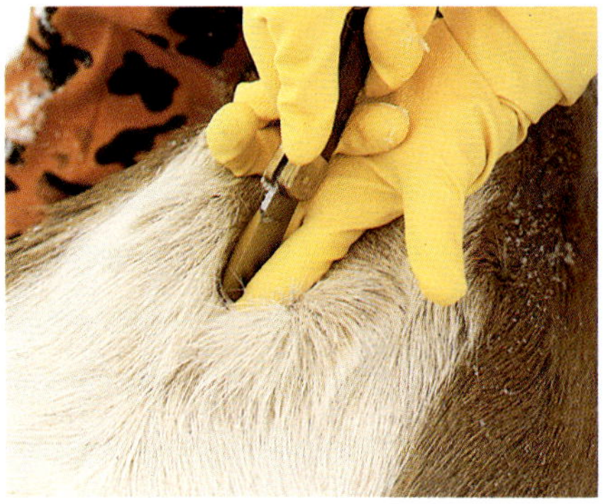

2. Écarter les deux doigts en «V». Tel qu'illustré, insérer le couteau entre les doigts, la lame tournée vers le haut. Couper la paroi abdominale jusqu'au bassin. Les doigts empêchent de perforer l'intestin.

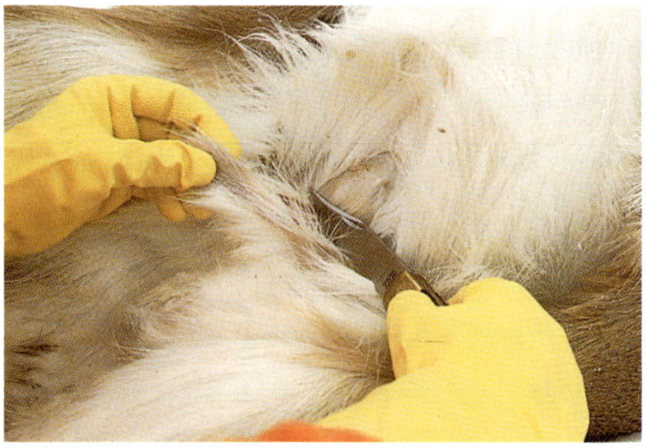

3. S'il s'agit d'un mâle, découper autour des organes génitaux sans les enlever complètement de la paroi abdominale. S'il s'agit d'une femelle en lactation, retirer les mamelles, car le lait surit très vite, ce qui pourrait altérer le goût de la viande.

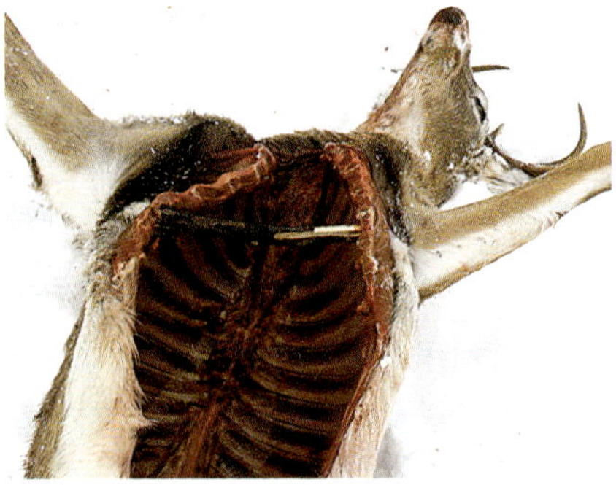

14. Éponger l'abdomen. Le maintenir ouvert à l'aide d'un rondin. S'il y a eu perforation du système digestif ou sectionnement de l'urètre, nettoyer la viande avec de la neige ou de l'eau. Si l'on doit quitter les lieux, retourner l'animal sur le ventre et le recouvrir de branchages. On peut également le pendre à un arbre, la carcasse refroidira alors plus vite.

Anatomie d'un cerf de Virginie mâle

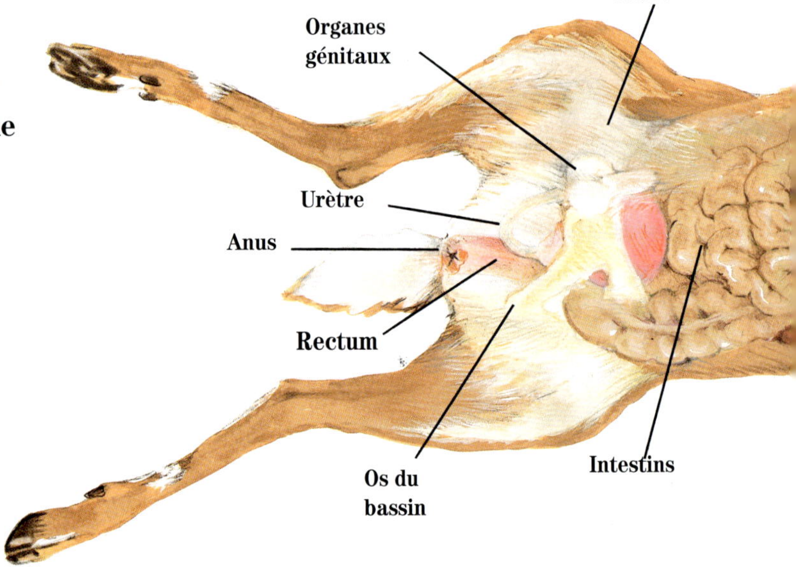

13. Tenir fermement la trachée-artère et l'œsophage, puis tirer pour les faire sortir. Si les organes ne se libèrent pas facilement, le diaphragme est probablement mal coupé. Vider la cavité abdominale en commençant par les deux extrémités et en allant vers le milieu pour la libérer complètement de toutes les entrailles.

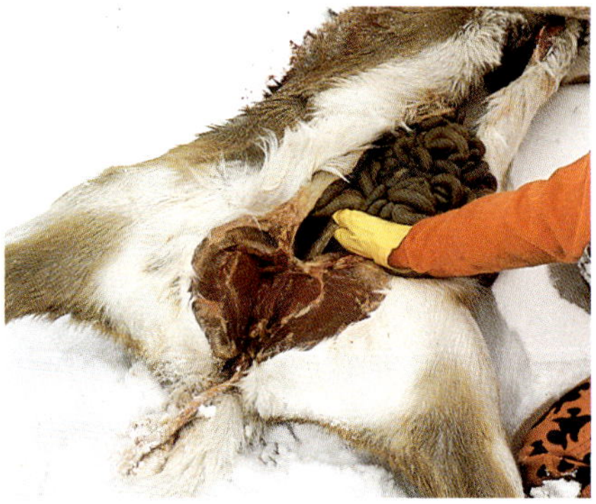

12. Placer l'urètre et le rectum ficelés dans l'abdomen, sous le bassin. Cette opération est inutile si le bassin a été fendu. Rouler l'animal sur le côté pour permettre aux entrailles de sortir de l'abdomen.

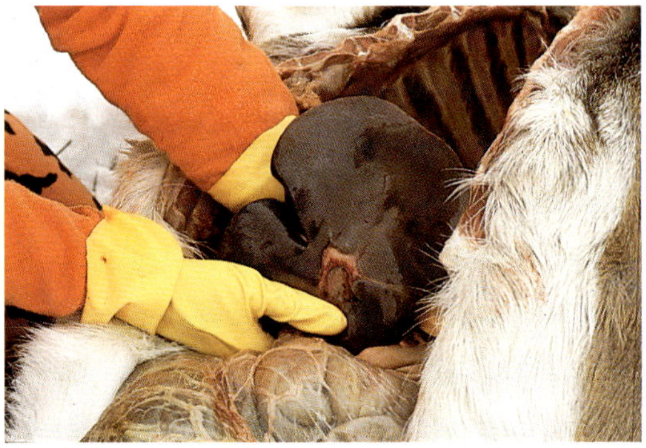

11. Sectionner les vaisseaux et les tissus qui retiennent le foie, puis les retirer. Examiner cet organe pour voir s'il comporte des taches, des kystes ou des cicatrices qui pourraient révéler la présence de parasites ou de maladies. Dans ce cas, il faudra s'en débarrasser. Si le foie semble sain, le mettre dans un sac de plastique avec le cœur, puis le déposer sur la glace le plus rapidement possible.

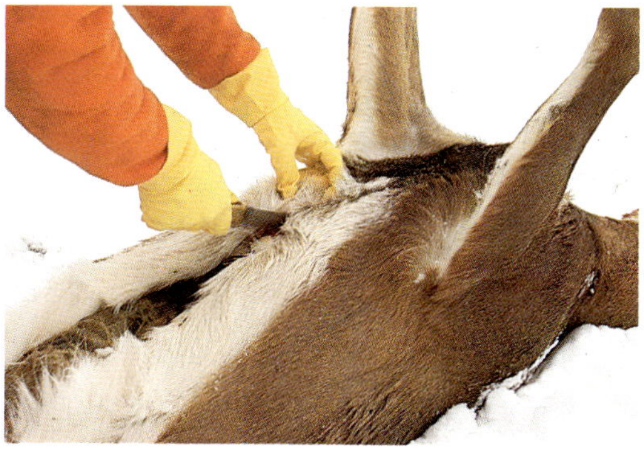

4. Se placer face à la tête de l'animal, puis continuer à ouvrir, de la pointe du sternum jusqu'à la mâchoire, le côté coupant du couteau vers le haut, à moins que l'on ne prévoie empailler la tête. Découper alors en tenant compte des directives du taxidermiste.

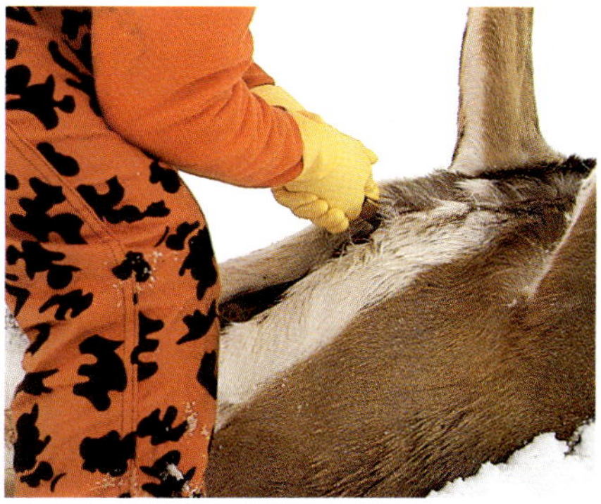

5. Tenir le couteau à deux mains, en appuyant les coudes sur les cuisses. Couper en plein centre du sternum, en se servant des genoux comme levier. Utiliser une hachette ou une scie, quand c'est nécessaire.

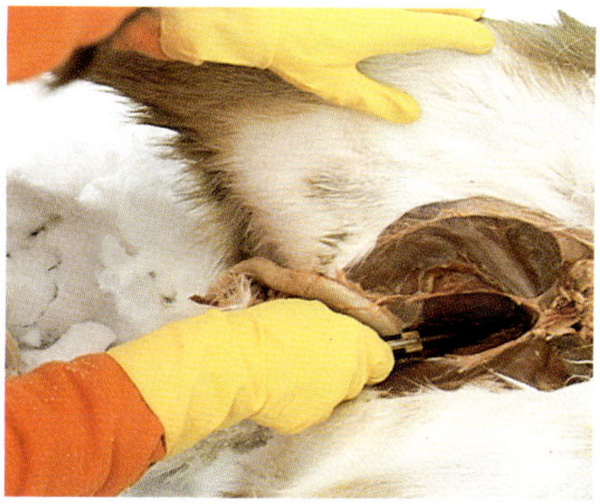

6. Si l'on a décidé de fendre le bassin, couper entre les cuisses. Pour libérer l'urètre du mâle, il faut procéder de la façon suivante: découper tout autour de l'urètre sans le sectionner, jusqu'à un point situé au-dessus de l'anus, puis dégager l'urètre.

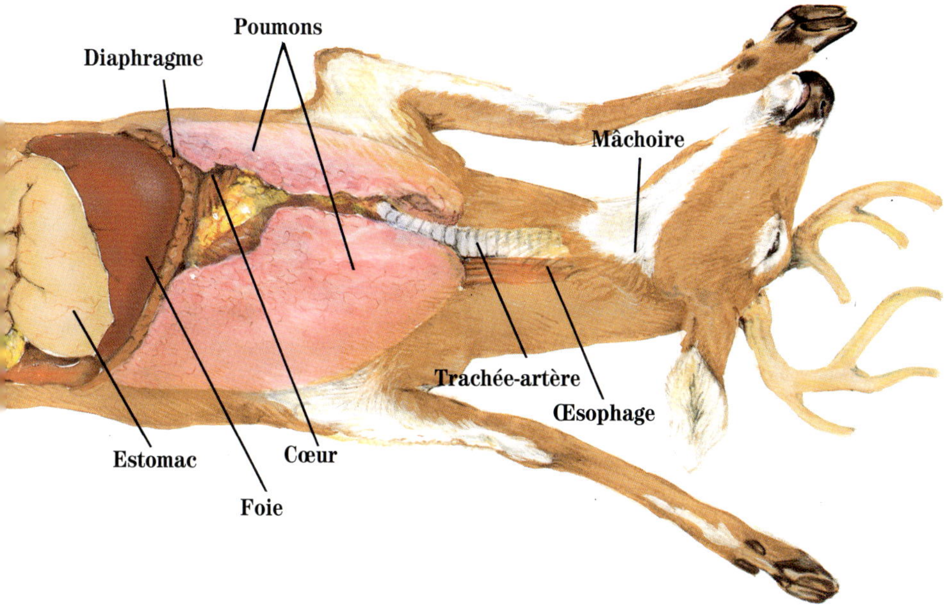

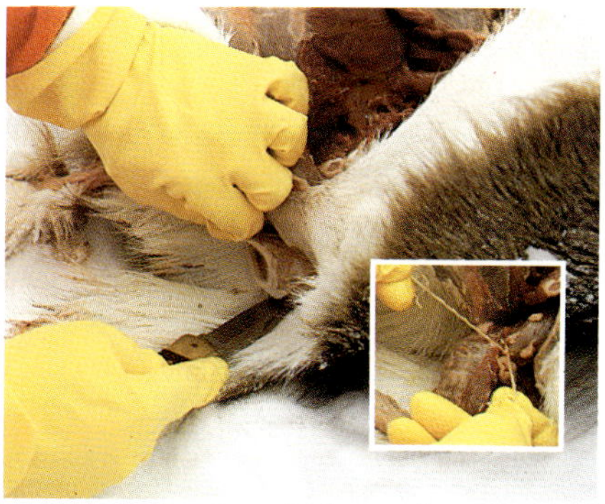

7. Découper autour de l'anus. Dans le cas de la biche, il faudra aussi retirer les organes génitaux qui se trouvent juste en haut de l'anus. Dégager le rectum et l'urètre en coupant le long des tissus conjonctifs qui les retiennent. Lier le rectum et l'urètre avec de la ficelle de cuisine (médaillon).

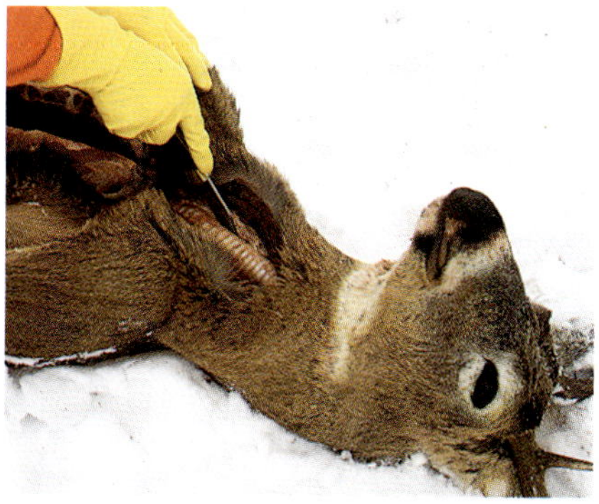

8. Couper le long des tissus conjonctifs qui retiennent la trachée-artère et l'œsophage, puis les sectionner à la hauteur de la mâchoire. En les tenant fermement, les tirer vers le bas jusqu'à un point où la trachée-artère rejoint les poumons.

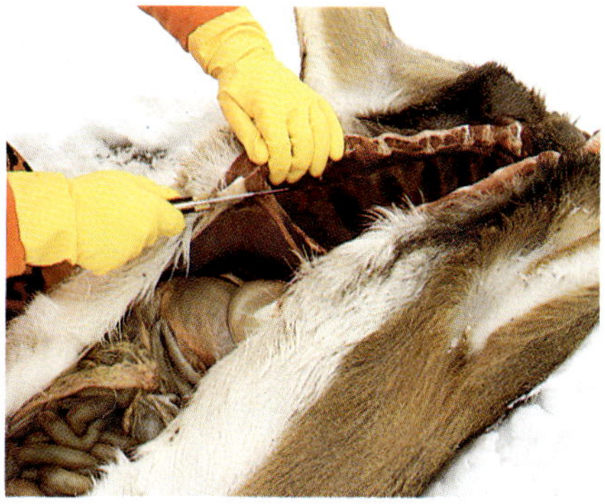

9. De la main gauche, tenir la cage thoracique ouverte d'un côté. Couper le diaphragme des côtes jusqu'à la colonne vertébrale. Rester le plus possible le long du thorax en évitant de perforer l'estomac. Répéter la même opération de l'autre côté de la carcasse pour que les coupures se rencontrent sur la colonne vertébrale.

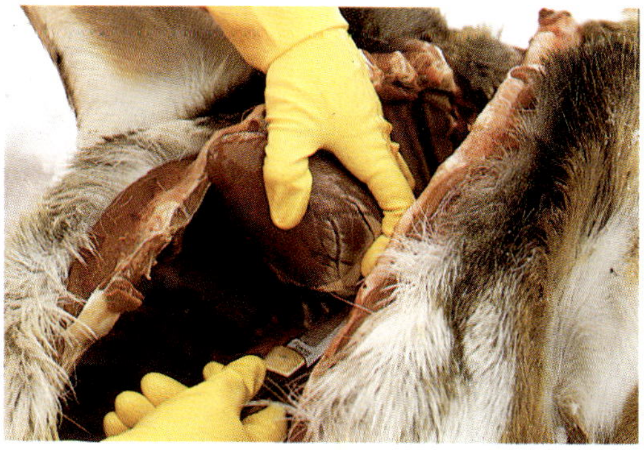

10. Retirer le cœur en coupant les artères et les vaisseaux sanguins, puis le retourner pendant quelques instants pour le vider de son sang. Déposer le cœur dans un sac de plastique. Certains chasseurs préfèrent enlever les entrailles d'abord, puis le cœur et le foie.

Le transport du gros gibier

Il faut transporter l'animal le plus rapidement possible au camp de chasse après avoir préparé la carcasse. Comme la peau protège la viande des saletés et des moustiques, on doit la conserver. Durant la période de vieillissement (voir p. 17), la peau empêche aussi la chair de devenir trop sèche. Par temps très chaud toutefois, on voudra peut-être dépouiller l'animal sur place pour accélérer le refroidissement de la carcasse.

Si l'on prévoit écorcher l'animal au lieu de récolte, il faut apporter un grand sac en tissu ou une toile en tissu qui protégera la chair pendant le transport. Ne jamais mettre la carcasse ou les quartiers dans des sacs de plastique, à moins que la viande ne soit complètement refroidie, car les sacs de plastique emprisonnent la chaleur du corps. La chair pourrait donc être totalement perdue. Éviter l'utilisation des sacs à ordures qui sont souvent enduits d'un désinfectant toxique.

Pour transporter un wapiti ou un orignal, il faudra sans doute le débiter en quartiers (voir p. 15). Avant de débiter l'animal, certains chasseurs préfèrent écorcher toute la carcasse pour obtenir une peau d'un seul morceau; d'autres préfèrent couper l'animal en quartiers avant d'ôter la peau. Une peau sectionnée en plusieurs parties peut quand même être tannée. D'ailleurs, plusieurs tanneries coupent en deux la peau complète d'un wapiti ou d'un orignal pour qu'elle soit plus facile à manipuler.

Il arrive que des chasseurs tirent par erreur sur un animal que d'autres chasseurs transportent. Pour éviter ce genre de situation malheureuse, il est recommandé de porter un dossard ou des vêtements orange vif et de faire beaucoup de bruit. Pour la même raison, on ne recommande plus d'utiliser la méthode de transport traditionnelle où le cerf était pendu à une perche, par les pattes, et porté par deux chasseurs. S'il n'y a pas d'autres moyens de transporter la carcasse, la recouvrir d'une bâche en tissu orange vif.

Au camp, accrocher l'animal à une potence (voir p.16-17). L'accrochage permet à la carcasse de refroidir et au sang de s'écouler. L'étirement de la carcasse attendrit aussi la viande. Enlever les caillots, éponger le sang du cœur et du foie, puis les conserver sur la glace dans des sacs de plastique.

Idéalement, la température de la carcasse devrait se situer à 5 °C (40 °F) après 24 h. La viande doit refroidir le plus rapidement possible, mais elle ne doit pas geler. Quand elle est congelée, puis décongelée, la viande s'assèche. De plus, l'écorchement devient difficile, même si le corps n'est que partiellement gelé. Si les journées sont chaudes et les nuits froides, recouvrir l'animal d'un sac de couchage pendant la journée. Mais si les nuits sont chaudes, entreposer l'animal dans une chambre froide.

Le meilleur moyen de transporter l'animal à la maison est de le placer dans une remorque fermée ou dans une camionnette recouverte. Par temps frais et sec, on peut transporter l'animal sur le toit d'une voiture, la tête en avant. Toutefois, il ne faut jamais le mettre sur le capot avant, car la chaleur dégagée par le moteur corrompra la viande. Si l'on compte faire un long voyage par temps chaud, on n'a qu'à entourer le corps de l'animal de contenants réfrigérants. On peut également débiter l'animal en quartiers, bien les emballer dans le plastique et les conserver dans une glacière. Respecter les règlements de transport du gros gibier.

Attacher les bois aux pattes avant pour les empêcher de s'accrocher dans les broussailles durant la traînée. Si le cerf ne possède pas de ramure, lui attacher une corde autour du cou. La neige aide à traîner la carcasse. Lorsque le sol est poussiéreux, il faut refermer sommairement la cage thoracique à l'aide d'une corde enfilée dans les parois, après avoir fait un petit trou de chaque côté de la cage thoracique. On peut traîner un ours dans une bâche solide pour préserver son pelage.

Charger le cheval, le véhicule tout-terrain ou encore la motoneige des quartiers de viande. Emballer les quartiers dépouillés dans des sacs en tissu — comme de la mousseline à fromage. Les quartiers de plus petits animaux peuvent être attachés à une armature. Si le terrain n'est pas trop accidenté et que les quartiers n'ont pas été dépouillés, on peut les traîner (voir p. 15).

Comment débiter un wapiti ou un orignal en quartiers (photos: wapiti)

Plier une patte au maximum et couper la peau autour du jarret afin de sectionner la partie inférieure. Répéter cette opération pour les autres pattes.

Scier la tête après avoir écorché le cou, sinon le sciage fera pénétrer le poil dans la viande.

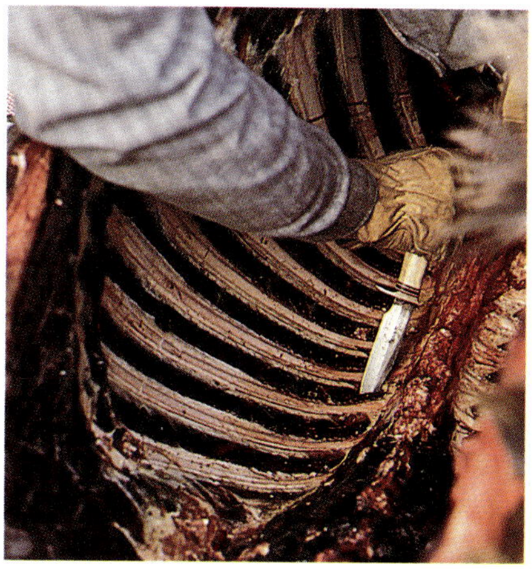

Couper à l'intérieur de la cage thoracique entre la 3e et la 4e côte en commençant par la colonne vertébrale et en allant jusqu'au bout des côtes.

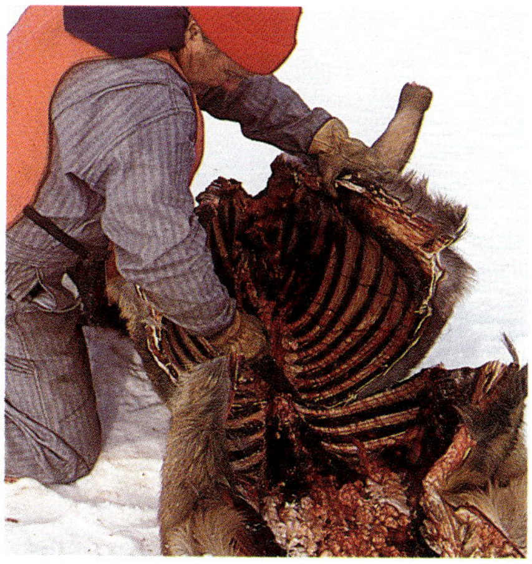

Sectionner la moitié avant de l'animal en sciant la colonne vertébrale.

Couper la peau le long de la colonne vertébrale sur les deux moitiés, puis peler plusieurs centimètres de peau de chaque côté de l'incision.

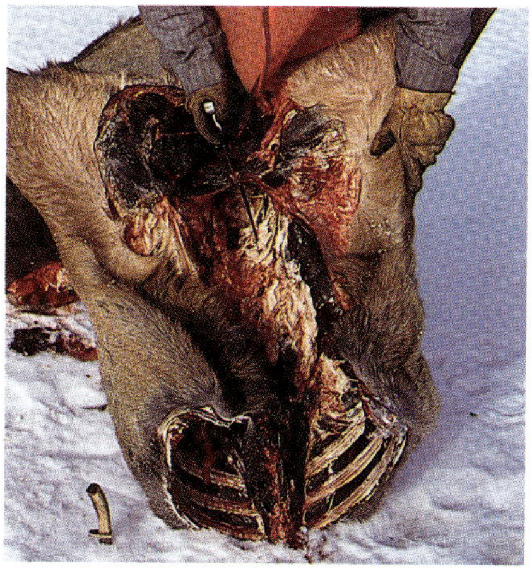

Appuyer une moitié de l'animal sur soi, puis scier la colonne vertébrale dans le sens de la longueur.

Poursuivre la manœuvre en gardant la pièce soulevée. On profite ainsi de l'effet de gravité qui facilite la séparation et le sciage. La scie ne pliera pas comme elle le ferait si la pièce était par terre.

Voici à quoi ressemble un wapiti en quartiers. Selon la grosseur de l'animal, un quartier de wapiti peut peser de 27 à 57 kg (60 à 125 lb); un quartier d'orignal, jusqu'à 102 kg (225 lb). Lorsque le règlement le permet, des chasseurs désossent l'animal sur le terrain pour réduire le poids des quartiers.

Pour traîner le quartier arrière de l'animal, il suffit de faire un petit trou entre les dernières côtes et d'y attacher une corde, tel qu'illustré. Ainsi, la traînée s'effectuera dans le sens des poils du pelage. Pour tirer le quartier avant, il faut attacher fermement la corde autour du cou.

L'accrochage, le mûrissement et l'écorchement du gros gibier

Comment doit-on suspendre l'animal abattu? Par le cou ou par les pattes arrière? Qu'en est-il du mûrissement? Améliore-t-il ou altère-t-il le goût de la viande? Doit-on laisser la peau sur la carcasse durant le vieillissement ou l'enlever? Ces questions font l'objet de nombreux débats entre chasseurs.

L'animal doit être suspendu par les pattes arrière si l'on prévoit empailler la tête. La plupart des chasseurs suspendent leur récolte de cette façon. C'est aussi la méthode généralement recommandée pour le bœuf de boucherie. De cette façon, le sang s'évacue du fessier qui compte les pièces de choix de la bête. Si l'on doit suspendre le gibier à l'extérieur, il est préférable de le suspendre par le cou pour que les poils ne retiennent pas l'eau de pluie ou la neige.

De nombreuses études ont démontré que le mûrissement attendrit la chair. C'est d'ailleurs ce qui confère aux côtes de bœuf leur goût et leur tendreté. Au même titre, la viande de gibier peut tirer profit de cette méthode. Le tout est, bien sûr, question de goût personnel: certains préfèrent une viande au goût prononcé, d'autres pas. Par contre, le vieillissement de la carcasse n'est pas nécessaire si l'on prévoit transformer toute la chair en saucisse et en viande hachée.

La température de la carcasse doit se stabiliser entre 2 et 5 °C (35 et 40 °F) pour empêcher la prolifération de bactéries indésirables durant le processus de vieillissement. Il y aura de la condensation si cette température varie trop. De plus, si le thermomètre dépasse les 5 °C (40 °F), les bactéries proliféreront, et les matières grasses deviendront rances. De même, il faut être prêt à entreprendre la boucherie ou à transporter l'animal dans une chambre froide si le mûrissement s'effectue au grand air ou dans une remise et que la température extérieure se met à grimper.

Comment suspendre un animal par les pattes arrière (photos: cerf)

Fabriquer un *jambier* en utilisant une pièce de bois de 5 x 5 cm (2 x 2 po), d'une longueur de 1 m (3 pi). Faire une encoche peu profonde tout le tour de la pièce de bois à 2,5 cm (1 po) de chaque extrémité ainsi qu'au centre.

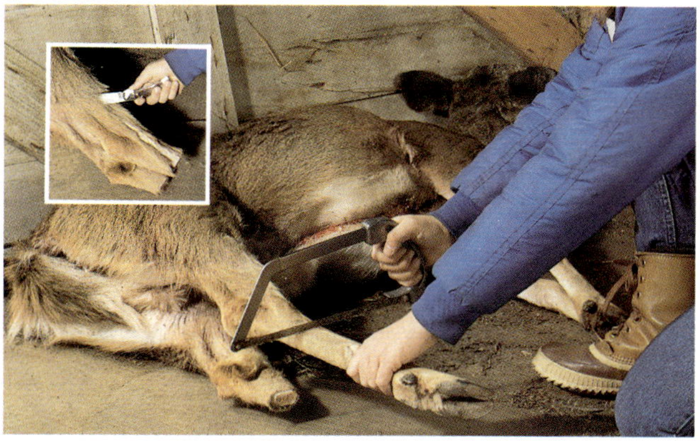

Scier la partie inférieure des pattes arrière de l'animal plusieurs centimètres en bas du genou. En coupant de l'intérieur de la peau, tailler la peau de chaque patte jusqu'à 10 cm (4 po) au-dessus du genou (médaillon).

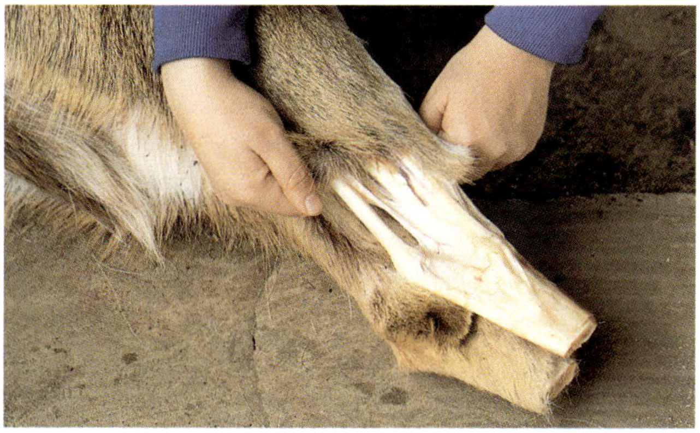

Peler la peau pour dénuder l'os et le tendon du jarret. Perforer le tissu qui se trouve entre l'os et le tendon pour créer une fente. Ne pas sectionner le tendon durant l'opération, car c'est lui qui servira à retenir la carcasse pour l'accrochage.

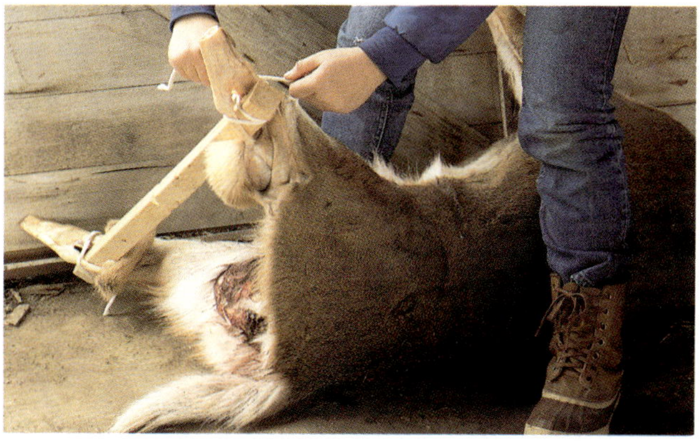

Insérer le jambier dans les fentes des tendons et attacher chaque patte à la pièce de bois en enroulant la corde dans les encoches. Attacher 1,8 m (6 pi) de corde à une solide poutre ou la faire passer dans la poulie d'un système de levage. Hisser le cerf pour que la carcasse ne touche pas le sol.

Dans la mesure du possible, faire vieillir la carcasse avec sa peau. Elle stabilise la température et empêche la viande de trop s'assécher. Une étude de l'Université du Wyoming — sur une carcasse de wapiti coupée en deux le long de la colonne vertébrale, dont une seule moitié était dépouillée — a démontré qu'en deux semaines de mûrissement, la pièce dépouillée avait perdu 20 % de plus d'humidité que le morceau avec pelage. Un animal qui vieillit sans peau aura beaucoup de viande sèche et noircie qu'il faudra enlever.

Les tissus conjonctifs, qui durcissent la viande, sont décomposés par les enzymes durant le processus de mûrissement. Comme le wapiti possède plus de tissus conjonctifs que le cerf, l'antilope d'Amérique ou l'ours, il peut subir un vieillissement plus long. Au contraire, l'antilope d'Amérique présente dès le départ une chair très tendre, il est donc inutile de la faire mûrir trop longtemps. Généralement, trois jours de vieillissement suffiront à l'antilope d'Amérique. Dans le cas de l'ours, cette période peut s'étendre de 3 jours à une semaine. La viande du cerf et celle de la femelle du wapiti est habituellement prête après 7 à 10 jours, alors que le wapiti mâle peut être accroché pendant 2 semaines. Ces temps de vieillissement sont proposés lorsqu'on travaille dans des *conditions idéales*. Ne jamais tenter de faire vieillir une carcasse par temps chaud.

On peut également faire vieillir son gibier en quartiers. Il faut alors envelopper les quartiers dans le tissu en les mettant au réfrigérateur ou dans une glacière. Le résultat du vieillissement sera semblable à celui que l'on obtient grâce à l'autre technique, sauf que la viande sera moins tendre, puisqu'elle n'aura pas subi le phénomène d'étirement produit par l'accrochage.

Si l'on décide de ne pas faire vieillir la viande, il faudra attendre au moins 24 h que la carcasse ait bien refroidi et que les muscles se soient relâchés avant d'entreprendre la boucherie. De cette façon, il sera plus facile de faire de belles coupes, et la viande sera beaucoup plus tendre.

L’écorchement du gros gibier

L’écorchement — appelé aussi dépouillement — est très facile à exécuter lorsque le corps de l’animal est encore chaud. Par contre, il est préférable de laisser la peau sur la carcasse durant le vieillissement jusqu’à l’étape de la boucherie.

La plupart des chasseurs dépouillent leur animal manuellement, car cette technique ne nécessite qu’un couteau et une scie. Pour faciliter le travail, il suffit d’accrocher l’animal à une poulie pour hisser ou descendre la carcasse à volonté et avoir toujours la section de l’animal à écorcher à la hauteur des yeux. Il est possible aussi d’attacher la carcasse à une corde passée à travers une grosse vis à œil bien fixée à une poutre au plafond.

Durant l’écorchement, il ne faut pas mettre de poils sur la chair. Pour ce faire, conserver le couteau toujours bien aiguisé en effectuant de légers affûtages d’appoint pendant l’opération. On doit toujours couper la peau en commençant à l’intérieur de la carcasse et en allant vers l’extérieur pour que le couteau ne travaille pas à rebrousse-poil. Ainsi, les poils ne seront pas coupés et ne pénétreront pas dans la chair. De plus, le couteau s’émoussera moins vite.

Si l’on doit enlever la peau de plusieurs carcasses, il faut songer à l’écorchement mécanique. Les photos de la page 19 montrent comment écorcher un cerf à l’aide d’un véhicule moteur. On peut faire la même chose à l’aide d’un treuil. Par contre, en utilisant cette méthode, l’animal pourrait littéralement se sectionner en deux si le projectile de l’arme à feu a atteint la colonne vertébrale ou le cou. Dans un cas semblable, il est préférable d’utiliser une autre méthode.

Étendre la peau sur une feuille de contreplaqué, poils en dessous, peau au-dessus. Le cuir sera encore plus beau si l’on prend le temps de gratter la peau pour enlever les parcelles de viande et de gras.

Les tanneries préfèrent généralement recevoir les peaux salées et roulées. Pour protéger les peaux des intempéries et des animaux, s’installer dans une remise ou un garage lors de cette opération. Saupoudrer généreusement la peau de sel, puis en frotter les bords, les revers et la région du cou. Incliner légèrement le contreplaqué pour que la peau puisse bien s’égoutter.

Le lendemain, saler encore et rabattre une moitié de la peau sur l’autre. La rouler comme un ballot et bien l’attacher avec de la ficelle. Ne pas emballer la peau dans un sac de plastique — sauf pour l’expédition —, car elle pourrait pourrir. Conserver la peau au frais et l’apporter à la tannerie le plus rapidement possible.

S’il s’agit d’une peau de cerf, conserver la queue. Elle est grandement utilisée dans la fabrication des mouches artificielles pour la pêche. Les tanneurs paient généralement un bon prix pour cette partie du pelage.

Confier la tâche du dépouillement au boucher, si l’on n’a pas l’intention de découper l’animal soi-même.

Comment écorcher un animal pendu par les jarrets (photos: antilope d’Amérique)

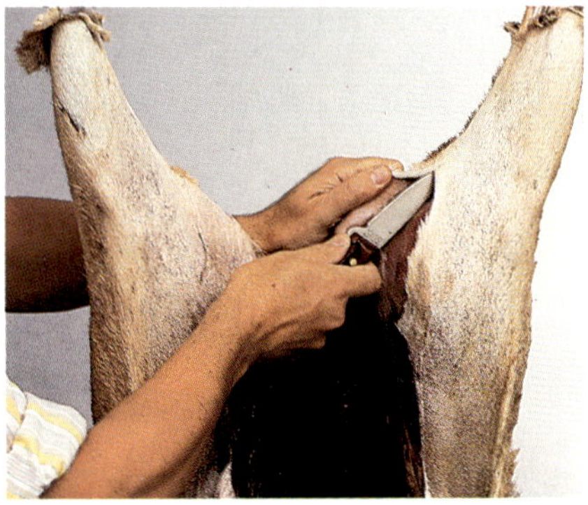

Couper la peau le long de l’intérieur des pattes arrière. Noter que l’incision se pratique de l’intérieur vers l’extérieur de la peau.

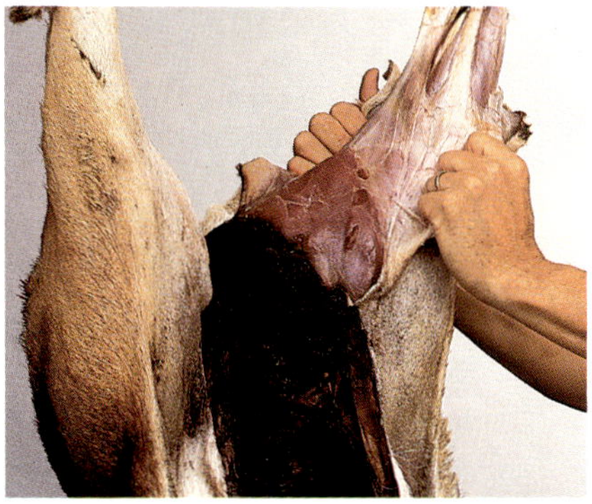

Peler les deux pattes jusqu’à la hauteur de la queue.

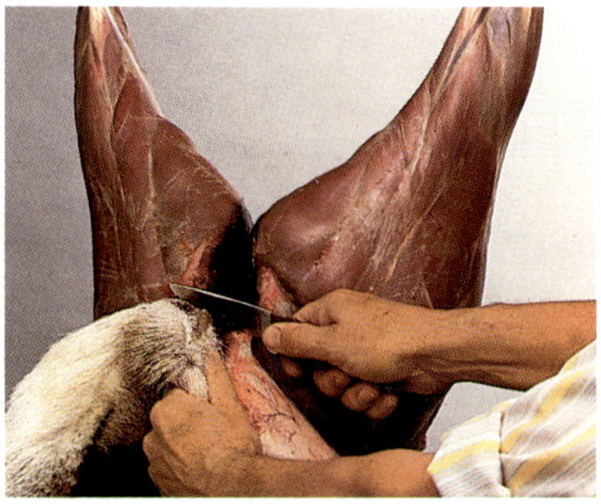

Sectionner l’os de la queue à la hauteur de la croupe. Laisser l’os de la queue à l’intérieur de la peau.

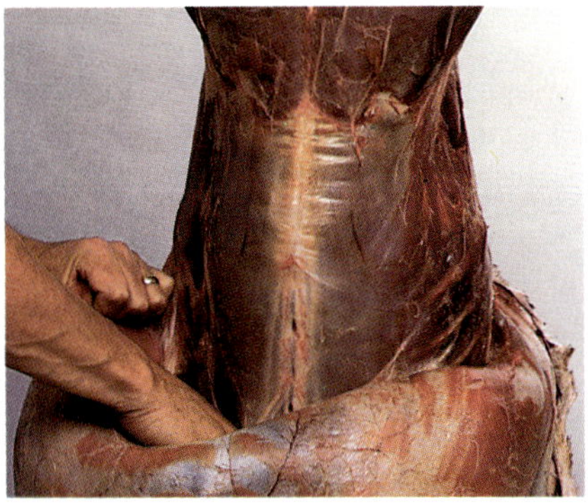

Continuer à dépouiller la carcasse en se servant du poing pour libérer la peau le long du dos. Utiliser un couteau seulement au besoin en prenant soin de ne pas perforer la peau.

Scier les pattes avant juste en haut du genou, après avoir pelé la peau selon la même technique que celle utilisée pour les pattes arrière. Dépouiller jusqu’à la base du cou.

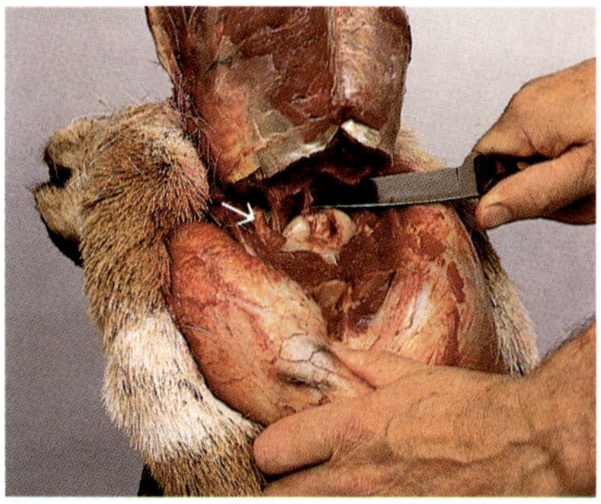

Couper la tête à la première vertèbre du cou que l’on appelle *atlas* (flèche). Pratiquer d’abord une profonde incision autour du cou à la base du crâne, puis tourner la tête pour rompre l’atlas.

Comment écorcher un animal pendu par le cou (photos: cerf)

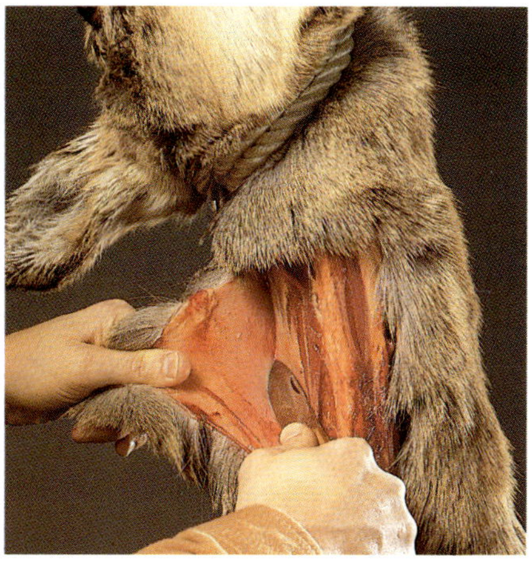

Couper la peau à la base de la tête. Peler le cou avec les doigts en utilisant le couteau seulement pour libérer la peau.

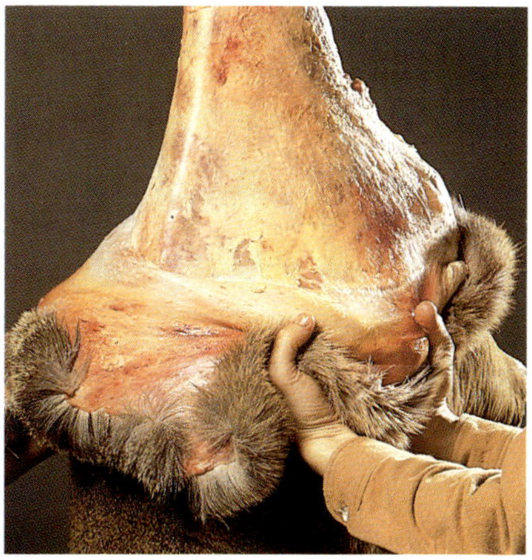

Peler la carcasse jusqu'aux épaules. Scier les pattes avant (voir p. 18), puis les écorcher.

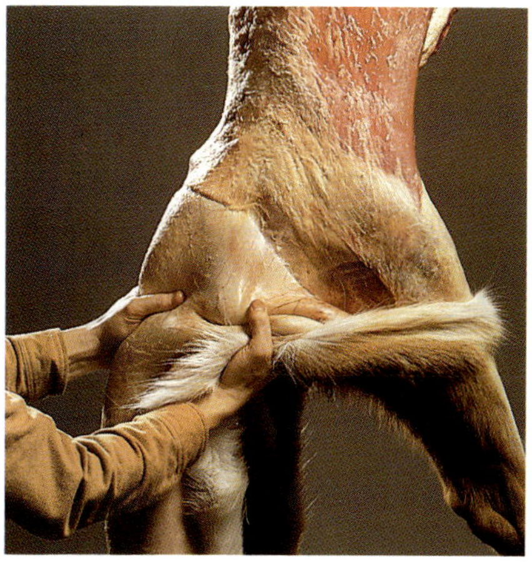

Enlever la peau en tirant vers le bas jusqu'à la hauteur de la croupe. Sectionner l'os de la queue; scier les jarrets au-dessus du genou. Couper la peau le long de l'intérieur des pattes, avant de l'enlever complètement.

Comment dépouiller mécaniquement un animal (photos: cerf)

Pendre l'animal par la tête à un gros arbre. Sectionner le bas de chaque patte. Couper la peau à la base du cou et en peler environ 15 cm (6 po). Couper la peau le long de l'intérieur de chaque patte jusqu'à la cavité abdominale.

Placer une balle de golf ou une pierre ronde sous la peau du cou dépouillé pour former une emprise en attachant le tout très serré avec un câble extrêmement solide. Attacher le câble au véhicule moteur ou à un treuil.

Faire avancer le véhicule tout doucement. Si l'on utilise un treuil, faire tourner la manivelle à un rythme régulier. La peau commencera à s'écorcher. S'il y a résistance, il faudra peut-être faciliter l'opération en dépouillant manuellement les épaules.

Continuer à avancer jusqu'à ce que l'écorchement soit terminé. Une fois les épaules dépouillées, le reste de la peau s'enlève facilement. Un dépouillement mécanique laisse généralement plus de gras et de viande sur la peau qu'un écorchement manuel.

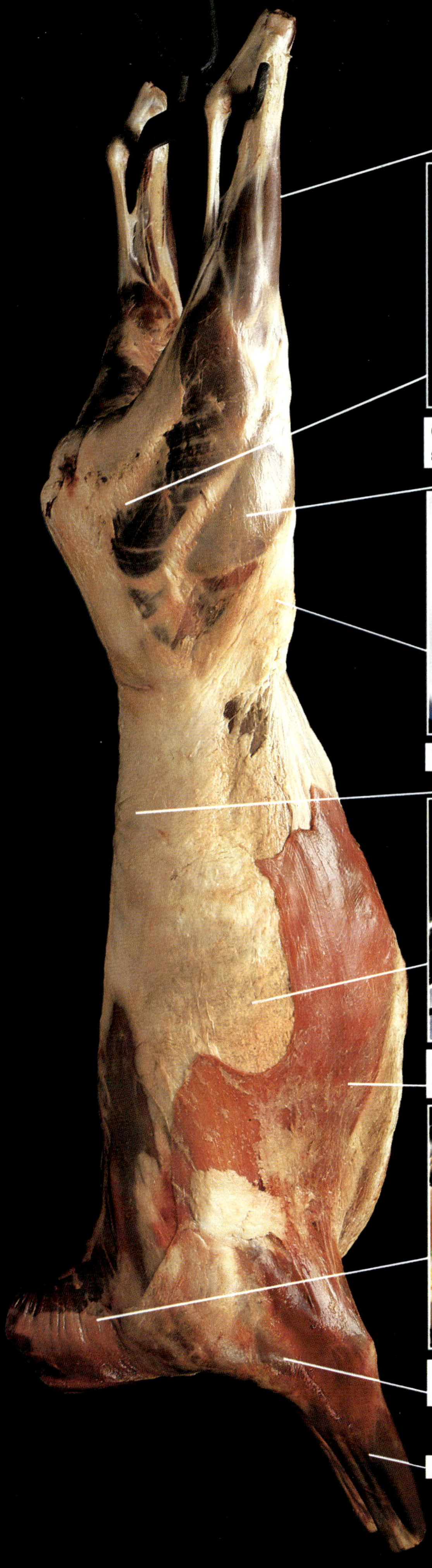

JARRET: Soupes, bouillons, viande hachée, chair à saucisse, viande séchée.

CROUPE: brochettes, steaks, rôtis, sautés, grillades.

EXTÉRIEUR ET INTÉRIEUR DE RONDE: Rôtis, steaks, sautés, brochettes.

POINTE DE SURLONGE: steaks, rôtis.

LONGE: grillades, steaks papillon, sautés.

CÔTES: côtes, viande hachée, chair à saucisse.

POITRINE ET PARURES: viande hachée, chair à saucisse, viande séchée, viande salée.

COU: chair à saucisse, viande hachée, rôti braisé.

ÉPAULE: viande séchée, rôti braisé, ragoûts, viande hachée, chair à saucisse.

Le découpage du gros gibier

Lorsque l'on fait sa propre boucherie, on sait que le gibier a été manipulé avec soin et que les coupes ont été faites à son goût. La boucherie maison prend souvent plus de temps que si l'on retient les services d'un professionnel, car on prépare souvent la viande pour qu'elle ait le moins de nerfs, de tendons, de membrane argentée et de gras possible.

On débite généralement une carcasse après l'écorchement quand elle est encore accrochée. C'est une opération qui doit être menée prudemment. En effet, la pièce de viande se détache de la carcasse pendant le débitage; il faut donc «attraper» le quartier, ce qui peut être très dangereux quand on a une seule main libre et un couteau dans l'autre. Par exemple, la patte d'un cerf peut peser 9 kg (20 lb) et plus. Le débitage à deux facilite le travail, l'autre personne s'assurant de récupérer les pièces de viande, tout en se tenant loin du couteau du boucher. D'ailleurs, une personne ne devrait jamais découper la carcasse en même temps que son partenaire. Pour des raisons de sécurité, certains chasseurs préfèrent découper la carcasse sur une grande table.

Les photos des pages 22 et 23 montrent comment débiter un cerf pendu par la tête. L'opération est différente si l'animal est accroché par les jarrets. Il est alors impossible de découper les fesses de l'animal, car elles retiennent la carcasse. On commencera donc par débiter les pattes avant, la longe et les côtes, puis l'on terminera l'opération sur une table.

Après le débitage de la carcasse, il faut désosser la viande. Cela facilite le découpage du gibier, en plus de lui donner généralement un meilleur goût. En effet, la moelle que contiennent les os est une matière grasse qui peut devenir rance, même au congélateur. Le désossage évite de couper les os, il n'y a donc pas de restes d'os qui pourraient affecter la saveur de la viande. De plus, une viande désossée prend moins de place au congélateur et est plus facile à emballer. Elle ne perfore pas l'emballage qui la protège des brûlures de congélation.

Le désossage du gros gibier est clairement expliqué plus loin (voir p. 24-25). Il suffit de diviser par deux le poids de l'animal éviscéré sur le lieu de récolte pour évaluer approximativement la quantité de viande désossée qu'on obtiendra à la fin de l'opération. Cette quantité sera moindre si le tir a endommagé une grande portion de chair; il en sera de même si l'on a fait vieillir la carcasse.

Il est recommandé de travailler sur une planche à découper de bois franc ou de plexiglas. Afin de limiter la prolifération de bactéries durant l'opération, il suffit de nettoyer la planche avec une solution de 3 c. à soupe d'eau de Javel mélangée à 4 litres (16 tasses) d'eau. Il faut ensuite la nettoyer de temps en temps durant le désossage. On recueille les parures dans deux grands bols installés à portée de la main; dans l'un, on met les plus gros morceaux qui seront utilisés dans les ragoûts, alors que l'autre servira de récipient aux petites parures avec lesquelles on fera de la chair à saucisse ou de la viande hachée.

Les coupes de viande que l'on peut obtenir dépendent, bien sûr, de la grosseur de l'animal. La croupe d'un orignal fournira plusieurs rôtis, alors que celle d'une antilope d'Amérique pas un seul. Cette partie de l'animal servira alors à faire des steaks, des brochettes ou encore de la viande en cubes.

La viande doit être conservée à une température très fraîche tout le long du découpage et du désossage. Le lieu de travail — un hangar ou un garage — doit donc être frais, lui aussi. Pour limiter la prolifération des bactéries, il faut congeler la viande dès qu'elle a été désossée ou encore la réfrigérer en attendant de la désosser. Le travail s'effectue plus rapidement à deux: l'un débite la carcasse pendant que l'autre désosse.

Les os serviront à faire des soupes et des bouillons (voir p. 69 et 144). La colonne vertébrale produit d'ailleurs un excellent bouillon. Il suffit de scier les os de taille importante pour qu'ils puissent entrer dans la marmite.

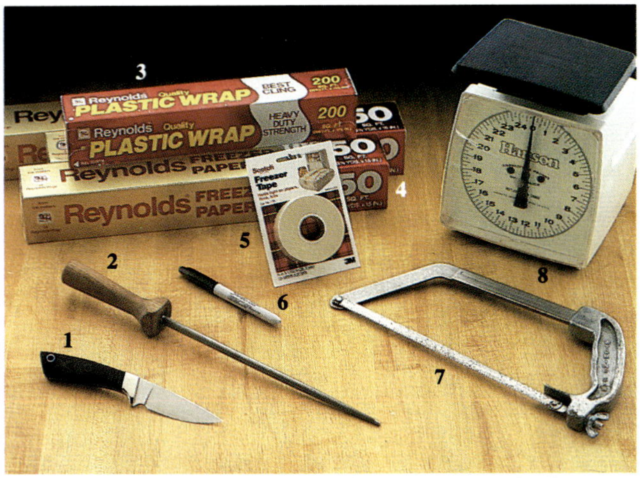

L'équipement de boucherie comprend: 1. un couteau de chasse ou un couteau à désosser; 2. un fusil d'affûtage ou une pierre à aiguiser; 3. de la pellicule plastique très résistante; 4. du papier à congeler; 5. du ruban gommé à congélation; 6. un marqueur à encre indélébile; 7. une scie à viande; 8. une balance de cuisine.

Affûter régulièrement le couteau avec un fusil en acier. Appuyer la lame sur la pierre selon le biseau d'origine du tranchant. Faire glisser la lame vers soi en faisant un mouvement d'arc de la base jusqu'à la pointe comme pour la racler avec le tranchant. Répéter l'opération pour l'autre côté du tranchant. Refaire cette opération des deux côtés, autant de fois qu'il est nécessaire, jusqu'à ce que le couteau soit bien aiguisé.

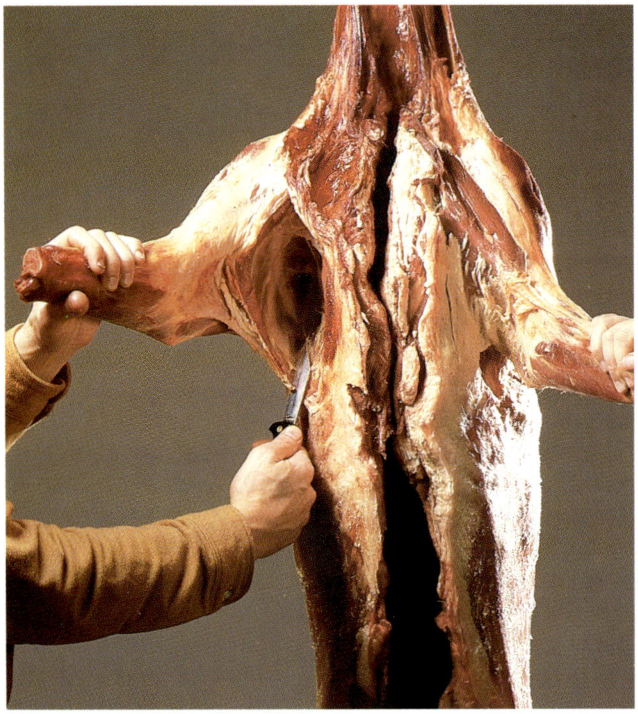

1. Écarter la patte avant, puis commencer à couper entre la patte et la cage thoracique. Couper jusqu'à l'épaule. L'opération sera plus facile à accomplir si une autre personne retient la carcasse pour l'empêcher de bouger, mais il faut s'assurer qu'elle soit loin du couteau.

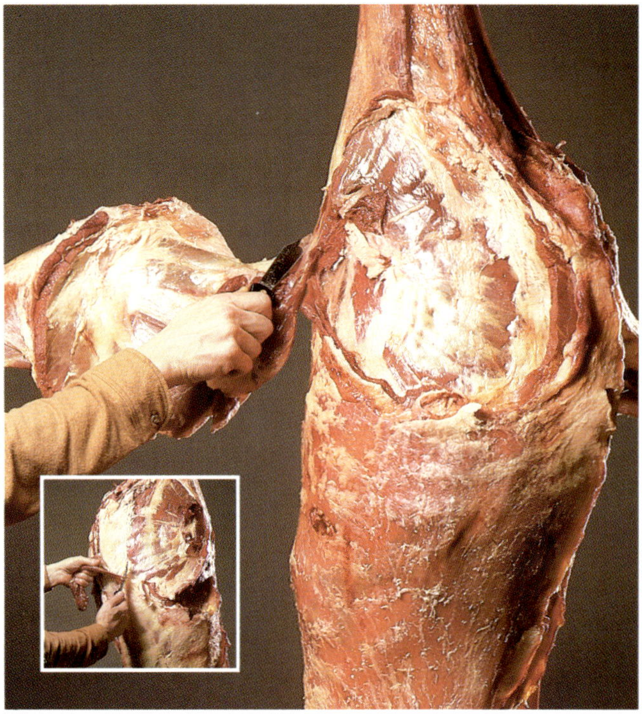

2. Détacher la patte avant en coupant entre l'omoplate et le dos. Répéter la même opération pour l'autre patte. Découper les pointes de poitrine par-dessus les côtes (médaillon). Les pointes de poitrine de l'orignal ou du wapiti sont assez épaisses pour être roulées et salées (voir p. 85). Faire de la viande hachée avec les pointes très minces.

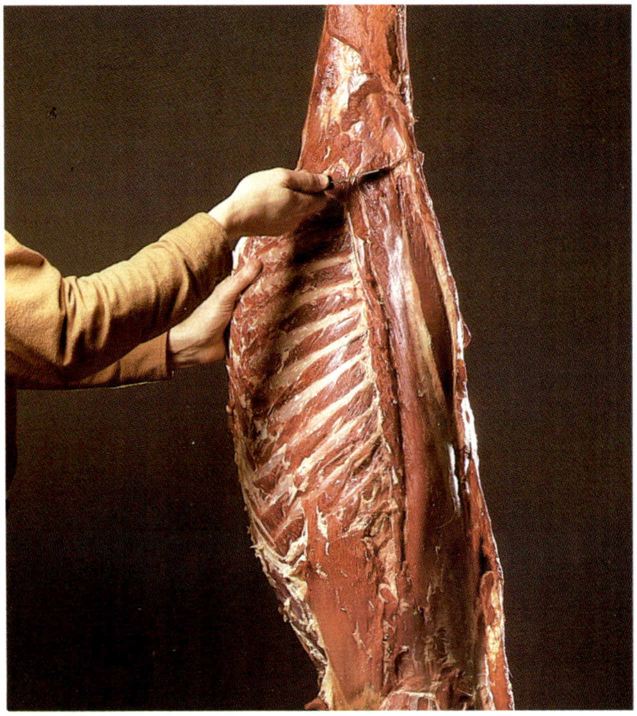

3. Dépecer la viande à la base du cou afin de prélever la *longe*. Il y a une longe de chaque côté de l'épine dorsale. Elles peuvent servir à faire des steaks papillon (voir p. 53), des rôtis ou encore être tranchées finement pour les plats sautés. Le bas de la longe est encore plus tendre.

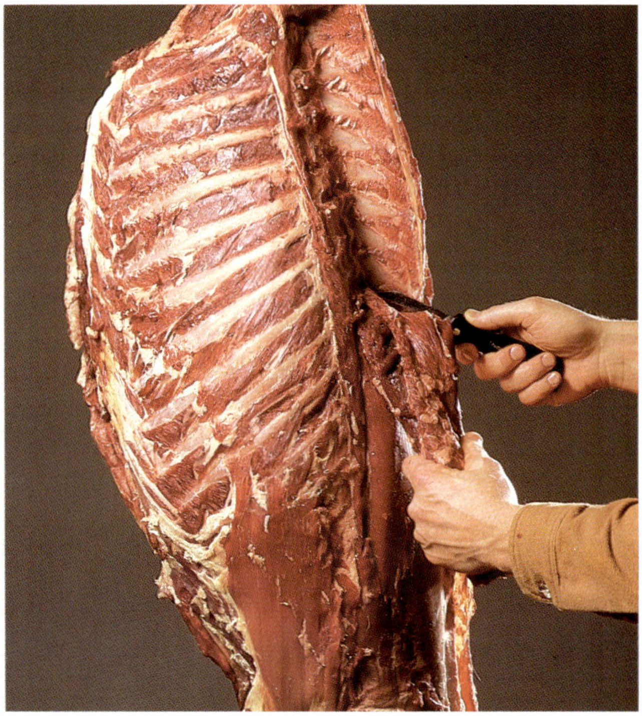

4. Effectuer deux incisions entre l'épaule et la croupe: une le long de l'épine dorsale, l'autre le long de la pointe des côtes. Garder le couteau près des côtes pour enlever le plus de viande possible. Détacher la première longe en coupant à la hauteur de la croupe, puis enlever la deuxième, de l'autre côté de l'épine dorsale.

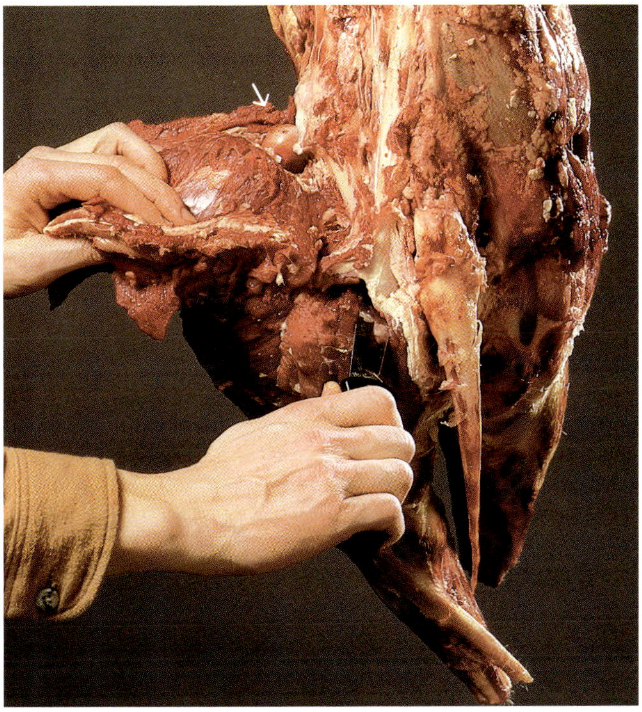

5. Découper une patte arrière jusqu'à l'articulation orbiculaire (flèche). Plier la patte vers l'arrière pour déboîter l'articulation. Couper l'articulation et continuer à couper autour de l'os de la queue et du bassin jusqu'à ce que la patte se détache de la carcasse. Répéter la même opération pour l'autre patte arrière.

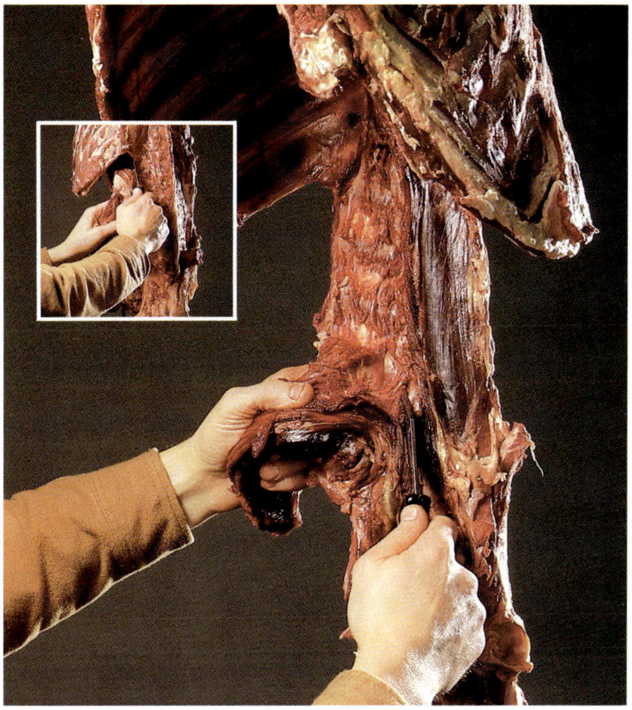

6. La découpe des *filets* se fait à partir de l'intérieur de la cage thoracique après avoir recueilli la viande des flancs sous la dernière côte (médaillon). La viande de flanc pourra être hachée ou encore taillée en lanières pour être séchée. Plusieurs chasseurs préfèrent découper les filets avant l'étape de vieillissement de la carcasse pour les empêcher de noircir et de s'assécher.

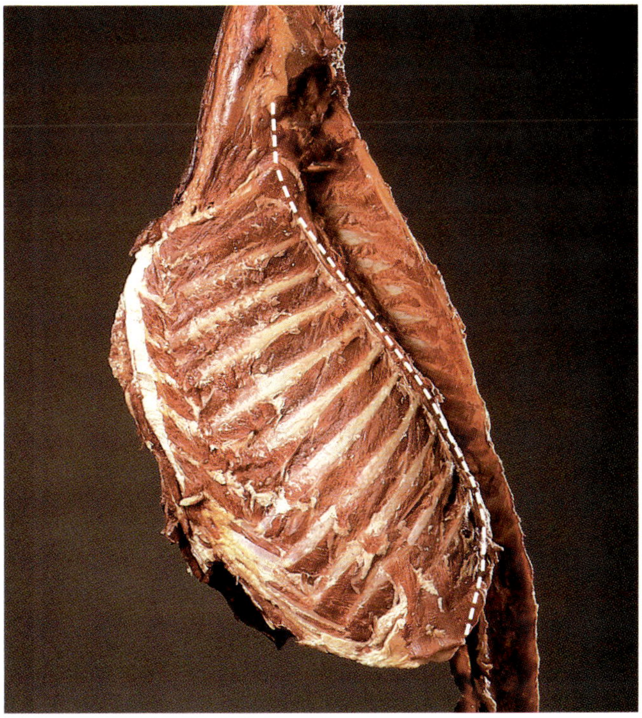

7. On peut enlever les côtes, si on le désire, en sciant le long de la colonne vertébrale (ligne pointillée). Couper autour du collier, puis casser la colonne vertébrale. Détacher la tête du cou (voir p. 18). Désosser le cou et conserver la viande recueillie pour la hacher ou pour en faire des plats en cocotte.

8. Découper les côtes en enlevant la bande de viande et de nerfs qui se trouve au bas. Scier les côtes trop longues en deux. Découper les côtes en paquets de 3 ou 4. Si l'on ne désire pas conserver les côtes, on peut récupérer la viande entre celles-ci pour la hacher ou en faire de la saucisse.

Comment désosser une patte arrière (photo: antilope d'Amérique)

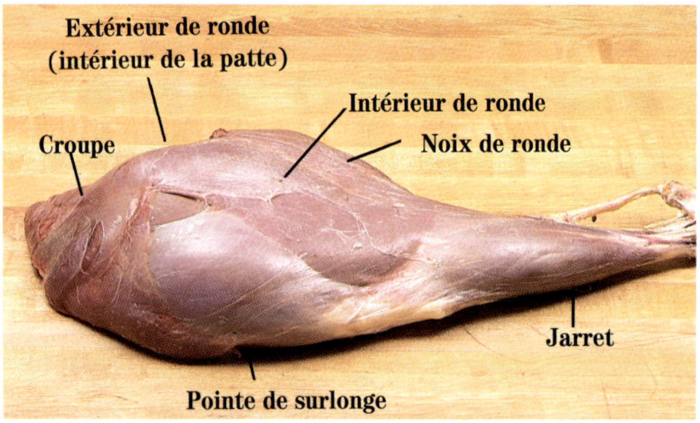

Une patte arrière comprend la pointe de surlonge, l'intérieur et l'extérieur de ronde, la noix de ronde, une portion de la croupe et le jarret. La surlonge, la ronde et la croupe sont des coupes tendres à rôtir ou à griller. Le jarret est plus dur et meilleur en viande hachée ou en soupe.

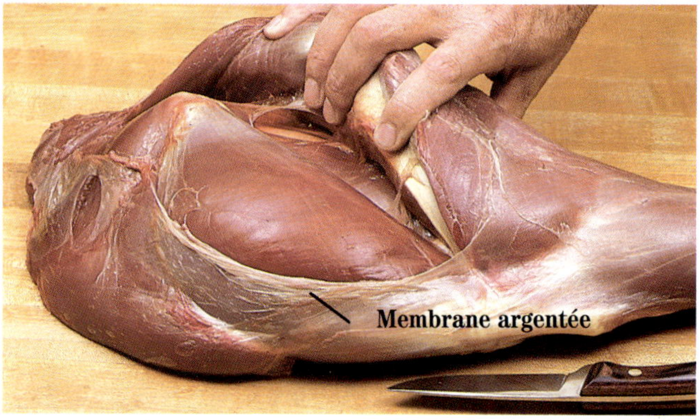

Séparer l'*intérieur de ronde* du reste de la patte après avoir coupé la membrane argentée qui couvre la patte. Passer ses doigts dans le sillon naturel de la viande, puis commencer à éloigner l'intérieur de ronde de la patte. Utiliser un couteau pour libérer la viande seulement quand c'est nécessaire.

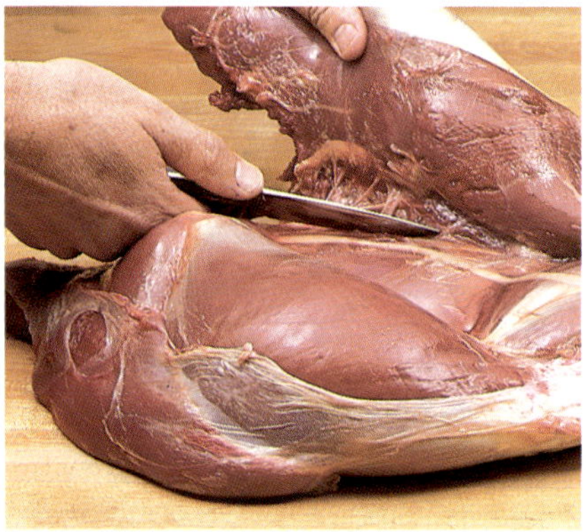

Couper le long du derrière du jarret pour enlever complètement l'intérieur de ronde. Cette partie est excellente coupée en papillon, roulée et attachée pour faire un rôti (voir p. 25). On peut aussi la couper en deux petits rôtis plats, en cubes pour les brochettes ou en tranches pour les sautés.

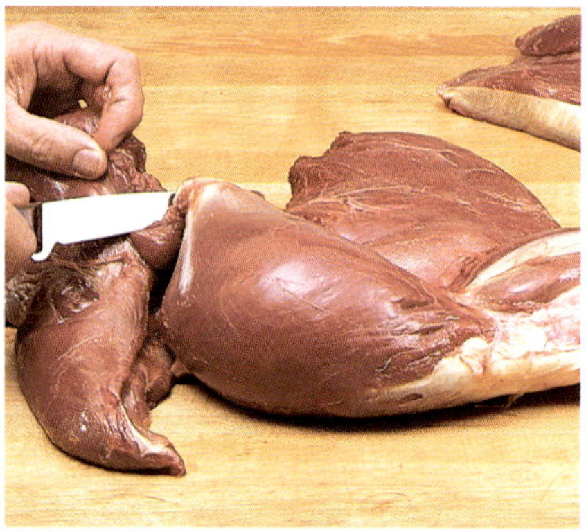

Enlever le morceau de *croupe*. Couper la croupe en haut du bassin, après avoir enlevé la membrane argentée et repoussé le groupe de muscles avec les doigts. Une croupe de taille importante est excellente rôtie, une plus petite peut être coupée pour en faire des steaks, des brochettes ou des sautés.

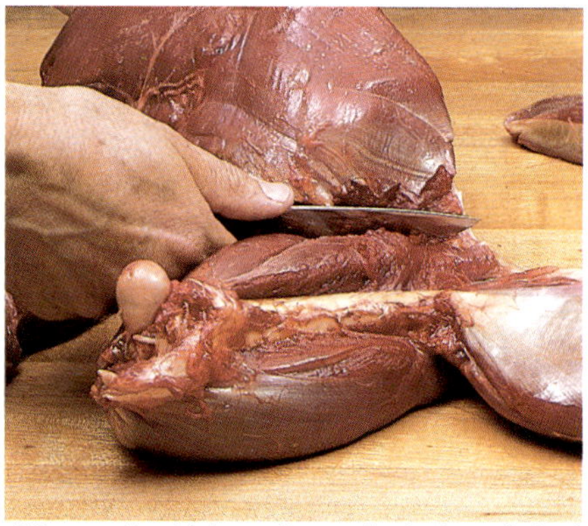

Séparer l'*extérieur de ronde* de la *pointe de surlonge,* après avoir retourné la patte et séparé ces deux groupes de muscles avec les doigts. Ensuite, couper la pointe de surlonge en l'éloignant de l'os. La pointe de surlonge fait des rôtis de premier choix ou des steaks; on peut rôtir l'extérieur de ronde, ou en faire des steaks ou des brochettes.

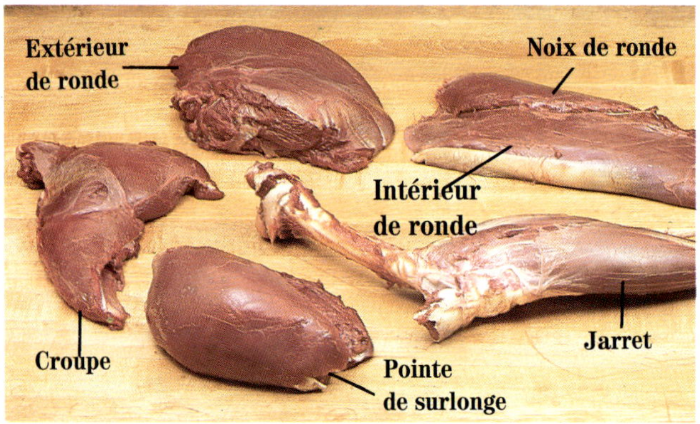

Une patte désossée ressemble à ceci. Si l'on veut utiliser le *jarret* en soupe, séparer le jarret et l'os du fémur à la hauteur du genou ou couper la viande du jarret, près de l'os, enlever les tendons et la membrane argentée, puis hacher la viande pour en faire de la viande hachée ou de la chair à saucisse. Utiliser les os qui restent pour faire du bouillon (voir p. 144). Sur un animal plus gros, on peut vouloir séparer la *noix de ronde* de l'intérieur de ronde.

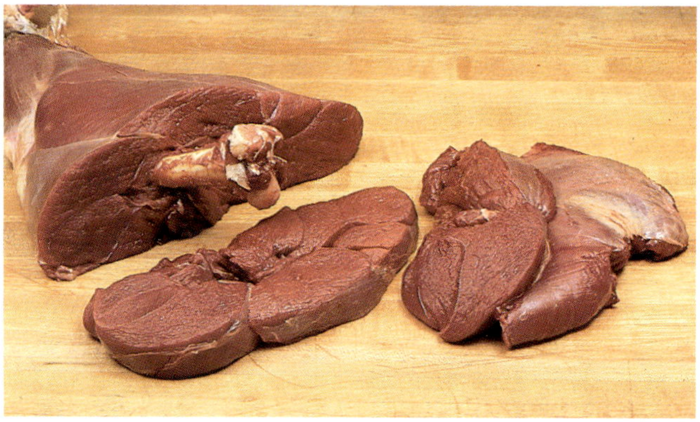

Préparer des steaks de diamètre important avec une patte arrière entière en coupant dans le sens contraire aux muscles, plutôt qu'en désossant comme dans les exemples précédents. Enlever d'abord la croupe, tel que décrit plus haut, puis couper la patte en steaks de 2,5 cm (1 po) d'épaisseur. En découpant les steaks, dégager l'os à l'aide d'un couteau à filet, puis glisser le steak par-dessus le bout de l'os. Continuer à découper des steaks jusqu'à ce que l'on atteigne le jarret.

Comment désosser une patte avant (photo: cerf)

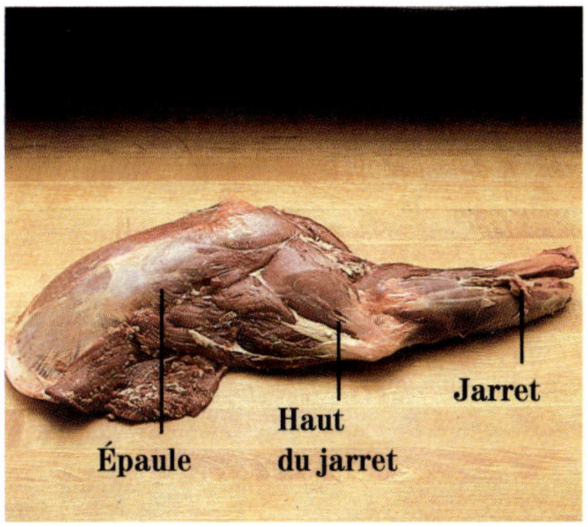

Une patte avant comprend l'épaule, le haut du jarret et le jarret. La viande de la patte avant est moins tendre que celle de la patte arrière que l'on utilise pour faire des rôtis braisés, des ragoûts, de la viande séchée ou hachée.

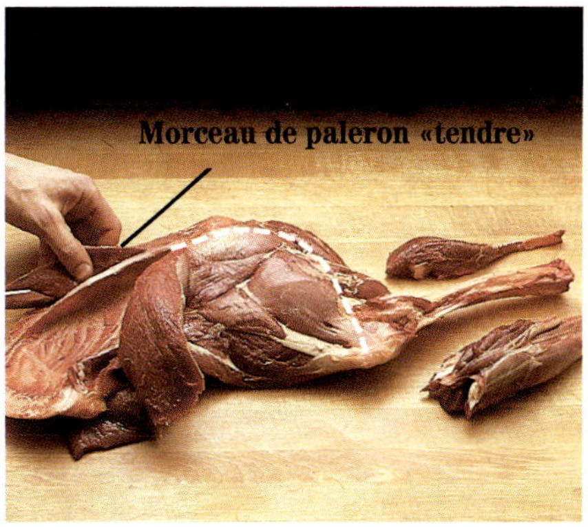

Couper le long de la crête osseuse au milieu de l'omoplate. D'un côté, on obtient le petit morceau «tendre», désossé. Si l'on désosse l'autre côté, le long de la ligne pointillée, on obtient un rôti d'épaule.

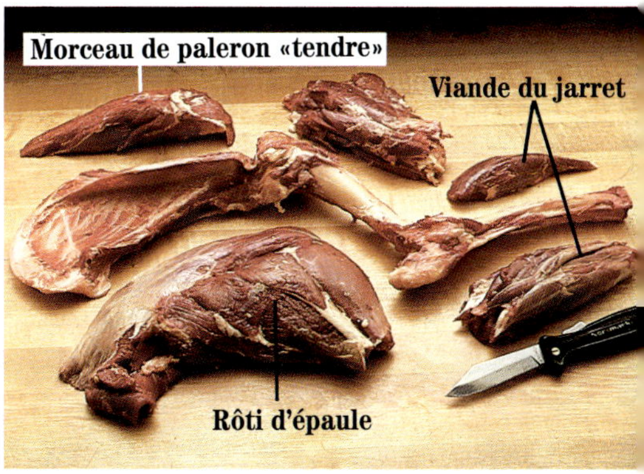

Enlever la viande qui reste sur les os. Utiliser le morceau de paleron «tendre» pour faire de la viande séchée ou des ragoûts. Cuire à la cocotte le rôti d'épaule, le couper en cubes à ragoût ou en faire de la viande séchée. Hacher la viande du jarret pour faire des hamburgers.

Comment faire un rôti roulé (photo: extérieur de ronde de cerf)

Couper la viande qui a plus de 2,5 cm (1 po) d'épaisseur en papillon. Pour ce faire, la découper en deux pièces plus minces. Les deux pièces sont attachées ensemble par une bordure de viande. Ouvrir la viande en papillon pour qu'elle soit à plat. Rouler la viande serré dans le sens de la fibre, en rentrant à l'intérieur tous les bords irréguliers.

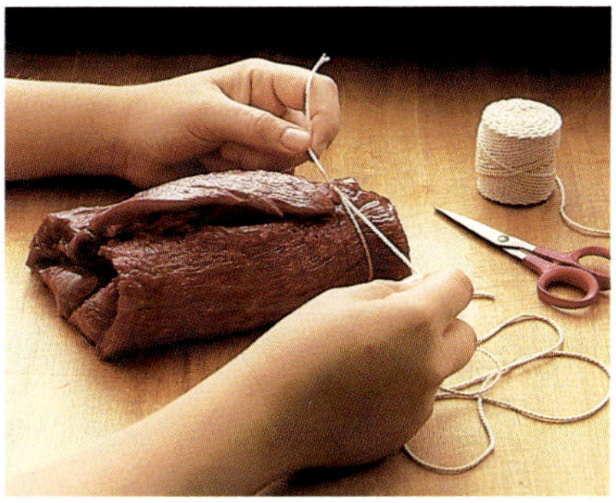

Attacher la viande à environ 2,5 cm (1 po) du bout le plus éloigné de soi, à l'aide d'une ficelle de cuisine de 150 cm (60 po). Conserver plusieurs centimètres du côté le plus court de la ficelle, car après avoir fait des boucles autour de la viande, il faudra attacher ensemble les deux bouts de ficelle.

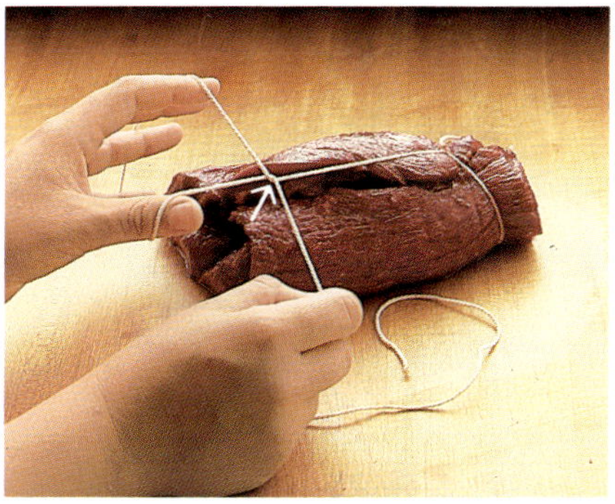

Faire une boucle, puis tourner la ficelle une fois pour faire une petite «tresse» (flèche). Glisser cette boucle près du bout de la viande le plus près de soi, puis la faire glisser pour qu'elle soit à environ 2,5 cm (1 po) de la ficelle attachée à l'autre bout.

Ajuster la première boucle en tirant sur le bout le plus long de la ficelle et en réglant la longueur pour que la boucle s'aligne avec le premier nœud. Le rôti sera plus attirant, lors du service, si toutes les boucles sont alignées sur le dessus.

Continuer à faire des boucles qui sont placées à environ 2,5 cm (1 po) l'une de l'autre, en les ajustant au fur et à mesure. Attacher plus de ficelle, si nécessaire. Après avoir fait une boucle à 2,5 cm (1 po) du bout le plus près de soi (ligne pointillée), glisser la ficelle sous le rôti, afin qu'elle réapparaisse du côté opposé.

Attacher les deux bouts de ficelle ensemble en faisant un nœud double sur le dessus. Couper les deux bouts de ficelle près du nœud. Quand on est prêt à trancher un rôti cuit, roulé, on n'a qu'à couper les boucles sur le dessus, puis à enlever la ficelle.

La préparation du petit gibier

Une préparation adéquate du petit gibier sur le lieu de récolte donne l'assurance d'obtenir des plats savoureux. Il faut éviscérer aussitôt que possible le lapin ou le lièvre qui vient d'être abattu, sinon la saveur délicate de la viande risque de prendre un goût désagréable. En ce qui concerne le raton laveur, plusieurs préfèrent le préparer et le dépouiller au retour à la maison. La chair de cet animal tolère mieux le délai entre l'abattage et l'habillement de la carcasse. De plus, bien des chasseurs prennent soin de dépouiller le raton laveur pour en conserver le pelage en vue de le vendre.

Beaucoup de choses ont été écrites sur les maladies que le petit gibier transmet à l'humain. Ces maladies s'attrapent lors de la manipulation des viscères ou de la viande crue d'un animal infecté. Des bactéries se retrouvent alors dans l'organisme humain après y avoir pénétré par une coupure ou par les muqueuses. Mais il est plutôt rare de tomber sur un animal infecté pour la simple et bonne raison que, la plupart du temps, ces maladies tuent l'animal ou l'affaiblissent au point qu'il peut rapidement être victime de prédateurs.

Pour éviter tout risque, il ne faut jamais abattre un animal qui se déplace de façon irrégulière ou qui présente des signes de mauvaise santé. Pendant l'éviscération ou le dépouillement du petit gibier, il est préférable de mettre chaque fois des gants de caoutchouc. De plus, il ne faut jamais porter les mains à la bouche ou aux yeux pendant l'opération et l'on doit toujours les laver avec soin après la préparation de l'animal. Il faut se débarrasser des viscères dans un endroit que les chiens et les chats ne peuvent atteindre pour éviter qu'ils soient infectés. Pour plus de précaution, certains chasseurs apportent des sacs de plastique.

C'est pendant la préparation du petit gibier que l'on peut apercevoir des parasites de toutes sortes à l'intérieur de l'animal. La plupart d'entre eux, même s'ils provoquent une réaction de dégoût, n'affectent pas la qualité de la viande et sont enlevés pendant l'éviscération ou le dépouillement.

Certaines populations de ratons laveurs sont porteuses de l'ascaride, un parasite que l'on trouve dans les excréments et sur le pelage de l'animal. Ce ver rond peut être transmis à l'humain, mais c'est extrêmement rare. Bien que les risques de contamination soient minimes, les chasseurs devraient toujours porter des gants lors de l'éviscération et du dépouillement du raton laveur.

Dans le cas du lapin, il faut porter des gants non seulement lors de l'éviscération et du dépouillement, mais aussi lors de la découpe en cuisine. Le lapin est parfois porteur de la *tularémie,* une maladie infectieuse qui se transmet à l'humain. Toutefois, une cuisson prolongée détruit complètement la bactérie.

Les dépouilles de petit gibier doivent refroidir convenablement après la préparation. On doit éviter de les transporter dans un véhicule moteur dont l'intérieur est très chaud ou de les garder pendant des heures dans les poches d'un veston de chasse. Il vaut mieux les laisser dans un endroit à l'ombre, à l'abri des prédateurs. Certains chasseurs pendent les carcasses sous le couvert d'un arbre, favorisant ainsi le refroidissement de la carcasse et l'écoulement du sang. Il ne faut jamais mettre un animal dans un sac de plastique avant qu'il soit complètement refroidi.

Par temps chaud, il est préférable de refroidir l'animal dans une glacière. Il vaut mieux se servir de contenants réfrigérants réutilisables, plutôt que de la glace, afin que les carcasses ne trempent pas dans l'eau de la glace fondue. Des bouteilles de plastique remplies d'eau congelée sont aussi un excellent moyen de conservation.

Il faut tenter de deviner l'âge de l'animal avant d'en dépouiller la carcasse, car ce facteur peut influencer le mode de cuisson. Par exemple, chez le jeune lapin, les oreilles sont molles et flexibles, et il a la lèvre supérieure légèrement fendue. Le lapin plus âgé a les oreilles dures, souvent bordées de blanc, et la lèvre supérieure est profondément fendue. Dans tous les cas, la viande du petit gibier plus âgé sera foncée. De plus, les dents noircissent et s'usent avec le temps, tout comme les griffes s'émoussent.

Comment préparer le petit gibier sur le lieu de récolte

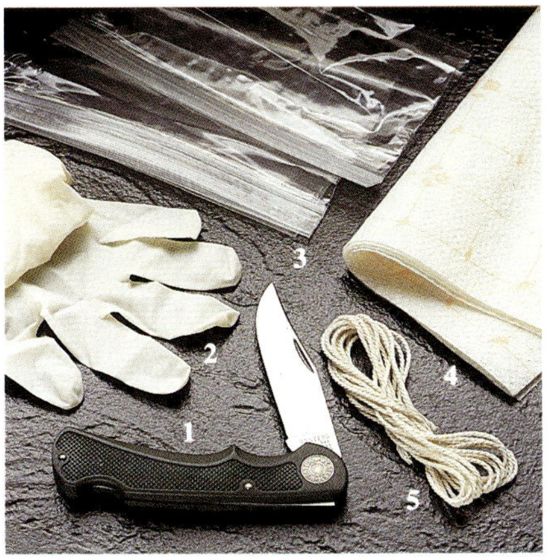

L'équipement pour la préparation du petit gibier sur le terrain comprend: 1. un couteau de chasse; 2. des gants de caoutchouc; 3. des sacs de plastique; 4. des essuie-tout; 5. de la ficelle pour pendre les animaux préparés à un arbre.

Pratiquer une incision peu profonde (ligne pointillée) entre l'anus et la cage thoracique en prenant soin de ne pas perforer les intestins. Certains chasseurs coupent jusqu'à la hauteur du cou.

Éviscérer. Dans le cas d'un lapin, vérifier si le foie comporte des taches blanches qui seraient signe de maladie. Si le foie est normal, le conserver dans un sac de plastique, avec le cœur. Nettoyer la cage thoracique à l'aide d'essuie-tout.

Comment dépouiller un lapin ou un lièvre

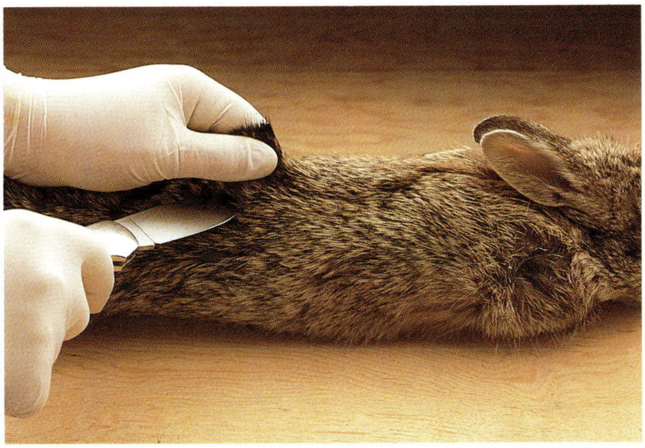

Pincer la peau de manière à la décoller de l'épine dorsale. Inciser la peau à partir de la colonne vertébrale en descendant de chaque côté, tout en prenant soin de ne pas couper la chair.

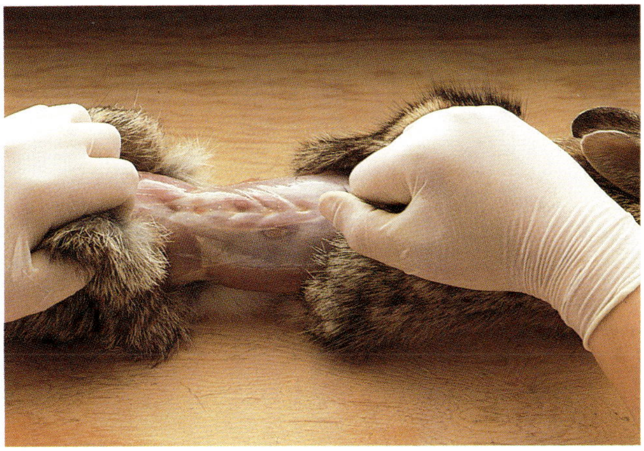

Saisir la peau des deux mains et tirer sur la peau en direction opposée. Écorcher pour que les pattes soient dénudées jusqu'aux pieds.

Sectionner la tête, les pieds et la queue. Éviscérer l'animal après en avoir fendu l'abdomen, de l'anus jusqu'au cou, s'il n'avait pas été préparé sur le lieu de récolte. Conserver le foie et le cœur, si désiré.

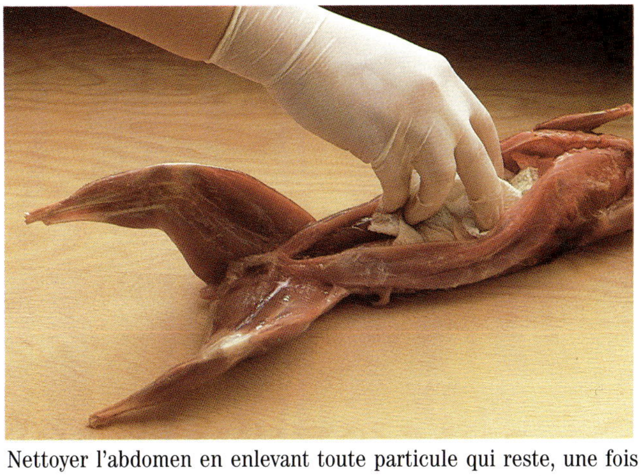

Nettoyer l'abdomen en enlevant toute particule qui reste, une fois l'animal éviscéré. Rincer brièvement à l'eau courante, puis éponger. On peut écorcher un écureuil de la même façon, mais il est plus difficile de le faire (voir p. 28, pour la technique appropriée).

Comment dépouiller un écureuil

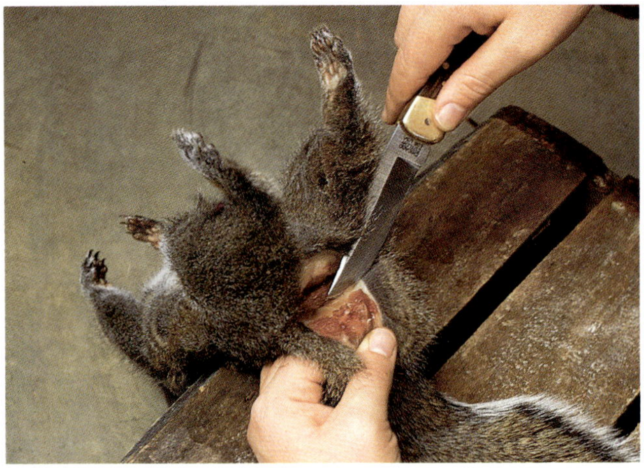

On commence par sectionner l'os de la queue, en pratiquant d'abord une incision sous la queue. Arrêter quand l'os est sectionné. Prendre soin de ne pas couper la peau sur le dessus de la queue.

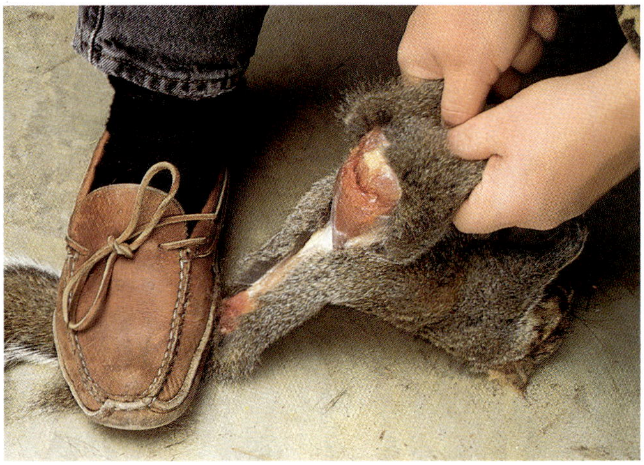

Appuyer le pied sur la base de la queue posée au sol, puis tirer sur les pattes arrière pour écorcher complètement la carcasse jusqu'aux pattes avant.

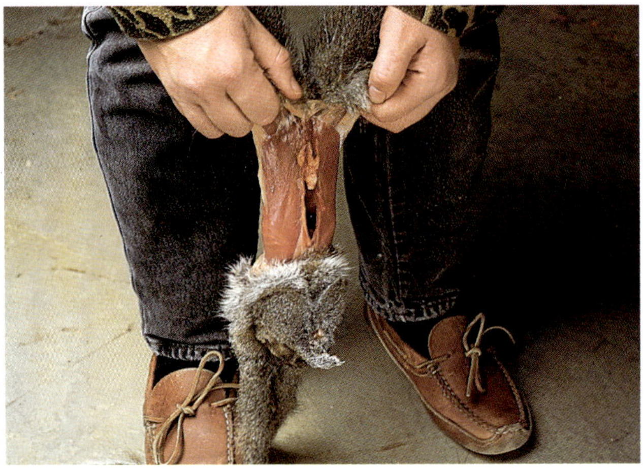

Dépouiller les cuisses jusqu'à la hauteur des chevilles. Bien appuyer le pied sur la base de la queue jusqu'à ce que l'écorchement soit terminé.

Sectionner les pieds des pattes arrière au niveau des chevilles. Utiliser un couteau de chasse ou des ciseaux à gibier. Si l'on utilise un couteau, toujours placer le couteau dans la direction opposée à soi, tel qu'illustré.

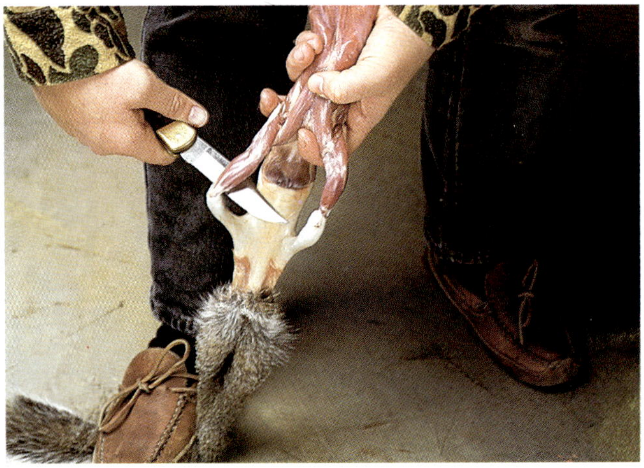

Dépouiller les pattes avant jusqu'aux poignets. Utiliser les doigts de la main libre pour dégager la peau à la hauteur du coude. Sectionner les pieds au niveau de l'articulation (photo).

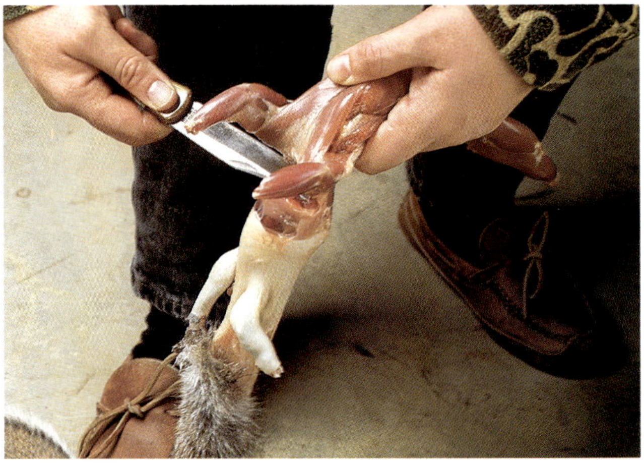

Couper la tête. Enlever toute glande et nettoyer la cavité abdominale comme dans le cas du lapin (voir p. 27). Couper les poils qui sont encore présents aux articulations.

Comment dépouiller un raton laveur pour en conserver le pelage

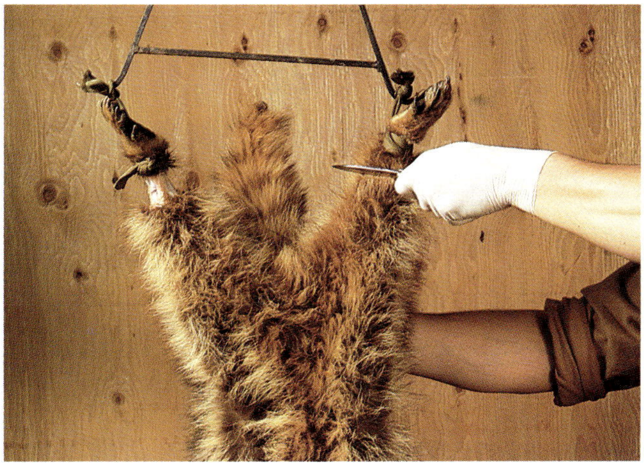

Suspendre l'animal par les pattes arrière et couper la peau autour des pieds. Le jambier utilisé dans cette séquence a été spécialement conçu pour l'écorchement du raton laveur.

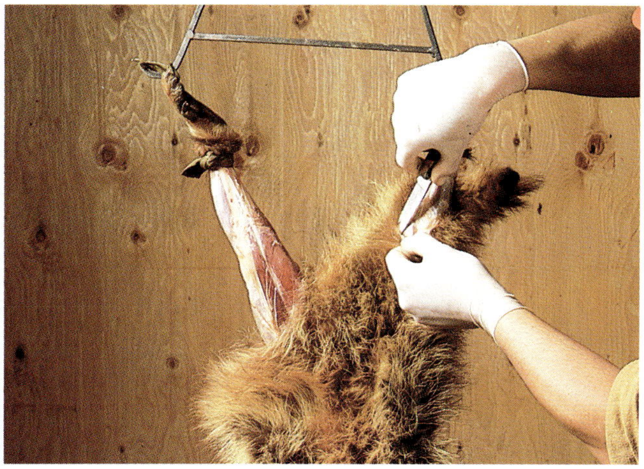

Couper la peau le long de l'intérieur de chaque patte arrière jusqu'à la base de la queue. Enlever la peau jusqu'à la base de la queue. Commencer à écorcher la peau sur l'abdomen.

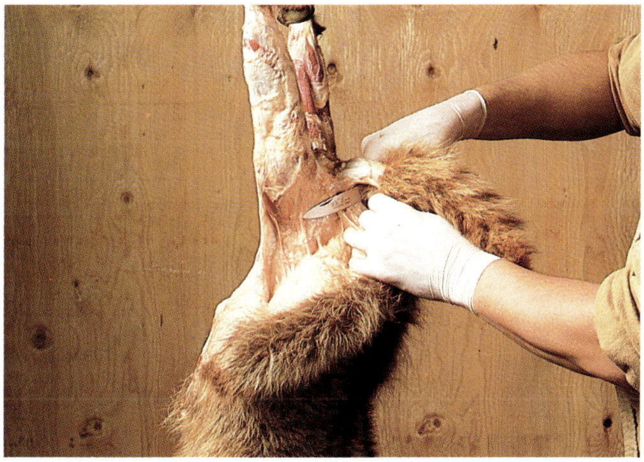

À l'aide du couteau, libérer la peau de l'épine dorsale au-dessus de la queue, tel que démontré. Sectionner l'os de la queue le plus près possible de la croupe. Laisser l'os de la queue dans le pelage.

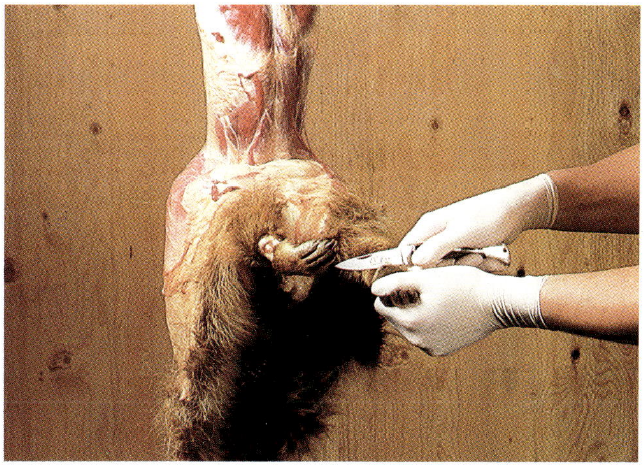

Écorcher jusqu'aux épaules en utilisant le couteau seulement au besoin. Dégager la peau autour des pieds avant (photo).

Tirer sur la peau pour dégager les pattes avant puis la tête, en coupant délicatement autour des yeux et de la base des oreilles. Couper la peau à la hauteur du museau. Garder la peau à l'envers pour lui permettre de sécher. Inciser la queue et enlever l'os.

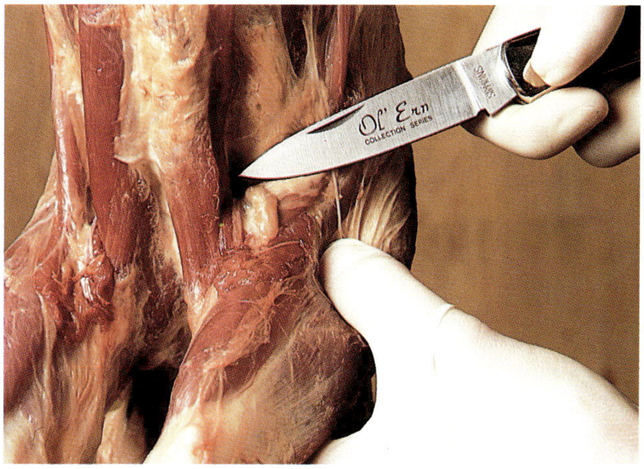

Enlever les glandes qui se trouvent sous les pattes avant et au-dessus de la base de la queue. Sectionner la tête et les pieds. Fendre l'abdomen, de la région anale jusqu'au cou. Éviscérer, rincer, puis éponger le raton laveur.

La découpe du petit gibier

On procède généralement à la découpe du petit gibier avant la cuisson ou la congélation. Les morceaux sont plus faciles à congeler qu'une carcasse complète, puisqu'ils prennent moins de place.

La découpe proposée ci-dessous s'applique autant au lapin, au lièvre qu'au raton laveur. Les cuisses sont la partie la plus charnue de l'animal, suivies du *croupion* — partie de la longe — et des pattes avant. Les côtes contiennent très peu de viande. On les utilise principalement pour en faire des bouillons.

Les ciseaux à gibier sont un excellent outil de travail pour la découpe du lapin et du lièvre. Toutefois, un gros couteau de cuisine sera probablement nécessaire lorsque viendra le temps de sectionner la colonne vertébrale d'un raton laveur.

Il faut porter des gants de caoutchouc quand on manipule le lapin ou le lièvre cru. À l'automne, à certains endroits, le raton laveur peut souffrir d'encéphalite. On recommande donc de porter des gants lors de la découpe des animaux qui ont été récoltés durant cette période de l'année.

Comment découper le petit gibier (photos: lapin)

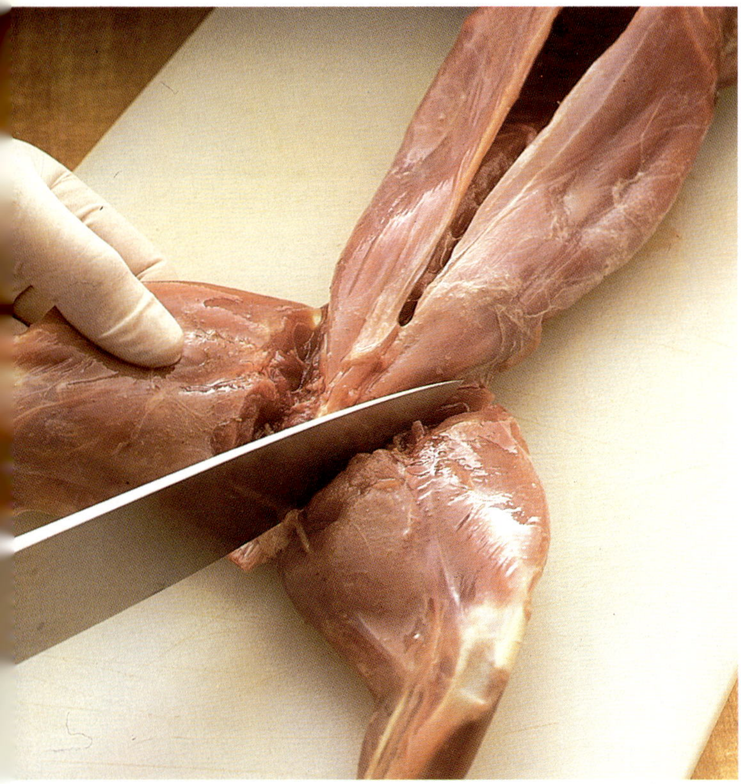

Sur une planche à découper, placer l'animal sur le dos. Couper une cuisse le plus près possible de la colonne vertébrale jusqu'à atteindre l'os de la patte. Si l'on travaille avec des ciseaux à gibier, entailler la viande tout autour de l'os.

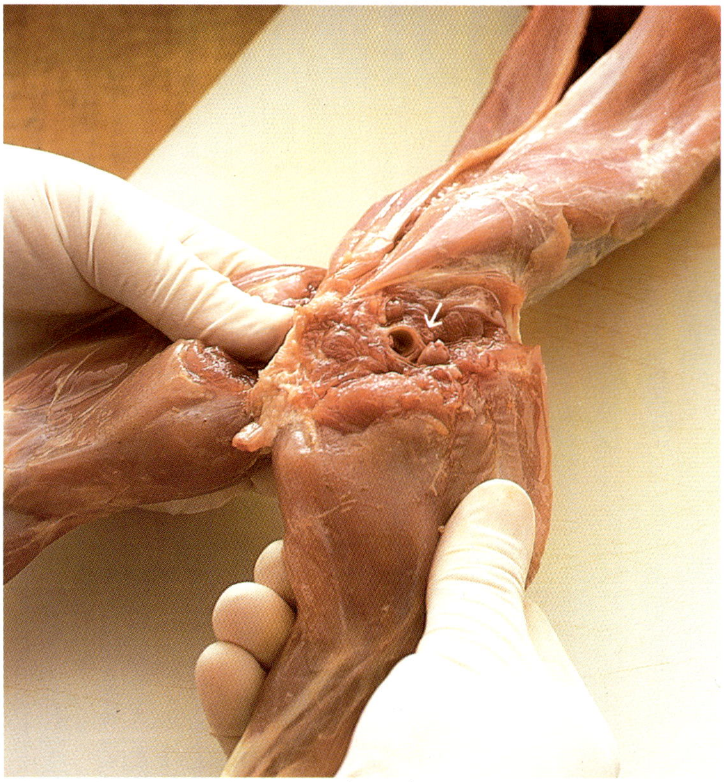

Déboîter l'articulation d'une cuisse (flèche). Sectionner l'articulation pour enlever la cuisse. Répéter la même opération pour l'autre patte. Si l'animal est très gros, on peut sectionner chacune des pattes arrière en deux au niveau du genou.

Méthode simple pour découper l'écureuil

Sectionner l'écureuil en deux parties, soit en coupant juste derrière les côtes (à gauche), soit en fendant l'animal le long de la colonne vertébrale (à droite). Si l'écureuil est très petit, il n'est pas nécessaire de le découper davantage.

Si l'on a affaire à un gros écureuil, fendre chaque moitié en deux. Les quarts sont plus faciles à faire griller que les moitiés et sont plus agréables à présenter dans l'assiette.

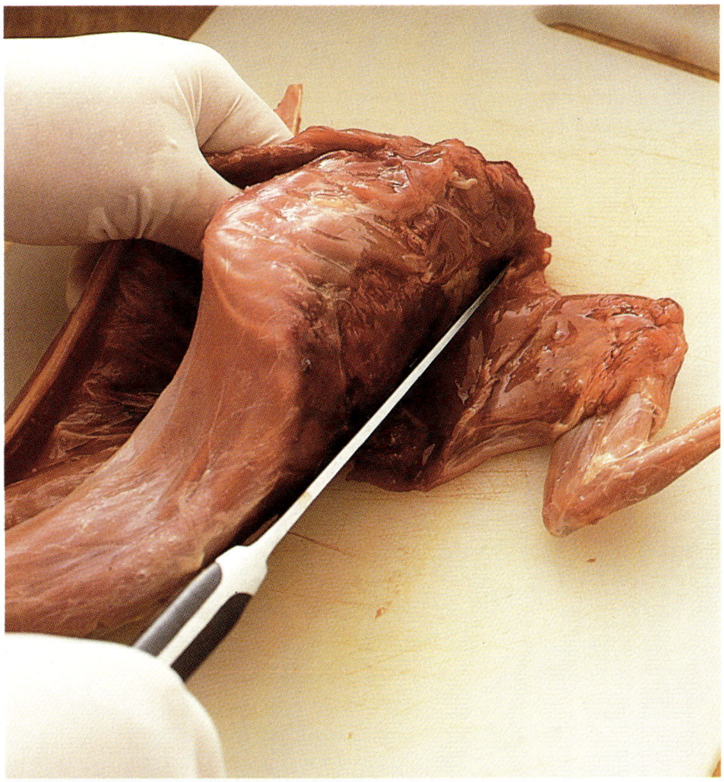

Sectionner les pattes avant en coupant le plus près possible de la cage thoracique et derrière l'omoplate. Les pattes se libéreront plus facilement de cette façon, puisqu'on n'a pas à couper à travers l'articulation. Dans le cas d'un gros animal, couper chacune des pattes en deux au niveau du coude.

Découper le dos de l'animal en deux ou trois morceaux, selon sa grosseur. On peut enlever la cage thoracique, si on le désire. Dans le cas d'un gros lièvre ou d'un raton laveur, on peut fendre le dos le long de l'épine dorsale pour en obtenir de quatre à six morceaux.

La préparation du gibier à plume, terrestre et aquatique

Par temps chaud, on doit éviscérer les oiseaux dès qu'ils ont été abattus. Cependant, lorsque la température est plus fraîche, cette opération peut attendre la fin de la journée de chasse.

Le plumage s'effectue rarement durant la chasse même. Par contre, il est beaucoup plus facile de plumer un oiseau lorsqu'il est encore chaud. Si l'on pratique la technique sur le lieu de récolte, on doit ramasser les plumes dans un sac, plutôt que de les laisser se disperser dans la nature. D'ailleurs, il est important de connaître les règlements qui s'appliquent au transport du gibier à plume. Par exemple, à bien des endroits, il faut conserver les plumes sur au moins une des ailes de l'oiseau, aile qui ne doit pas être sectionnée de la carcasse.

Lorsqu'il fait chaud, on doit avoir une glacière dans le véhicule moteur ou dans l'embarcation de chasse. Et dès que le gibier a été préparé, il faut le mettre au frais dans la glacière.

Avant de plumer ou d'écorcher les oiseaux aquatiques — que l'on désigne aussi sous le nom de *sauvagine* —, il importe de déterminer leur âge, car la chair des vieux spécimens peut être dure, sauf si on la cuit à chaleur humide. On peut observer que les jeunes oies et les jeunes canards sont plus petits que les adultes, et que leur plumage est beaucoup moins coloré. De même, la présence de nombreuses plumes naissantes indique qu'il s'agit probablement d'un jeune oiseau. La plupart des oiseaux terrestres vivent peu de temps, mais le faisan et le dindon sauvage peuvent vivre plusieurs années. Pour connaître l'âge de ces oiseaux, il s'agit d'examiner les éperons de leurs pattes: s'ils sont longs et pointus, la bête est vieille; s'ils sont courts et arrondis, le gibier est jeune.

On peut faire vieillir la chair des oiseaux de la même façon qu'on le fait dans le cas du gros gibier. Il faut alors éviscérer l'oiseau en lui laissant les plumes et la peau, puis le réfrigérer quelques jours à découvert.

Si l'on sert le gibier entier, il est préférable de l'avoir plumé, mais pas écorché, car la peau aide à conserver la chair juteuse. Le gibier d'eau, qui a la peau plus épaisse, est plus facile à plumer que le gibier à plume terrestre. Il sera peut-être plus simple — parce que la peau est mince et qu'elle peut facilement se déchirer — d'écorcher un oiseau terrestre qui a été particulièrement abîmé par le coup de feu, plutôt que de tenter de le plumer. On écorche généralement le tétras des armoises, les canards de mer et les canards pêcheurs, comme les harles, car leur peau a un goût très prononcé.

Le fait que la peau ait déjà été enlevée permet d'économiser du temps lors de la préparation, mais la cuisson risque de dessécher la viande. La découpe de la poitrine (voir p. 37) est aussi une façon d'économiser du temps. On présente alors l'oiseau en morceaux plutôt qu'entier.

Il est très rare de trouver des parasites — qui ont habituellement la forme et la couleur d'un grain de riz — dans la poitrine de canard. Bien qu'une cuisson prolongée rende la viande de la poitrine tout à fait comestible, la plupart préfèrent s'en débarrasser parce qu'elle est peu attirante.

Comment préparer un gibier à plume sur le lieu de récolte (photos: faisan)

L'équipement pour la préparation du gibier à plume sur le terrain comprend: 1. un petit couteau de chasse; 2. des sacs de plastique qui peuvent aussi servir de gants de caoutchouc; 3. des essuie-tout.

Inciser la peau abdominale entre l'anus et le sternum — qu'on appelle aussi *bréchet*. Certains chasseurs préfèrent plumer cette section avant de couper l'oiseau.

Fendre légèrement la gorge de l'oiseau, juste au-dessus de la poitrine en remontant vers le menton. Retirer la trachée-artère. Enlever le *jabot,* cette poche où séjourne la nourriture avant de passer dans l'estomac. Le jabot est situé entre la poitrine et le menton de l'oiseau.

Éviscérer en retirant aussi les poumons. Si on le désire, on peut conserver les abattis comme le cœur, le gésier et le foie dans un sac de plastique. Bien détacher la vésicule biliaire du foie. Nettoyer l'intérieur de l'oiseau avec des essuie-tout.

Comment effectuer le plumage humide (photos: perdrix choukar)

Mouiller complètement l'oiseau à l'eau courante. S'il s'agit d'un oiseau aquatique, frotter les plumes avec le pouce pour s'assurer qu'elles sont bien imbibées d'eau.

Tremper l'oiseau à plusieurs reprises dans de l'eau chaude qui bout à peine — soit, entre 70 et 82 °C (160 et 180 °F). Dans le cas de la sauvagine, ajouter 1 c. à soupe de savon à vaisselle pour bien imbiber les plumes. Si le gibier a été éviscéré, rincer la cage thoracique de tout résidu de savon.

Les plumes devraient s'enlever facilement par simple frottement des pouces. Dans le cas contraire, tremper de nouveau l'oiseau dans l'eau chaude. Au besoin, on peut enlever les plus grosses plumes des ailes et de la queue à l'aide d'une paire de pinces.

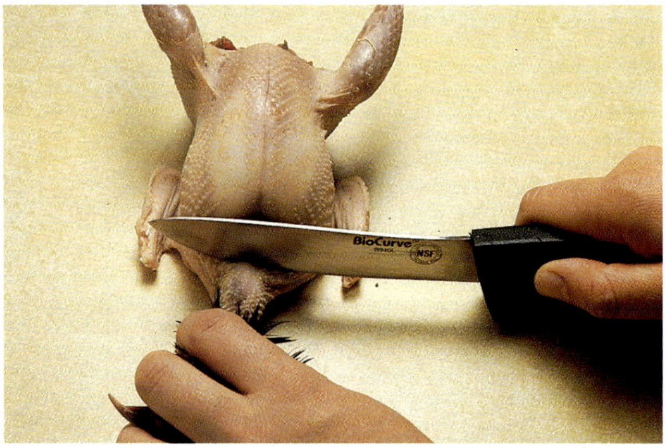

Sectionner la tête et la queue. Dans le cas des oiseaux terrestres, couper les pattes en enlevant le nerf de la cuisse (voir p. 38), si on le désire. Bien nettoyer la cavité abdominale et enlever la trachée-artère, à moins que ce ne soit déjà fait. Bien rincer, puis éponger pour assécher l'oiseau.

Comment effectuer le plumage à sec (photos: colin de Virginie)

Prendre quelques plumes à la fois et tirer doucement dans le sens où elles poussent. Plumer au-dessus d'un sac à ordures pour un travail plus propre.

On peut utiliser une paire de pinces pour enlever les plumes des ailes et de la queue, si nécessaire. Certains chasseurs coupent aussi l'aile à la hauteur du fouet. On perd ainsi très peu de viande.

Flamber toute plume ou duvet qui reste sur la peau à l'aide d'un petit chalumeau ou d'un brûleur à gaz. Nettoyer la cavité abdominale, comme on l'a expliqué dans la légende située juste au-dessus de cette photo.

Comment plumer la sauvagine à la cire (photos: canard colvert)

Mettre de l'eau dans une grande marmite et porter à légère ébullition. Y faire fondre quelques morceaux de paraffine ou de cire à plumer. La couche de cire fondue qui flotte sur l'eau devrait avoir une épaisseur d'au moins 0,5 cm ($^{1}/_{4}$ po).

Plumer grossièrement l'oiseau en enlevant les plus grosses plumes de la poitrine, des ailes, de la queue et des cuisses. Plumer par petites touffes. Ne pas enlever les plus petites plumes afin que la cire adhère mieux à l'oiseau.

Tremper l'oiseau dans le mélange d'eau et de cire. Faire rouler doucement la carcasse dans ce mélange, puis l'en retirer lentement. Tenir l'oiseau au-dessus de la casserole jusqu'à ce que la cire soit assez dure pour que l'on puisse déposer l'oiseau sur du papier journal sans qu'il colle. On peut aussi accrocher l'oiseau en lui glissant la tête entre des clous fixés à une planche.

Laisser refroidir la carcasse jusqu'à ce que la cire soit assez dure. On peut accélérer l'opération en trempant l'oiseau enduit de cire dans un seau d'eau froide. Répéter les opérations de trempage et de refroidissement jusqu'à ce que la couche de cire qui enrobe l'oiseau ait atteint une épaisseur d'au moins 0,3 cm ($^{1}/_{8}$ po). S'assurer que la cire est bien froide et dure.

Peler la cire refroidie. Les plumes, emprisonnées dans la cire, devraient s'arracher facilement et laisser la peau complètement déplumée. On peut réutiliser la cire en la faisant fondre et en la filtrant dans une mousseline à fromage pour enlever les plumes.

Sectionner la tête, les pattes et la queue. Si l'oiseau n'avait pas été préparé avant l'application de la cire, enlever la trachée-artère et les viscères. Retirer toute la cire qui se trouve dans l'abdomen d'une carcasse éviscérée. Bien nettoyer, rincer, puis éponger pour assécher.

Comment écorcher un oiseau (photos: faisan)

Sectionner les deux dernières articulations de l'aile à l'aide de ciseaux à gibier ou d'un couteau. Dans le cas des oiseaux terrestres, couper les pattes en enlevant le nerf de la cuisse (voir p. 38), si désiré.

Placer les doigts dans la fente qui a permis de libérer le jabot lors de la préparation — libérer le jabot, si ce n'est pas déjà fait; tirer la peau de la poitrine et des cuisses pour l'enlever.

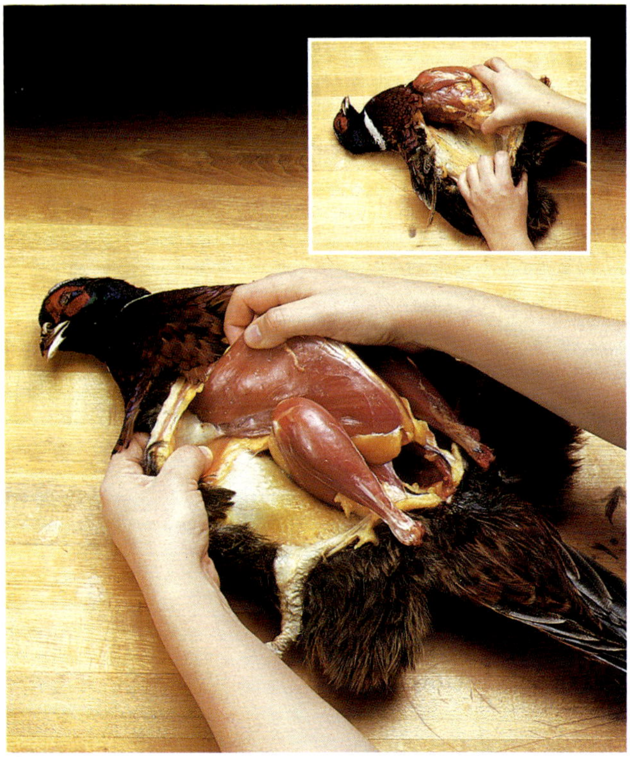

Écarter la peau des articulations des ailes et la retourner comme un bas. Libérer les ailes et écorcher le dos (médaillon).

Sectionner la tête et la queue à l'aide de ciseaux à gibier. Si l'oiseau n'avait pas déjà été préparé, enlever la trachée-artère et les viscères. Bien nettoyer la cage thoracique. Rincer, puis éponger.

Comment découper la poitrine d'un oiseau en conservant les pattes (photos: faisan)

Sectionner les pattes. Écorcher la poitrine et les cuisses (voir p. 36). Ne pas écorcher les ailes.

À l'aide d'un couteau à filet, trancher la poitrine en deux, dans le sens de la longueur, en libérant la chair du bréchet. Garder la lame le plus près possible de l'os. Dégager la viande de la fourchette pour la libérer complètement.

Écarter les cuisses vers le bas et déboîter les articulations orbiculaires (flèche). Trancher l'articulation pour enlever la patte. Enlever l'autre patte. Si l'oiseau n'était pas déjà préparé, enlever les abattis — cœur, foie et gésier —, si l'on veut les conserver.

Sectionner le pilon de la cuisse, si désiré. Jeter la carcasse. Quand on utilise cette méthode de découpe, seule la viande des ailes et du dos est perdue. Les demi-poitrines désossées sont faciles à cuisiner.

Comment retirer le nerf des cuisses des oiseaux terrestres

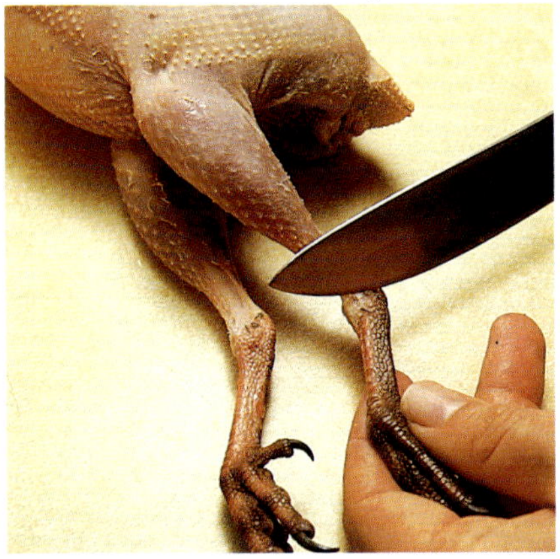

Couper la peau autour du bas du pilon, avant ou après le plumage. Inciser en surface seulement sans sectionner le nerf.

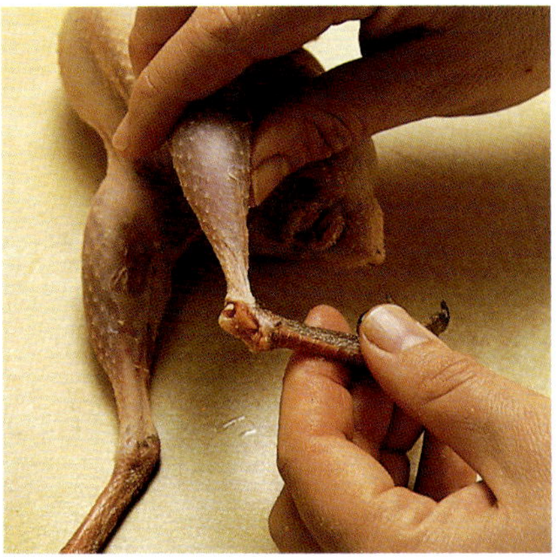

Plier le pied de l'avant vers l'arrière, de quatre à cinq fois. Cela aide le nerf qui relie le pied à la cuisse à se relâcher.

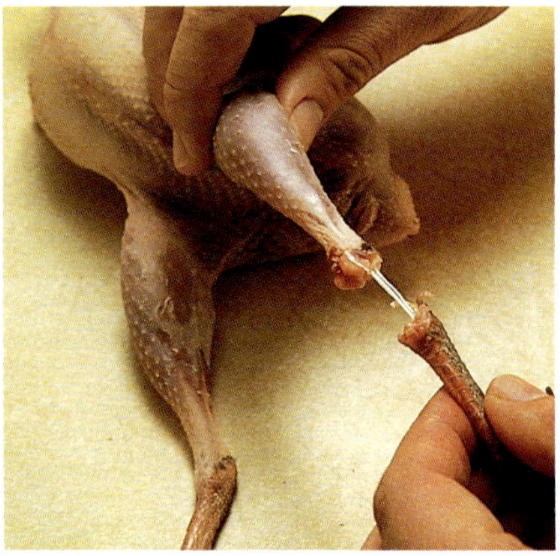

Tirer le pied en tenant la cuisse de l'autre main. Les cuisses sont plus faciles à manger lorsque le tendon a été libéré.

Quelques trucs de préparation du gibier à plume sur le lieu de récolte

Pratiquer une grande ouverture dans la cage thoracique d'un dindon sauvage (photos) ou d'un gros tétras des armoises afin de pouvoir y introduire la main complètement (photo de gauche), ce qui facilitera l'éviscération (photo de droite).

Pour libérer les entrailles, utiliser le crochet d'éviscération d'un couteau pliant pour oiseaux. Introduire le crochet dans l'abdomen, le faire tourner, puis tirer. Les viscères s'enroulent sur le crochet lors du mouvement de rotation. Un petit bâton fourchu peut également faire l'affaire.

On peut aussi plumer la sauvagine mécaniquement à l'aide d'un appareil à cardes de caoutchouc. On trouve généralement cet appareil dans les réserves de chasse et les bonnes pourvoiries qui effectueront ce travail à peu de frais.

En désossant les cuisses d'un faisan (photo) ou de tout autre gibier à plume, on peut faire d'excellents filets. Plier la cuisse en deux, pour que l'os pointe vers le haut. Glisser le couteau ou les ciseaux sous le bout de l'os et dégager la chair.

La découpe du gibier à plume

La découpe d'un oiseau dépend surtout de sa taille et de la méthode de cuisson. On peut cuire l'oiseau entier, peu importe qu'il soit terrestre ou aquatique. Généralement, on découpe les gros spécimens comme le faisan, le dindon sauvage, le canard colvert ou l'oie de la même manière que la volaille domestique. Les oiseaux plus petits que le faisan peuvent aussi être coupés en deux, dans le sens de la longueur.

Lors de la découpe, il n'est pas nécessaire d'enlever la peau. On peut cependant conserver la colonne vertébrale, le cou et tout os retiré lors du désossage afin d'en faire d'excellents bouillons (voir p. 145). Toutefois, la plupart des cuisiniers ne font pas de bouillons avec des carcasses de colombe, de bécasse et de caille.

Comme la découpe en poitrines s'effectue rapidement et facilement, de nombreux chasseurs choisissent cette façon de faire lorsqu'il y a beaucoup de gibier à préparer. Cette méthode, qui a déjà été clairement expliquée (voir p. 37), permet de conserver aussi les cuisses et les pilons, limitant ainsi la perte de viande.

Comment diviser un oiseau en deux, dans le sens de la longueur (photos: perdrix de Hongrie)

Diviser le dos en coupant le long d'un côté de la colonne vertébrale à l'aide de ciseaux à gibier. On peut aussi couper le long de l'autre côté de la colonne pour l'enlever complètement, si désiré.

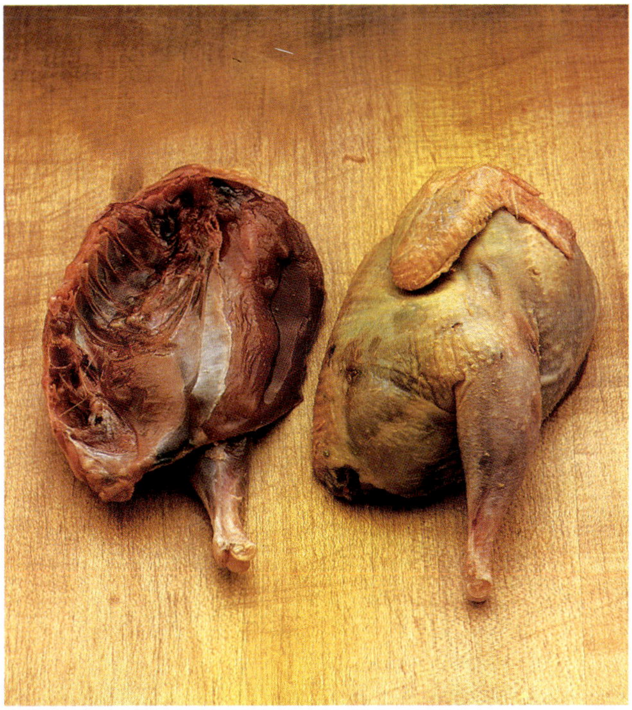

Couper le long du bréchet et en plein centre de la fourchette. On peut également enlever complètement le bréchet en sectionnant l'autre côté de l'os.

Comment découper un oiseau (photos: faisan)

Enlever les ailes en sectionnant l'articulation au ras de la poitrine. On peut également sectionner les ailes selon la coupe française (voir p. 41).

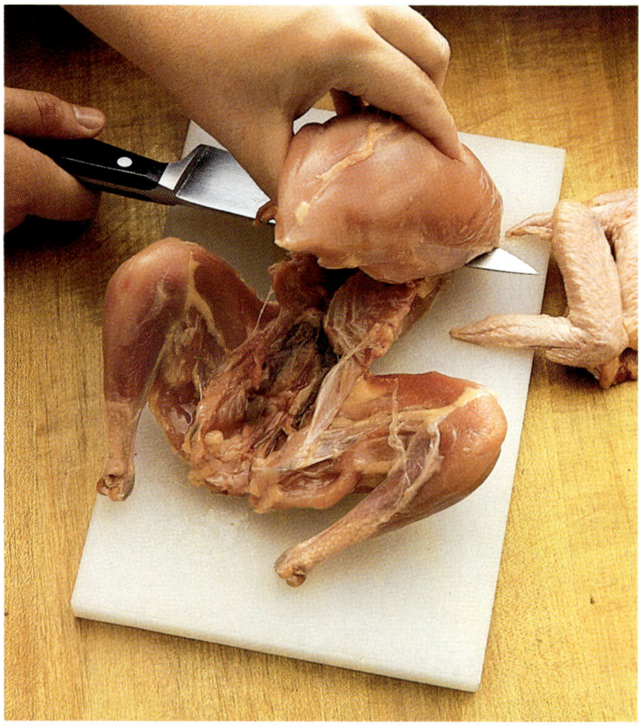

Séparer la poitrine du dos en coupant à travers les côtes jusqu'aux épaules. Écarter la carcasse en tenant la poitrine d'une main et le dos de l'autre jusqu'à l'ouvrir en charnière. Détacher la poitrine du dos.

Trancher la poitrine en deux, dans le sens de la longueur, en coupant le long d'un côté du bréchet et à travers la fourchette. On peut aussi enlever complètement le bréchet en tranchant l'autre côté. Il est également possible de découper la poitrine (voir p. 37).

Découper les cuisses à partir de l'os du dos, puis les écarter pour dégager les articulations orbiculaires (flèche). Trancher les articulations pour libérer les cuisses. Si on le désire, il est possible de séparer la cuisse du pilon en sectionnant l'articulation du genou.

Comment découper un oiseau à la française (photos: faisan)

Repérer l'omoplate à l'endroit où l'aile est reliée au dos. Couper entre l'omoplate et la colonne vertébrale en faisant glisser le couteau le long des côtes. Ne pas sectionner complètement l'aile.

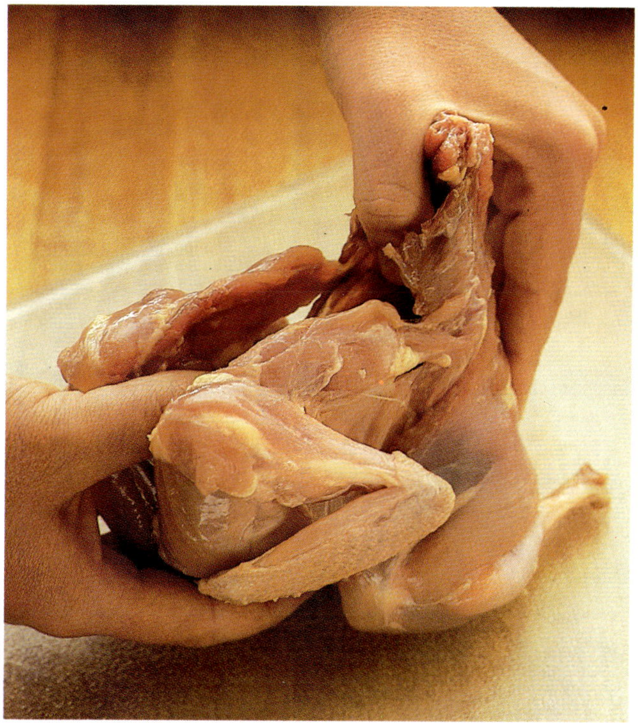

Écarter la carcasse en tirant la poitrine d'une main et le dos de l'autre jusqu'à séparer les deux sections. Les cuisses resteront attachées à la colonne vertébrale.

Découper les cuisses à partir de la colonne vertébrale, puis les écarter pour dégager les articulations orbiculaires (flèche). Trancher les articulations pour libérer les cuisses. Il est possible de séparer la cuisse du pilon en sectionnant l'articulation du genou, si on le désire.

Fendre la poitrine en deux, dans le sens de la longueur, puis couper chaque moitié, tel qu'illustré. De cette façon, les quartiers ont presque la même taille, puisqu'une partie de la chair de la poitrine demeure attachée aux ailes. Cela est d'autant plus vrai si l'aileron et la pointe des ailes ont été sectionnés.

Petit gibier et gibier à plume: les dernières étapes du nettoyage

Un simple rinçage à l'eau courante est souvent la seule étape de nettoyage à effectuer sur la viande de gibier, juste avant de l'apprêter pour la cuisson ou de la faire congeler. Mais un dernier effort peut souvent améliorer la qualité de la viande.

Il faut bien examiner le lieu d'impact de la cartouche pour voir toute particule de métal, de poil ou de plume qui aurait pu pénétrer dans la chair du gibier. Le cas échéant, il faut les retirer à l'aide de pinces à épiler, de la pointe d'un couteau ou de pinces pour la pêche à la mouche.

Le trempage de la viande est essentiel seulement si la chair a été passablement abîmée par le coup de feu ou si elle est trop gorgée de sang. On peut soit immerger la pièce de viande dans le lait pendant 1 h ou 2 h, soit la faire tremper dans 2 litres (8 tasses) d'eau contenant 1 c. à soupe de bicarbonate de soude bien dissous. Si la viande est en morceaux, faire tremper seulement ceux qui sont endommagés. Bien rincer la viande après le trempage.

Dans le cas du raton laveur, il est préférable d'enlever toute trace de graisse avant la congélation ou la cuisson, car le goût prononcé et huileux de la graisse pourrait se transmettre à la chair. Pour leur part, les lapins et les lièvres n'ont généralement pas de graisse.

Rincer le cœur et le foie pour enlever les caillots de sang. Si le dessus du cœur est déchiqueté, couper cette partie. En principe, la poche de fiel qui se trouve sur le foie a été retirée lors de l'éviscération sur le lieu de récolte. Couper et jeter toute partie du foie ou de la viande qui aurait été contaminée par la bile.

La plupart des chasseurs conservent le gésier du dindon sauvage, et plusieurs font de même avec celui du faisan et de la sauvagine. Bien nettoyer les gésiers (voir p. 43). On peut griller les gésiers entiers, les hacher pour les ajouter à la farce ou encore les incorporer aux plats mijotés.

Comment nettoyer les gésiers

Fendre le gésier entre les deux lobes, puis enlever la nourriture et le gravier qui pourraient s'y trouver. Ne pas jeter ces éléments dans un broyeur à déchets, car ils contiennent de petits cailloux.

Déposer le gésier sur la planche à découper, la membrane intérieure dure vers le bas. Enlever la membrane du gésier à l'aide d'un couteau à filet, puis jeter cette membrane. Si désiré, conserver la membrane extérieure.

Quelques trucs de nettoyage

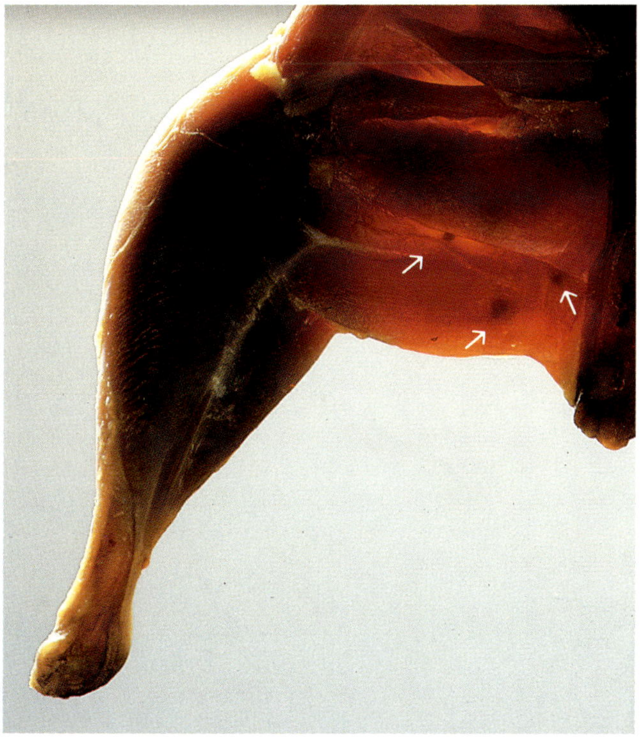

Tenir le morceau de viande sous une lumière intense afin de repérer les plombs (flèches) qui auraient pénétré dans la chair lors de l'impact du coup de feu.

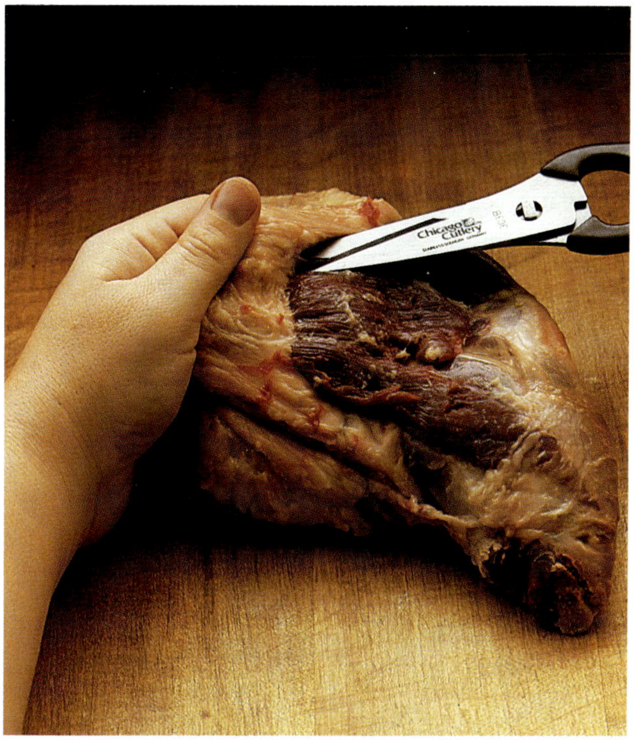

Utiliser les ciseaux à gibier pour enlever la graisse du raton laveur. Tailler dans le gras jusqu'à apercevoir la chair, puis donner de petits coups de ciseaux entre la graisse et la chair.

Antelope Round Steak
9/27
Deer tenderloins
9/27

La congélation du gibier

Alors qu'ils passent des heures à préparer et à découper le gibier, bon nombre de chasseurs emballent trop rapidement la viande récoltée avant de la ranger au congélateur. La suite est inévitable: la viande décongelée est complètement perdue et déshydratée, car elle a souffert de *brûlures de congélation*.

Pour prévenir les brûlures de congélation, il vaut mieux emballer deux fois plutôt qu'une ou encore congeler la viande dans l'eau. Cela est d'ailleurs nécessaire si le congélateur utilisé est un modèle sans givre. Le ventilateur d'un congélateur de ce genre a pour fonction de «retirer» l'humidité qui se trouve dans l'air afin d'empêcher la formation de givre sur les parois. Du même coup, il assèche la viande qui est mal emballée.

Il est préférable d'enlever toute trace de graisse du gros gibier et du raton laveur avant l'emballage et la congélation, car la graisse peut devenir rance, même congelée, et son goût peut se transmettre à la viande.

Les longes, les pointes de surlonge et les autres coupes de choix désossées de gros gibier ne devraient pas être découpées en petites pièces avant la congélation, car elles retiennent beaucoup moins leur humidité que les gros morceaux. Il est préférable de congeler les pièces entières ou encore en deux ou trois morceaux suffisamment gros pour le repas d'une famille. Le découpage en rôti ou en steak pourra s'effectuer après la décongélation.

Le même principe s'applique à la viande en cubes, à la viande hachée ou à la chair à saucisse. Congeler la viande en gros morceaux et ne la couper ou la hacher qu'au moment de la cuisson. De plus, la viande hachée avec du gras se conserve beaucoup moins longtemps qu'une viande hachée ordinaire, car le gras devient rance avec le temps.

Il est important aussi de bien identifier les emballages avec un marqueur à encre indélébile. Inscrire l'espèce de l'animal, la coupe de viande, le poids ou le nombre de portions, ainsi que la date d'emballage. Il est également préférable d'indiquer s'il s'agit d'un vieil animal. Certaines personnes utilisent des marqueurs de couleurs différentes pour identifier les pièces de viande selon la saison de capture, ce qui permet de repérer rapidement les emballages les plus vieux.

Pour accélérer la congélation, mettre les emballages en formant une seule couche et régler le congélateur à la température la plus froide. On pourra ensuite empiler les emballages, une fois les pièces bien congelées.

On recommande de décongeler une pièce de viande emballée au moins une journée avant la cuisson, en la plaçant au réfrigérateur, dans une assiette. Cette méthode de décongélation lente réduit au minimum la production de bactéries et aide à attendrir la viande.

Tableau de congélation

Coupe ou type de viande	Méthode d'emballage*	Période maximale de conservation
Rôtis de gros gibier	Papier de boucherie	10 mois
Steaks de gros gibier	Papier de boucherie	8 mois
Côtes de gros gibier	Papier d'aluminium	5 mois
Abats de gros gibier	Papier de boucherie Eau congelée	4 mois 6 mois
Morceaux de gros gibier	Sacs à congélation et papier	6 mois
Viande hachée (gros gibier)	Sacs à congélation et papier	4 mois
Petit gibier, en morceaux	Papier de boucherie Eau congelée	8 mois 1 an
Abats de petit gibier	Eau congelée	10 mois
Gros oiseaux entiers	Papier d'aluminium	5 mois
Petits oiseaux entiers	Papier de boucherie Eau congelée	6 mois 1 an
Oiseaux terrestres, en morceaux	Papier de boucherie Eau congelée	8 mois 1 an
Gibier d'eau, en morceaux	Papier de boucherie Eau congelée	8 mois 1 an
Abattis d'oiseaux	Eau congelée	4 mois
Bouillons	Contenants à congélation	4 mois

* Voir les méthodes d'emballage des pages 46 à 49.

L'emballage de boucherie traditionnel

Placer la viande au milieu d'une grande feuille de pellicule plastique. S'il s'agit d'un oiseau ou de petit gibier en morceaux, en faire un paquet compact, en laissant le moins d'espace possible entre les morceaux.

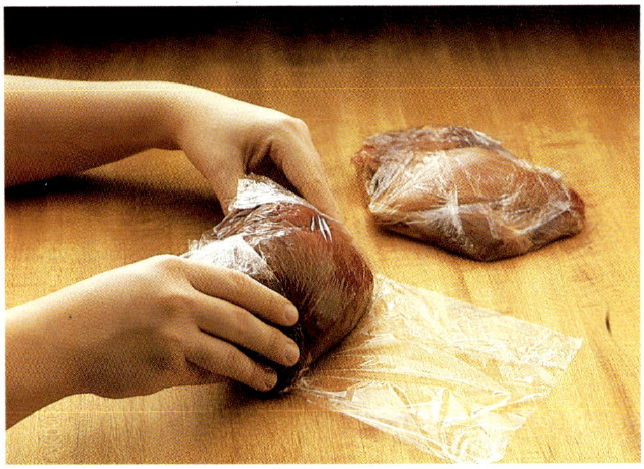

Rabattre un bout de la pellicule sur la viande, puis plier les deux côtés de la pellicule sur la pièce. Retirer le maximum d'air. Rabattre l'autre bout de la pellicule ou rouler la pièce de viande en prenant soin d'évacuer le plus d'air possible.

Placer le paquet sur le coin d'une grande feuille de papier à congeler résistant — face lustrée vers le haut.

Rouler le paquet une fois pour couvrir le dessus et le dessous de la viande.

Plier un bord du papier et le rabattre sur le paquet. Replier les bordures qui dépassent.

Rouler le paquet une seconde fois. Rabattre l'autre côté du papier et plier les bordures qui dépassent.

Appliquer du ruban gommé à congélation pour retenir le papier. Sceller les joints du papier avec le ruban, si désiré.

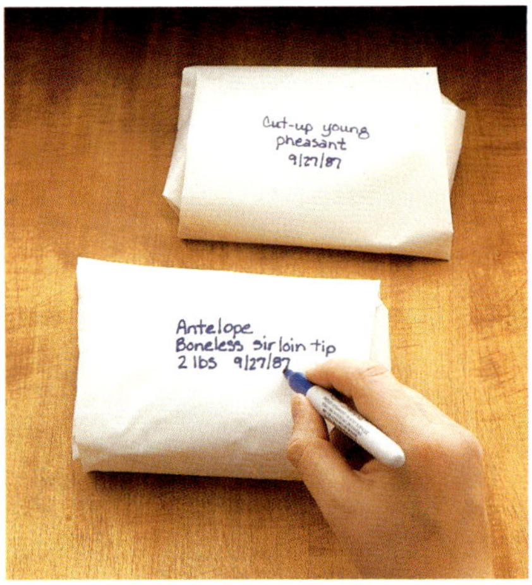

Bien étiqueter à l'aide d'un marqueur à encre indélébile. Indiquer l'espèce, la coupe, la quantité, la date et l'âge de l'animal, si on le connaît.

L'emballage de papier d'aluminium

On utilise généralement du papier d'aluminium pour emballer les côtes et autres pièces de viande de formes irrégulières. Placer la viande sur une grande feuille de papier d'aluminium ultra-fort.

Bien mouler le papier sur la viande pour éliminer le maximum d'air. Prendre soin de ne pas perforer le papier avec les os. Si nécessaire, utiliser deux épaisseurs.

Emballer ensuite dans le papier à congeler, en évacuant encore là le maximum d'air. Sceller toutes les bordures avec le ruban gommé, puis étiqueter le paquet.

Comment emballer un gibier à plume entier de taille importante

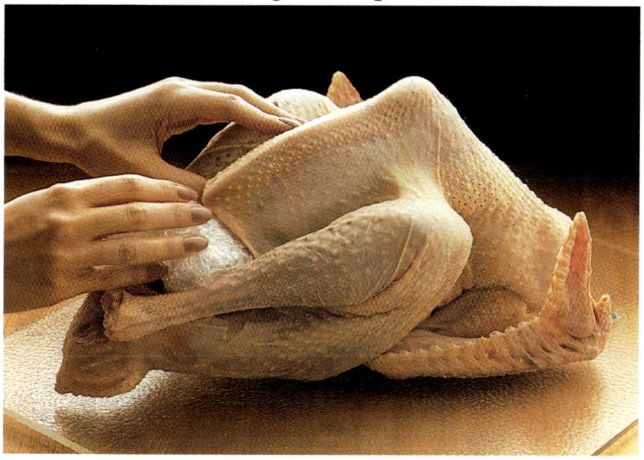

Bourrer la cavité abdominale de pellicule plastique afin de réduire les risques de brûlures de congélation.

Attacher les pilons à l'aide de ficelle de cuisine. Cela empêchera les cuisses de s'ouvrir et facilitera l'emballage.

Emballer l'oiseau dans du papier d'aluminium ultra-fort. Il en faudra probablement plusieurs couches pour couvrir entièrement l'animal. Bien mouler l'aluminium sur la carcasse.

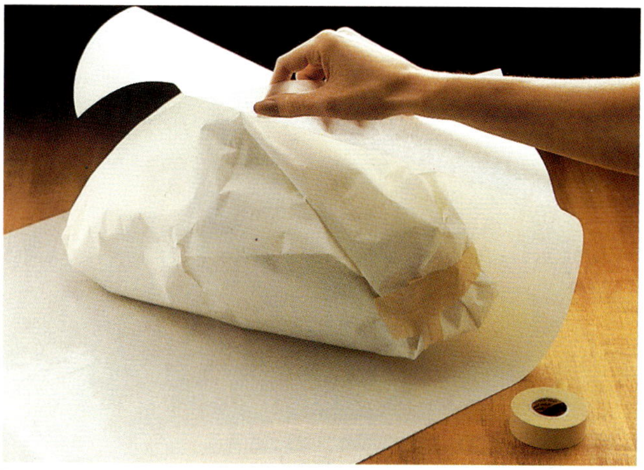

Terminer par deux couches de papier à congeler résistant. Sceller toutes les bordures avec le ruban gommé, puis étiqueter le paquet.

Comment congeler le gibier dans un contenant rempli d'eau

Récupérer les contenants de carton ciré des produits laitiers et bien les nettoyer. On peut également utiliser les contenants de plastique conçus pour la congélation. Les contenants carrés sont les plus pratiques pour le rangement.

Placer le gibier dans un contenant de carton ou de plastique en fonction de sa taille. On peut, par exemple, congeler dans un contenant de 500 ml (2 tasses) ou de 1 litre (4 tasses) un petit oiseau entier, et dans celui de 2 litres (8 tasses) un plus gros. On peut aussi mettre de 4 à 6 petits oiseaux comme la bécasse ou la colombe dans le même contenant. On doit superposer les abattis dans un petit contenant. Bien disposer les morceaux de gibier dans un contenant de plastique. Recouvrir d'eau le gibier, bien brasser pour éliminer les bulles d'air, puis congeler.

Lorsque tout est bien congelé, vérifier le niveau de glace. Si elle ne recouvre pas entièrement le gibier, ajouter de l'eau froide et remettre au congélateur.

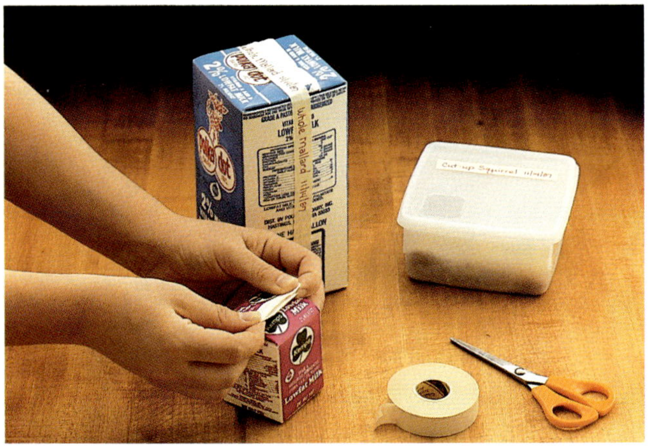

Dans la mesure du possible, plier le haut d'un contenant de carton et sceller tout le tour avec le ruban gommé à congélation. Étiqueter le ruban gommé. Étiqueter également un contenant de plastique en plaçant un morceau de ruban gommé sur le couvercle.

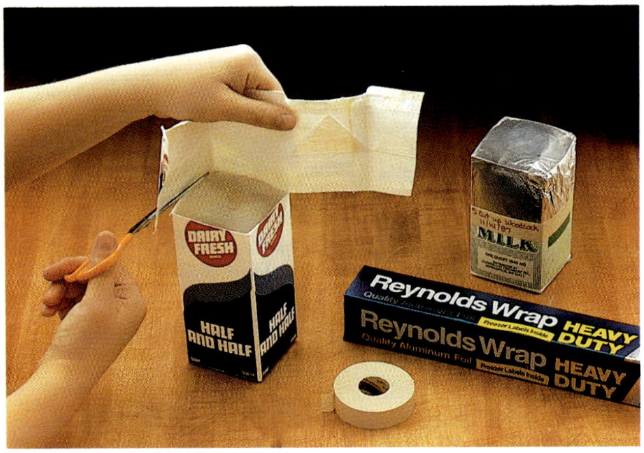

Enlever le haut du contenant de carton s'il ne peut se refermer ou s'il reste un espace vide dans le haut, une fois le tout congelé. Couper à la hauteur de la glace. Couvrir le dessus du contenant de papier d'aluminium. Bien sceller le rebord d'aluminium avec le ruban gommé, puis étiqueter.

Ajouter les abattis des oiseaux de la chasse la plus récente à ceux déjà congelés jusqu'à ce qu'il y en ait assez pour un repas. Il s'agit simplement de les placer au-dessus des autres, d'ajouter de l'eau et de les remettre au congélateur. Prendre soin de bien noter la quantité d'abattis ajoutés chaque fois.

Comment congeler le gibier en morceaux dans un sac de plastique rempli d'eau

Dans un moule à gâteau, placer de côté le sac pour congélateur à fermeture hermétique, puis disposer les morceaux de viande à l'intérieur.

Verser de l'eau dans le sac jusqu'à ce qu'elle recouvre entièrement le gibier. Faire sortir l'air du sac et fermer. Placer plat et sac au congélateur.

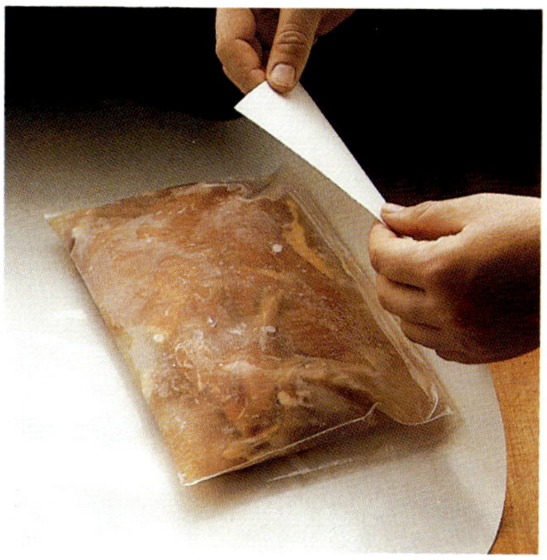

Lorsque tout est congelé, emballer le sac dans du papier à congeler. Cela réduira les risques de perforation du sac et, par le fait même, les brûlures de congélation.

Quelques trucs de congélation du gibier

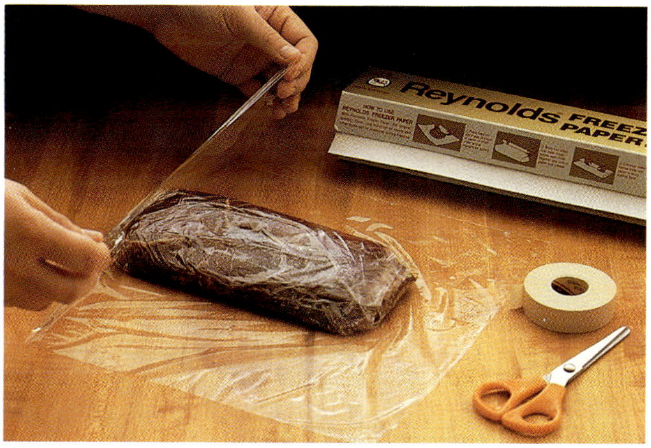

Utiliser trois épaisseurs de papier dans le cas des steaks et des côtelettes pour éviter les brûlures de congélation. Emballer deux fois dans la pellicule plastique et une fois dans le papier à congeler.

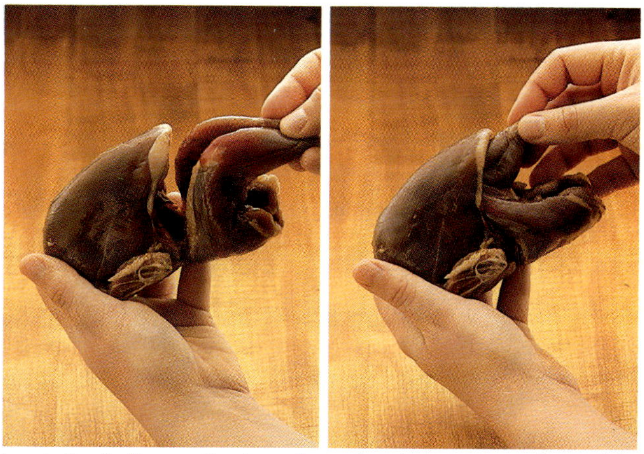

Avant d'emballer, replier les cuisses des oiseaux comme la perdrix, la caille ou tout autre petit volatile à l'intérieur de la cage thoracique. Le paquet sera ainsi plus compact et contiendra moins d'air susceptible d'assécher la viande.

Mettre les cubes ou la viande hachée dans des sacs pour congélateur à fermeture hermétique. Pour s'assurer que le contenant retienne le moins d'air possible, l'immerger jusqu'au rebord dans un évier rempli d'eau froide. Fermer le sac pendant qu'il trempe dans l'eau. Emballer dans du papier à congeler.

Congeler les bouillons dans de petits contenants de 250 ml (1 tasse) en carton ciré ou en plastique. Lorsqu'une recette requiert du bouillon, il suffit de placer le contenant quelques instants sous l'eau chaude. Le bouillon glacé glissera littéralement du contenant.

Recettes de gros gibier

La cuisson du gros gibier

La viande de gibier, quand on la cuit correctement, est même plus savoureuse que le bœuf de premier choix. Comme c'est une viande plus maigre que la viande de bœuf, elle contient moins de calories. Toutefois, la viande maigre, si elle n'est pas cuite de façon appropriée, peut devenir dure et sèche.

Si l'on veut s'assurer que la viande de gros gibier ne s'assèche pas, il faut la cuire lentement ou la garder saignante. La seule exception est la viande d'ours. On doit toujours bien la cuire, car les ours peuvent transmettre la trichinose, comme le porc à certains endroits.

La couche extérieure de gras du gros gibier a une saveur prononcée et un goût de suif, il faut donc l'enlever avant la cuisson. Pour attendrir les coupes plus dures, on peut les faire mariner dans un mélange d'huile et de vin (voir p. 148) ou dans un mélange de marinade pour le bœuf.

Dans la plupart des recettes conçues pour le cerf, on peut remplacer ces viandes par de l'antilope d'Amérique, du wapiti ou de l'orignal. Habituellement, la viande d'antilope d'Amérique ou de wapiti a une fibre plus délicate que celle du cerf ou de l'orignal. Parmi les animaux à ramure, le wapiti a le goût qui se rapproche le plus de celui du bœuf; le goût de l'antilope d'Amérique s'en éloigne. La viande d'ours a une saveur plus prononcée, est plus foncée et possède une texture plus grossière que celle des autres gros gibiers. On l'apprête généralement en l'assaisonnant davantage.

Toutefois, le bon goût d'une viande dépend moins de l'espèce de l'animal que de son sexe et de son âge, du temps de l'année où il a été tué et du soin qu'on en prend après l'avoir tué. Par exemple, un mâle capturé pendant la saison du rut possède généralement une saveur plus prononcée et est plus dur qu'un autre qu'on aurait pris plus tôt dans la saison.

La diète de l'animal joue aussi un rôle dans la saveur. Un cerf ou un wapiti de grain est plus savoureux que celui qui a dû se nourrir d'aliments moins nutritifs comme le genévrier de Virginie. Si l'on entrepose de la viande de différents animaux au congélateur et que l'on se rend compte que celle d'un animal en particulier a un goût très prononcé, on peut identifier tous les autres paquets de viande qui provient de cet animal. On pourra alors la préparer de façon à en atténuer la saveur.

Comment préparer la viande de gros gibier

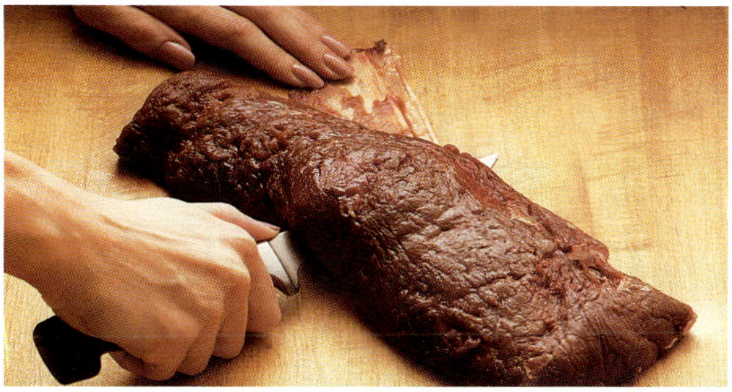

Enlever la membrane argentée avec un couteau à filet. À une extrémité de la pièce de viande, couper à partir du haut et descendre jusqu'à la membrane argentée. Tourner la lame parallèlement à la membrane. Tenir la membrane avec le bout des doigts et pousser la lame dans la direction opposée, comme si l'on enlevait la peau d'un filet de poisson. Très peu de viande restera alors collée à la membrane.

Pour obtenir de plus grands steaks, couper en papillon des morceaux de longe ou de filet au diamètre réduit. Couper un steak au double de l'épaisseur désirée, puis le trancher en deux «ailes» de même épaisseur. Ces deux ailes sont retenues ensemble par une bordure de viande. Ouvrir le steak, puis l'aplatir légèrement.

Couper *dans le sens contraire à la fibre* de la viande quand on fait des steaks ou que l'on coupe des tranches que l'on fera sauter. Il faut toutefois couper *dans le sens de la fibre* quand on fait des tranches de viande que l'on fera sécher. La viande partiellement congelée est plus facile à trancher.

Hacher des morceaux de gros gibier avec 15 à 20 % de gras de bœuf pour obtenir de la viande hachée. Utiliser un robot culinaire ou un hachoir à viande dont les lames sont bien aiguisées. Le gras est plus facile à hacher s'il est très froid.

Le rôtissage du gros gibier

Il existe deux méthodes de base pour rôtir le gros gibier: la cuisson à la chaleur sèche et la cuisson à la chaleur humide. Le rôtissage à la chaleur sèche peut se faire à haute ou à basse température. La méthode la plus courante de rôtissage à la chaleur humide est le braisage, qui comprend la cuisson à couvert.

Seuls les rôtis de premier choix — rôtis d'intérieur de ronde, de pointe de surlonge, de longe et de croupe — peuvent être cuits à la chaleur sèche, à haute température. Le filet d'orignal, de wapiti ou d'un grand cerf peut aussi être cuit de cette façon. Ces coupes de premier choix sont naturellement tendres. Il n'est donc pas nécessaire de les faire cuire longuement pour les attendrir.

Pour la cuisson à haute température, choisir un rôti de 5 à 13 cm (2 à 5 po) d'épaisseur ou une pièce plus mince que l'on peut rouler et attacher (voir p. 25). Il faut d'abord faire revenir la viande dans un corps gras très chaud, puis la rôtir à four très chaud, soit entre 200 et 230 °C (400 et 450 °F). À des températures aussi élevées, les rôtis doivent être cuits saignants ou à point. Un rôti bien cuit serait sec et son volume diminuerait.

Le rôtissage à basse température est une autre possibilité pour ces mêmes coupes de premier choix. Et l'on doit choisir ce genre de cuisson quand on a des coupes moyennement tendres comme l'extérieur de ronde et la noix de ronde qui ont besoin d'une cuisson plus longue pour être tendres. Recouvrir la viande de bacon ou d'une couche de gras de bœuf ou de porc — que l'on peut se procurer auprès de son boucher —, ou l'arroser fréquemment. Cuire au four à feu doux, soit entre 150 et 160 °C (300 et 325 °F). À basse température, les rôtis peuvent être cuits saignants, à point ou bien cuits.

Quand on fait rôtir à la chaleur sèche, on doit utiliser un thermomètre pour vérifier la cuisson. Le tableau ci-dessous donne les températures pour différents degrés de cuisson. Retirer la viande du four quand le thermomètre indique 3 °C (5 °F) de moins que la température idéale. La viande continuera à cuire dans la rôtissoire. Il sera plus facile de la trancher si l'on attend de 10 à 15 minutes avant de la découper.

La chaleur humide attendrit les rôtis d'épaule et autres coupes plus dures, et donne de bons résultats avec l'extérieur de ronde et la noix de ronde. Faire revenir le rôti dans un corps gras très chaud, ajouter du liquide et des assaisonnements, puis couvrir le plat hermétiquement. Cuire la viande jusqu'à ce qu'elle soit tendre, sur la cuisinière ou à four modéré, soit entre 160 et 180 °C (325 et 350 °F). Durant la cuisson à couvert, ajouter les légumes pendant la dernière heure de cuisson. La viande braisée est toujours servie bien cuite.

Température interne de la viande à divers degrés de cuisson

Cuisson	Température interne
Saignant	55 à 57 °C (130 à 135 °F)
À point-saignant	57 à 60 °C (135 à 140 °F)
À point	60 à 63 °C (140 à 145 °F)
À point-bien cuit	65 à 68 °C (150 à 155 °F)
Bien cuit	68 à 70 °C (155 à 160 °F)

Rôti de pointe de surlonge désossée

Dans cette recette où l'on utilise la cuisson à haute température, on peut remplacer la pointe de surlonge par une longe, de l'intérieur de ronde roulé ou un rôti de croupe. Les rôtis de pointe de surlonge de wapiti ou d'orignal peuvent être trop gros pour que l'on puisse les faire rôtir selon cette méthode.

1 rôti de pointe de surlonge désossée de cerf, d'antilope d'Amérique ou autre rôti approprié, de 5 à 13 cm (2 à 5 po) d'épaisseur
1 ou 2 c. à soupe d'huile d'olive ou d'huile végétale

2 à 4 portions/450 g (1 lb)

Chauffer le four à 230 °C (450 °F). Dans un poêlon moyen ou une grosse cocotte en métal, bien saisir le rôti de tous les côtés dans l'huile, à feu moyen-élevé. Placer sur la grille d'un plat à rôtir. Cuire au four de 40 à 60 minutes/kg (18 à 28 minutes/lb), jusqu'à la cuisson désirée (voir le tableau ci-contre). Retirer le rôti du four quand le thermomètre indique 3 °C (5 °F) de moins que la température désirée. Laisser reposer la viande de 10 à 15 minutes avant de la découper.

Rôti de filet de gros gibier

Dans cette méthode de rôtissage à haute et à basse température, on saisit un filet entier au four, puis on le fait rôtir à une température plus basse. On peut remplacer la viande par un filet d'antilope d'Amérique ou de cerf.

1 filet entier de wapiti, d'orignal ou de cerf de 680 g à 1,6 kg (1 ½ à 3 ½ lb)
Huile d'arachide ou huile végétale
Sel et poivre noir fraîchement moulu
1 recette de Sauce pour le gibier au madère (voir p. 147) (facultatif)

2 à 4 portions/450 g (1 lb)

Chauffer le four à 230 °C (450 °F). Placer le filet dans un plat à rôtir. Replier la partie la plus étroite en dessous. Badigeonner le filet d'huile. Saisir la viande à 230 °C (450 °F) pendant 10 minutes, puis réduire à 180 °C (350 °F). Faire rôtir de 20 à 25 minutes/450 g (1 lb), jusqu'à la cuisson désirée (voir tableau, p. 54). Sortir le rôti quand le thermomètre indique 3 °C (5 °F) de moins que la température désirée. Laisser reposer la viande 10 minutes avant de la découper. Saler et poivrer. Servir avec la Sauce pour le gibier au madère.

Rôti d'antilope d'Amérique au poivre ▲

Dans cette recette, on utilise la méthode de rôtissage à basse température. On peut remplacer la viande par une pointe de surlonge de cerf ou de petit wapiti; par une longe ou une croupe de cerf, de wapiti ou d'orignal; ou encore par de l'extérieur de ronde d'antilope d'Amérique ou de cerf.

2 gousses d'ail moyennes
1 rôti désossé et roulé d'intérieur de ronde d'antilope d'Amérique ou de cerf, ou un autre rôti du même genre, de 1,3 à 2,3 kg (3 à 5 lb)
Huile végétale
Poivre noir concassé
8 à 10 tranches de bacon

2 à 4 portions/450 g (1 lb)

Chauffer le four à 160 °C (325 °F). Couper chaque gousse d'ail en 4 ou 5 morceaux. Faire 8 ou 10 incisions peu profondes dans le rôti. Mettre une gousse d'ail dans chaque incision. Déposer la viande sur un support dans un plat à rôtir, puis badigeonner d'huile. Poivrer généreusement. Recouvrir le rôti des tranches de bacon. Faire rôtir au four de 22 à 32 minutes/450 g (1 lb), jusqu'à la cuisson désirée (voir tableau, p. 54). Sortir le rôti quand le thermomètre indique 3 °C (5 °F) de moins que la température désirée. Laisser reposer la viande de 10 à 15 minutes avant de la découper. Servir avec le jus de cuisson.

Rôti de gros gibier braisé ▲

Pour faire ce traditionnel rôti braisé, utiliser un rôti d'épaule, de croupe ou d'extérieur de ronde de n'importe quel gros gibier. Si un boucher a découpé l'animal, certains paquets sont identifiés «morceaux de paleron». Ces morceaux sont parfaits pour faire des rôtis braisés.

40 g (1/3 tasse) de farine tout usage
1 c. à café (1 c. à thé) de feuilles de basilic séchées
1/2 c. à café (1/2 c. à thé) de feuilles de marjolaine séchées
1/2 c. à café (1/2 c. à thé) de feuilles de thym séchées
1/2 c. à café (1/2 c. à thé) de sel
1/4 c. à café (1/4 c. à thé) de poivre
1,1 à 1,3 kg (2 1/2 à 3 lb) de rôti de cerf, d'antilope d'Amérique, de wapiti, d'orignal ou d'ours
3 c. à soupe d'huile végétale
300 ml (10 1/2 oz) de soupe à l'oignon en conserve
125 ml (1/2 tasse) d'eau, de bouillon ou de vin
1 feuille de laurier
1 rutabaga pelé et coupé en cubes de 2,5 cm (1 po)
4 à 6 carottes moyennes, coupées en morceaux de 5 cm (2 po)
3 tiges de céleri coupées en morceaux de 5 cm (2 po)

4 à 6 portions

Chauffer le four à 180 °C (350 °F). Dans un grand sac de plastique pour conserver les aliments, mélanger la farine, le basilic, la marjolaine, le thym, le sel et le poivre. Remuer pour bien mêler. Ajouter la viande et remuer pour l'enrober du mélange. Dans une grosse cocotte en métal, faire dorer la viande des deux côtés, dans l'huile. Ajouter le reste du mélange de farine, la soupe, l'eau et le laurier. Porter à ébullition. Retirer du feu et couvrir. Cuire au four pendant 1 h 30. Ajouter le rutabaga, les carottes et le céleri. Couvrir de nouveau. Remettre au four de 1 h à 1 h 30, jusqu'à ce que les légumes et la viande soient tendres. Enlever la feuille de laurier avant de servir.

Épaule d'antilope d'Amérique grillée

Quand on découpe une antilope d'Amérique ou un petit cerf, on peut garder un quartier avant entier, de l'épaule au jarret. Attendrir la viande à l'aide d'une marinade, puis la faire griller lors d'un repas à l'extérieur.

Marinade:
375 ml (1 1/2 tasse) d'huile végétale
125 ml (1/2 tasse) de vinaigre de vin rouge
1 petit oignon haché
2 gousses d'ail hachées
1 c. à café (1 c. à thé) de poivre noir concassé
1/2 c. à café (1/2 c. à thé) de moutarde sèche
1/2 c. à café (1/2 c. à thé) de sel

1 épaule d'antilope d'Amérique

4 à 8 portions

Dans une petite casserole, mélanger tous les ingrédients de la marinade. Chauffer jusqu'à ce que ce soit très chaud, mais sans faire bouillir. Refroidir légèrement. Mettre la pièce de viande dans un grand sac pour le four ou dans un plat allant au four. Ajouter la marinade. Fermer le sac ou couvrir le plat. Laisser mariner au réfrigérateur de 2 à 3 jours, en retournant la viande plusieurs fois.

Allumer les briquettes dans le barbecue. Quand les briquettes sont recouvertes de cendre, les répartir uniformément. Placer la grille au-dessus des briquettes chaudes. Déposer la viande sur la grille. Faire griller de 40 à 55 minutes, jusqu'à la cuisson désirée, en retournant la viande une fois et en la badigeonnant de marinade.

Rôti de gibier farci

Pour cuire selon cette méthode, on peut utiliser un rôti d'intérieur ou d'extérieur de ronde. La viande ne doit pas avoir plus de 2,5 cm (1 po) d'épaisseur. Couper la viande en papillon (voir p. 25), si nécessaire. Si l'on utilise du wapiti ou de l'orignal, on devra peut-être couper le rôti en deux et en congeler une partie pour la manger plus tard.

6 tranches de bacon
1 oignon moyen, haché
60 g (1/2 tasse) de céleri haché
65 g (1/2 tasse) de carottes en morceaux
40 g (1/3 tasse) de chapelure assaisonnée
2 c. à café (2 c. à thé) de persil séché en flocons
1/4 c. à café (1/4 c. à thé) de sel
1/8 c. à café (1/8 c. à thé) de poivre
1,3 à 1,8 kg (3 à 4 lb) de rôti désossé de cerf, d'antilope d'Amérique, de wapiti ou d'orignal de moins de 2,5 cm (1 po) d'épaisseur
3 tranches de bacon, coupées en deux

6 à 8 portions

Comment préparer le Rôti de gibier farci

Cuire 6 tranches de bacon dans un grand poêlon, à feu moyen, jusqu'à ce qu'elles soient croustillantes. Retirer du feu. Déposer le bacon sur des essuie-tout pour le faire égoutter. Réserver 3 c. à soupe de gras de bacon. Émietter le bacon égoutté, puis réserver. Chauffer le four à 160 °C (325 °F).

Cuire à feu moyen l'oignon, le céleri et les carottes dans le gras de bacon réservé, en brassant. Retirer du feu. En remuant, ajouter le bacon émietté, la chapelure, le persil, le sel et le poivre.

Étendre le mélange de légumes sur le rôti. Presser ce mélange sur la viande, puis rouler la viande dans le sens de la fibre, comme s'il s'agissait d'un gâteau roulé.

Attacher le rôti avec de la ficelle de cuisine (voir p. 25). Placer la viande dans un plat à rôtir en mettant sur le dessus 3 tranches de bacon coupées en deux. Faire rôtir au four de 22 à 30 minutes/450 g (1 lb), jusqu'à la cuisson désirée.

Rôti de gibier à la bourguignonne

2 c. à soupe de farine tout usage
250 ml (1 tasse) de bourgogne
½ c. à café (½ c. à thé) de feuilles de romarin séchées
½ c. à café (½ c. à thé) de feuilles de marjolaine séchées
½ c. à café (½ c. à thé) de sel
¼ c. à café (¼ c. à thé) de poivre
1,3 à 1,8 kg (3 à 4 lb) de rôti de cerf, de wapiti ou d'orignal
4 carottes coupées en morceaux de 5 cm (2 po)
2 oignons moyens, coupés en quatre
2 feuilles de laurier
1 c. à soupe de fécule de maïs
60 ml (¼ tassc) d'cau
½ c. à café (½ c. à thé) de sauce pour assaisonner Bouquet (facultatif)

6 à 8 portions

Chauffer le four à 180 °C (350 °F). Mettre la farine dans un grand sac pour le four de 36 x 50 cm (14 x 20 po); agiter pour bien répartir la farine. Déposer le sac dans une rôtissoire. Verser le vin dans le sac, puis remuer avec une cuillère de bois ou de plastique pour le mélanger à la farine. Réserver.

Dans un bol, mélanger le romarin, la marjolaine, le sel et le poivre. Passer la viande dans ce mélange pour l'enrober uniformément. Mettre la viande dans le sac pour le four avec la farine, puis ajouter les carottes, les oignons et le laurier. Fermer le sac avec l'attache de nylon prévue à cet effet. Faire six incisions de 1,2 cm (½ po) sur le dessus du sac. Faire rôtir au four de 1 h 30 à 2 h 30. Mettre la viande sur un plat chaud. À l'aide d'une écumoire, transférer les légumes avec la viande. Conserver au chaud. Enlever les feuilles de laurier. Verser le jus de cuisson dans une petite casserole. Dans une tasse, dissoudre la fécule de maïs dans l'eau. Mêler la moitié du mélange de fécule de maïs au jus de cuisson. Porter à ébullition en remuant constamment. En continuant à remuer, cuire jusqu'à ce que le mélange épaississe et fasse des bulles. Pour obtenir une consistance plus épaisse, ajouter de la fécule. Cuire encore et remuer jusqu'à la consistance désirée et l'apparition de bulles. Incorporer au mélange la sauce pour assaisonner, si désiré. Servir la sauce avec la viande et les légumes.

Gros gibier à la manière belge

Braiser le rôti d'épaule attendrit la viande. On peut remplacer l'épaule de wapiti par n'importe quel rôti de gros gibier. Servir le rôti avec des nouilles au beurre.

60 g (½ tasse) de farine tout usage
2 c. à café (2 c. à thé) de feuilles de thym séchées
¼ c. à café (¼ c. à thé) de sel
½ c. à café (½ c. à thé) de poivre
1,3 kg (3 lb) de rôti d'épaule de wapiti, d'environ 5 cm (2 po) d'épaisseur
3 c. à soupe d'huile d'olive ou d'huile végétale
225 g (½ lb) de porc salé, en cubes
3 c. à soupe de beurre ou de margarine
3 oignons moyens, coupés finement
1 c. à soupe de sucre
340 ml (12 oz) de bière brune
2 c. à soupe de cassonade bien tassée
1 c. à soupe de persil frais en petits morceaux

4 à 6 portions

Chauffer le four à 160 °C (325 °F). Dans un grand sac de plastique pour conserver les aliments, mettre la farine, le thym, le sel et le poivre. Remuer pour mélanger le tout. Ajouter le rôti, puis remuer de nouveau pour l'enrober du mélange. Dans une grosse cocotte en métal, faire brunir le rôti dans l'huile, à feu moyen. Enlever le rôti de la cocotte et réserver. Mettre le porc dans la cocotte. Cuire à feu moyen, en remuant constamment, jusqu'à ce que le porc soit croustillant et doré. À l'aide d'une écumoire, mettre le porc dans un bol, puis réserver. Faire fondre le beurre ou la margarine dans la cocotte. Ajouter les oignons et cuire à feu moyen en remuant jusqu'à ce qu'ils soient tendres. Ajouter le sucre et cuire environ 10 minutes, jusqu'à ce que les oignons soient dorés. Mettre la bière et la cassonade. Remuer en raclant le fond de la cocotte pour en détacher les parcelles d'oignon. Remettre le rôti dans la cocotte, puis ajouter le porc. Couvrir et faire cuire au four environ 2 h, jusqu'à ce que le rôti soit tendre. Déposer ensuite le rôti sur un plat de service. Garnir de persil. Servir avec le jus de cuisson, si désiré.

Choucroute au gibier

Mariner un rôti l'attendrit et lui donne encore plus de saveur. On peut utiliser de l'extérieur de ronde, un rôti d'épaule ou de croupe. Servir avec des nouilles au beurre et des pommes en tranches.

MARINADE:
1,5 litre (6 tasses) d'eau
1 gros oignon émincé
2 c. à café (2 c. à thé) de sel
10 grains de poivre entiers
10 baies de genièvre entières (facultatif)
6 clous de girofle entiers
1 feuille de laurier
125 ml (1/2 tasse) de vinaigre

1,6 à 1,8 kg (3 1/2 à 4 lb) de rôti de cerf, de wapiti ou d'orignal
2 c. à soupe d'huile végétale
1 chou rouge ou vert, moyen, d'environ 1,1 kg (2 1/2 lb), coupé en huit
15 biscuits au gingembre, émiettés
2 c. à café (2 c. à thé) de sucre

6 à 8 portions

Dans une grande casserole, mélanger tous les ingrédients de la marinade, sauf le vinaigre. Porter à ébullition. Ajouter le vinaigre. Refroidir légèrement la marinade. Mettre le rôti dans un grand bol à mélanger en verre ou en céramique. Verser la marinade refroidie sur le rôti. Couvrir hermétiquement d'une pellicule plastique. Mettre au réfrigérateur de 2 à 3 jours, en retournant la viande une ou deux fois.

Enlever le rôti de la marinade, mais réserver la marinade. Dans une grosse cocotte en métal, faire dorer le rôti de tous les côtés dans l'huile, à feu moyen. Ajouter la marinade, réduire le feu et couvrir. Cuire à feu doux de 2 h à 3 h, jusqu'à ce que la viande soit tendre. Un peu avant que la viande soit tendre, chauffer le four à 80 ° C (175 °F). À l'aide d'une écumoire, transférer le rôti dans un plat de service allant au four. Mettre le rôti au four pour le garder au chaud.

Vider le jus de cuisson dans un contenant de 2 litres (8 tasses). Si nécessaire, ajouter de l'eau pour obtenir 1,25 litre (5 tasses). Remettre le liquide dans la cocotte. Porter à ébullition. Ajouter le chou. Porter de nouveau à ébullition. Réduire le feu et couvrir. Laisser mijoter de 15 à 20 minutes, jusqu'à ce que le chou soit tendre. À l'aide d'une écumoire, mettre le chou dans le plat de service avec la viande. Dans un bol, mélanger les biscuits au gingembre émiettés avec le sucre. Ajouter ce mélange au liquide de la cocotte, en remuant. Cuire à feu doux en brassant de temps en temps, jusqu'à ce que le mélange fasse des bulles et épaississe un peu. Servir la sauce aux biscuits au gingembre avec le rôti et le chou.

◂ Steak de ronde de gros gibier

Ce plat est idéal lors d'une réception. Une fois qu'il est au four, on peut pleinement profiter de la compagnie de ses invités. De plus, sa petite touche barbecue le rend très agréable à présenter.

900 g à 1,3 kg (2 à 3 lb) de steak de ronde désossé de cerf, d'antilope d'Amérique, de wapiti ou d'orignal de 2,5 cm (1 po) d'épaisseur
60 g (1/2 tasse) de farine tout usage
2 c. à café (2 c. à thé) de sel
1/4 c. à café (1/4 c. à thé) de poivre
1 à 2 c. à soupe de beurre ou de margarine
2 à 3 c. à soupe d'huile d'olive ou d'huile végétale
3 c. à soupe d'oignon haché finement
Cassonade
Ketchup
Feuilles de basilic séchées
1 c. à soupe de beurre ou de margarine, coupé en morceaux
60 ml (1/4 tasse) de Bouillon de gros gibier (voir p. 144) ou de bouillon de bœuf

6 à 8 portions

Chauffer le four à 180 °C (350 °F). Tailler la viande en portions individuelles. Pétrir les steaks avec un attendrisseur jusqu'à ce qu'ils aient une épaisseur de 1,2 cm (1/2 po). Sur une feuille de papier ciré, mélanger la farine, le sel et le poivre. Passer les steaks dans le mélange de farine, en les retournant pour bien les enrober. Dans un grand poêlon, à feu moyen-élevé, faire fondre 1 c. à soupe de beurre ou de margarine dans 2 c. à soupe d'huile. Ajouter les steaks, puis les faire dorer des deux côtés. Si nécessaire, les faire revenir en deux fois, en ajoutant du beurre ou de la margarine et de l'huile. Disposer la viande dans un plat allant au four de 30 x 20 cm (12 x 8 po), puis parsemer d'oignon. Mettre sur chaque steak 1 c. à café (1 c. à thé) de cassonade bien tassée et 1 c. à café (1 c. à thé) de ketchup. Parsemer légèrement de basilic, puis couronner le tout de 1 c. à soupe de beurre ou de margarine. Ajouter le bouillon au jus de cuisson du poêlon. Cuire à feu moyen pendant une minute environ, en remuant pour détacher les parcelles collées au fond. Ajouter ce liquide dans le plat allant au four, puis couvrir de papier d'aluminium. Cuire au four environ 45 minutes. Enlever le papier d'aluminium. Si la viande semble sèche, ajouter un peu de bouillon ou d'eau. Cuire encore environ 15 minutes, jusqu'à ce que le dessus soit doré.

Filet de gibier (-30)

On peut remplacer le filet de cerf par un filet d'orignal ou de wapiti, ou encore par une longe d'antilope d'Amérique ou de cerf.

1 filet entier de cerf de 450 g à 1,3 kg (1 à 3 lb)
1 à 2 c. à soupe de beurre ou de margarine
1 c. à soupe d'huile d'olive ou d'huile végétale
Sel et poivre noir fraîchement moulu
Sauce pour le gibier au madère (voir p. 147) (facultatif)

2 ou 3 portions/450 g (1 lb)

Enlever tout le gras et la membrane argentée à la surface du filet. Trancher des filets de 2,5 cm (1 po) d'épaisseur dans le sens contraire à la fibre. Dans un poêlon moyen, faire fondre le beurre ou la margarine dans l'huile, à feu moyen-doux. Ajouter les filets et cuire au goût à feu moyen-élevé, en les retournant une fois. Saler et poivrer au goût. Servir avec la Sauce pour le gibier au madère, si désiré.

Longe grillée arrosée d'une sauce à la cassonade

Dans cette recette, on peut utiliser des steaks de gros gibier bien épais. Ils sont aussi excellents.

900 g à 1,8 kg (2 à 4 lb) d'une partie de longe de cerf, d'antilope d'Amérique, de wapiti ou d'orignal, ou encore une longe entière
3 c. à soupe de beurre ou de margarine
3 c. à soupe de sauce soya
3 c. à soupe de cassonade bien tassée

2 à 3 portions/450 g (1 lb)

Allumer les briquettes de charbon de bois dans le barbecue. Enlever tout le gras et la membrane argentée de la viande, puis la couper en lanières d'environ 10 cm (4 po) de long ou d'environ 170 à 225 g (6 à 8 oz) chacune. Dans une petite casserole, faire fondre le beurre ou la margarine à feu moyen. Ajouter la sauce soya et la cassonade. En brassant constamment, cuire jusqu'à ce que la cassonade soit dissoute et que la sauce fasse des bulles.

Quand les briquettes sont recouvertes de cendre, les répartir uniformément, puis déposer la viande sur la grille. Faire griller d'un côté jusqu'à ce qu'on voie les marques de la grille sur la viande. Retourner la viande, puis la badigeonner du mélange de cassonade. Continuer à faire griller la viande jusqu'à la cuisson désirée, en la badigeonnant souvent et en la retournant à l'occasion pour que tous les côtés soient bien grillés.

Steak suisse de gros gibier

On peut utiliser n'importe quel steak de gros gibier avec cette méthode. Une cuisson lente attendrit même les coupes plus dures.

680 g (1 ½ lb) de steak de ronde désossé de cerf ou d'autre gros gibier, de 1,2 à 2,5 cm (½ à 1 po) d'épaisseur
40 g (⅓ tasse) de farine tout usage
1 c. à café (1 c. à thé) de sel
¼ c. à café (¼ c. à thé) de poivre
3 à 4 c. à soupe de gras de bacon
540 g (16 oz) de tomates à l'étuvée, en conserve
180 ml (¾ tasse) d'eau
1 c. à café (1 c. à thé) de bouillon de bœuf en poudre
½ c. à café (½ c. à thé) de feuilles de basilic séchées
½ c. à café (½ c. à thé) de feuilles de marjolaine séchées
1 oignon moyen, émincé

4 à 6 portions

Couper la viande en portions individuelles. Pétrir la viande avec un attendrisseur en l'aplatissant jusqu'à une épaisseur de 0,5 à 1,2 cm (¼ à ½ po). Sur une feuille de papier ciré, mélanger la farine, le sel et le poivre. Passer les steaks dans le mélange de farine, en les retournant pour bien les enrober. Dans un grand poêlon, faire chauffer le gras de bacon, à feu moyen. Ajouter les steaks, puis les faire dorer légèrement de chaque côté. Faire revenir en deux fois, si nécessaire. Dans un bol, mélanger les tomates, l'eau, le bouillon en poudre, le basilic et la marjolaine, puis verser sur la viande. Mettre l'oignon sur la viande et porter à ébullition. Réduire le feu et couvrir. Cuire à feu très doux, de 1 h 30 à 2 h, jusqu'à ce que la viande soit tendre. Dégraisser, si désiré.

Steak d'ours

Ce plat copieux est réconfortant l'hiver après les activités de plein air. Servir avec des pommes de terre en purée, du pain de blé maison et des légumes colorés.

40 g (⅓ tasse) de farine tout usage
1 c. à café (1 c. à thé) de sel
¼ c. à café (¼ c. à thé) de poivre
900 g (2 lb) de steak de ronde d'ours de 2,5 cm (1 po) d'épaisseur
115 g (½ tasse) de beurre ou de margarine, à utiliser séparément
2 c. à soupe d'huile d'olive ou d'huile végétale
4 oignons moyens, émincés
375 ml (1 ½ tasse) de bière
¼ c. à café (¼ c. à thé) de feuilles de marjolaine séchées
¼ c. à café (¼ c. à thé) de feuilles de thym séchées
1 feuille de laurier

6 à 8 portions

Chauffer le four à 160 °C (325 °F). Sur une feuille de papier ciré, mélanger la farine, le sel et le poivre. Passer les steaks dans ce mélange en les retournant pour bien les enrober. Dans un grand poêlon, faire fondre la moitié du beurre ou de la margarine dans l'huile, à feu moyen-doux. Ajouter les steaks et les faire dorer des deux côtés, à feu moyen-élevé. Transférer la viande et le jus de cuisson dans une cocotte de 3 litres (12 tasses) et réserver.

Dans un grand poêlon, faire fondre le beurre ou la margarine qui reste, à feu moyen-doux. Ajouter les oignons en remuant pour les enduire de beurre ou de margarine, puis couvrir. Cuire environ 10 minutes jusqu'à ce que les oignons soient tendres, mais non colorés. Mettre les oignons sur les steaks, dans la cocotte. Ajouter tous les ingrédients qui restent et couvrir. Cuire au four de 2 h à 2 h 30, jusqu'à ce que la viande soit tendre. Enlever la feuille de laurier avant de servir.

Steak de gibier Diane

Utiliser du steak de longe ou de pointe de surlonge. Pour ajouter une touche particulière lors d'un repas plus raffiné, on peut préparer ce plat devant ses invités sur un petit poêle portatif placé à côté de la table.

3 c. à soupe de beurre ou de margarine
40 g ($^{1}/_{4}$ tasse) d'oignon haché
180 ml ($^{3}/_{4}$ tasse) de Bouillon de gros gibier (voir p. 144) ou de bouillon de bœuf
2 c. à soupe de vin rouge
$^{1}/_{4}$ c. à café ($^{1}/_{4}$ c. à thé) de sucre
1 c. à soupe de poivre noir fraîchement moulu
4 steaks de cerf, d'antilope d'Amérique, de wapiti ou d'orignal de 2 à 2,5 cm ($^{3}/_{4}$ à 1 po) d'épaisseur, de 170 à 225 g (6 à 8 oz) chacun
3 c. à soupe de beurre ou de margarine
60 ml ($^{1}/_{4}$ tasse) de brandy
Persil frais pour la garniture (facultatif)

4 portions

Comment préparer les Steaks de gibier Diane

Faire fondre le beurre ou la margarine dans une casserole, à feu moyen. Ajouter l'oignon. Cuire en remuant jusqu'à ce qu'il soit doré. Ajouter le bouillon, le vin et le sucre en remuant. Cuire jusqu'à ce que le tout réduise de moitié.

Mettre le poivre sur du papier ciré. Recouvrir les deux côtés des steaks de poivre, en pressant le poivre sur la viande. Jeter l'excès de poivre.

Faire fondre 3 c. à soupe de beurre ou de margarine dans un poêlon, à feu moyen. Ajouter les steaks et cuire au goût, en les retournant une fois. Transférer la viande sur un plat de service chaud. Réserver et conserver au chaud.

Retirer le poêlon du feu et le laisser refroidir un peu. Ajouter le brandy, puis chauffer légèrement à feu doux. Retirer du feu. Mettre le feu prudemment en utilisant une longue allumette de bois. Laisser flamber jusqu'à ce que la flamme s'éteigne.

Ajouter le mélange d'oignon et de beurre ou de margarine au poêlon. Porter à ébullition à feu moyen, en remuant constamment. Verser la sauce sur les steaks. Garnir de persil, si désiré.

Piccata de gibier ▲

570 g (1 ¼ lb) de longe de cerf, d'antilope d'Amérique, de wapiti ou d'orignal
500 ml (2 tasses) de lait, à utiliser séparément
60 g (½ tasse) de farine tout usage
½ c. à café (½ c. à thé) de sel
½ c. à café (½ c. à thé) de poivre
60 g (¼ tasse) de beurre ou de margarine
180 ml (¾ tasse) de vin blanc sec
2 à 3 c. à soupe de jus de citron fraîchement pressé
15 g (¼ tasse) de persil frais, en petits morceaux
1 à 2 c. à soupe de câpres, égouttées

3 à 4 portions

Couper la longe dans le sens contraire à la fibre en tranches d'une épaisseur de 0,5 cm (¼ po) ou moins*. Dans un plat peu profond, mélanger la viande et la moitié du lait. Couvrir le plat d'une pellicule plastique. Mettre au réfrigérateur de 1 à 3 jours. Égoutter et jeter le lait. Ajouter le reste du lait, soit 250 ml (1 tasse). Laisser reposer pendant 1 h à la température de la pièce. Égoutter et jeter le lait. Assécher les tranches avec des essuie-tout.

Sur une feuille de papier ciré, mélanger la farine, le sel et le poivre. Passer les tranches dans ce mélange en les retournant pour bien les enrober. Faire fondre le beurre ou la margarine dans un grand poêlon, à feu moyen-élevé. Ajouter la viande et la faire dorer des deux côtés. Ajouter le vin et cuire environ 2 minutes. À l'aide d'une écumoire, transférer la viande sur un plat de service chaud. Mettre le jus de citron, le persil et les câpres dans le poêlon. Réduire à feu moyen. Cuire environ 2 minutes, en remuant constamment et en raclant le fond et les côtés du poêlon. Servir la sauce sur les tranches de viande.

* Truc: La viande sera plus facile à trancher si elle est partiellement congelée.

Tranche de gibier style poulet frit (-30)

Pour un véritable repas du Sud, servir ce plat avec des doliques à œil noir, du chou cavalier ou des feuilles de navet, des biscuits à la levure chimique et de la confiture maison.

450 à 680 g (1 à 1 ½ lb) de steak de ronde désossé de cerf, d'antilope d'Amérique, de wapiti ou d'orignal d'environ 1,2 cm (½ po) d'épaisseur
80 ml (⅓ tasse) de lait
1 œuf
40 g (⅓ tasse) de farine tout usage
½ c. à café (½ c. à thé) de sel
⅛ c. à café (⅛ c. à thé) de poivre
2 c. à soupe de beurre ou de margarine
2 c. à soupe d'huile végétale

SAUCE:
300 ml (1 ¼ tasse) de lait
2 c. à soupe de farine tout usage
¼ c. à café (¼ c. à thé) de sel
Pincée de poivre

3 ou 4 portions

Parer la viande, puis la couper en portions individuelles. Avec un attendrisseur, pétrir la viande jusqu'à une épaisseur de 0,5 cm (¼ po). Dans une assiette à tarte de 23 cm (9 po), mélanger 80 ml (1/3 tasse) de lait et l'œuf. Sur une feuille de papier ciré, mélanger 40 g (⅓ tasse) de farine, ½ c. à café (½ c. à thé) de sel et ⅛ c. à café (⅛ c. à thé) de poivre. Passer les steaks dans le mélange de lait, puis dans le mélange de farine, en les retournant pour bien les enrober. Réserver.

Dans un grand poêlon, faire fondre le beurre ou la margarine dans l'huile, à feu moyen-doux. Ajouter les steaks, puis les faire dorer des deux côtés, à feu moyen-élevé. Faire revenir en deux fois, si nécessaire. Placer sur un plat de service chaud. Réserver et garder au chaud. Dans un petit bol, incorporer le lait au reste des ingrédients de la sauce, puis mêler à la graisse du poêlon. Couvrir et brasser constamment, à feu moyen, jusqu'à ce que la sauce épaississe et fasse des bulles. Filtrer, si nécessaire. Servir la sauce avec les steaks.

Ragoût de gibier à l'ancienne

375 ml (1 ½ tasse) d'eau
125 ml (½ tasse) de bière
50 g (1 ¾ oz) de mélange de sauce à l'oignon que l'on trouve dans le commerce
1 c. à soupe de cassonade bien tassée
¼ c. à café (¼ c. à thé) de thym moulu
900 g à 1,3 kg (2 à 3 lb) de viande à ragoût de cerf, d'antilope d'Amérique, de wapiti ou d'orignal
3 c. à soupe d'huile végétale
1 feuille de laurier
6 carottes, coupées en morceaux de 2,5 cm (1 po)
6 panais moyens, coupés en morceaux de 2,5 cm (1 po)
140 g (1 tasse) de pois surgelés

6 à 8 portions

Dans un bol, mélanger l'eau, la bière, le mélange de sauce à l'oignon, la cassonade et le thym. Réserver. Enlever tout le gras et la membrane argentée de la viande. La couper en morceaux de 2,5 cm (1 po). Dans une grosse cocotte en métal, faire dorer la viande dans l'huile, à feu moyen-élevé, puis ajouter le mélange à la bière et le laurier. Réduire le feu et couvrir. Laisser mijoter environ 1 h à 1 h 30, jusqu'à ce que la viande soit tendre, en remuant de temps en temps. Ajouter les carottes et les panais, couvrir de nouveau et cuire encore pendant 20 minutes. Ajouter les pois, couvrir et cuire encore de 5 à 10 minutes. Enlever la feuille de laurier avant de servir.

Ragoût de gibier piquant

450 à 900 g (1 à 2 lb) de viande à ragoût de cerf, d'antilope d'Amérique, de wapiti ou d'orignal
1 oignon moyen, haché
2 c. à soupe d'huile végétale
2 c. à soupe de ketchup
2 c. à soupe de gelée de groseilles
2 c. à soupe de sauce Worcestershire
1 c. à café (1 c. à thé) de sel
30 g (¼ tasse) de farine tout usage
375 ml (1 ½ tasse) de Bouillon de gros gibier (voir p. 144) ou de bouillon de bœuf
250 ml (1 tasse) de vin rouge
2 pommes de terre moyennes
125 g (1 tasse) de carottes en morceaux
200 g (2 tasses) de bouquets de chou-fleur

3 à 6 portions

Enlever tout le gras et la membrane argentée de la viande, puis la couper en morceaux de 2,5 cm (1 po). Réserver. Dans une grosse cocotte en métal, faire cuire l'oignon dans l'huile, à feu moyen, en remuant jusqu'à ce qu'il soit tendre. Ajouter le ketchup, la gelée, la sauce Worcestershire et le sel. Brasser pour faire dissoudre la gelée, puis mélanger la farine. Ajouter la viande, le bouillon, le vin et bien remuer. Couvrir et laisser mijoter de 1 h à 1 h 30, jusqu'à ce que la viande soit presque tendre. Peler les pommes de terre et les couper en morceaux de 2,5 cm (1 po). Ajouter les pommes de terre et les carottes au ragoût. Cuire encore pendant 20 minutes. Ajouter le chou-fleur et cuire encore pendant environ 20 minutes, jusqu'à ce que les légumes soient tendres.

Brochettes de wapiti épicées ♡ ▸

Ces brochettes sont aussi excellentes cuites au barbecue.

MARINADE:
40 g (1/4 tasse) d'oignon haché finement
60 ml (1/4 tasse) de vin blanc
2 c. à soupe d'huile végétale
2 c. à soupe de sauce soya
1 c. à soupe de cassonade bien tassée
2 c. à café (2 c. à thé) de coriandre moulue
1 c. à café (1 c. à thé) de chili en poudre
1/2 c. à café (1/2 c. à thé) de sel
1/2 c. à café (1/2 c. à thé) de poivre au citron
1/8 c. à café (1/8 c. à thé) de piment rouge séché en flocons

450 g (1 lb) de steak de wapiti, en cubes de 2,5 cm (1 po)
500 ml (2 tasses) d'eau
1 courgette moyenne de 170 à 225 g (6 à 8 oz), en tranches de 2 cm (3/4 po)
1 poivron rouge, coupé en seize

4 portions

Dans une casserole moyenne, mélanger tous les ingrédients de la marinade. Porter à ébullition, en brassant de temps en temps. Laisser refroidir à la température de la pièce. Ajouter les cubes de viande. Remuer le tout pour recouvrir les cubes de marinade. Couvrir et laisser mariner 30 minutes à la température de la pièce.

Pendant ce temps, porter de l'eau à ébullition dans une casserole moyenne. Ajouter la courgette et faire bouillir 2 minutes. Égoutter et rincer à l'eau froide.

À l'aide d'une écumoire, enlever les cubes de la marinade. Réserver la marinade. Pour faire 4 brochettes, séparer en 4 paquets les morceaux de viande, de courgette et de poivron. Utiliser 4 brochettes en métal de 30 cm (12 po). Enfiler en alternance les morceaux de viande, de courgette et de poivron sur chaque brochette. Disposer les brochettes sur un plateau à grillades. Régler le four à *broil* et/ou à 290 °C (550 °F). Placer les brochettes au four à une distance de 5 à 7,5 cm (2 à 3 po) du feu, puis les faire griller de 6 à 12 minutes, selon la cuisson désirée, en les retournant et en les badigeonnant de marinade une fois.

Variante: On peut remplacer le wapiti par du cerf, de l'antilope d'Amérique ou de l'orignal.

Gros gibier grillé, bardé de bacon (30)

Le cerf, l'antilope d'Amérique, le wapiti, l'orignal ou l'ours sont tous excellents préparés de cette façon. Servir en plat principal ou comme amuse-gueule lors d'un repas de gibier sauvage.

450 à 570 g (1 à 1 1/4 lb) de morceaux de ronde ou de croupe de gros gibier de 2 à 2,5 cm (3/4 à 1 po) d'épaisseur
4 à 8 tranches de bacon

2 à 4 portions

Allumer les briquettes de charbon de bois dans le barbecue. Couper la viande en lanières de 5 cm (2 po) de largeur. Envelopper chaque lanière de 1 ou 2 tranches de bacon, puis piquer de curedents. Quand les briquettes sont recouvertes de cendre, disposer la viande sur la grille. La grille doit être au-dessus des briquettes chaudes. Griller la viande de 4 à 7 minutes de chaque côté, selon la cuisson désirée.

Ragoût d'ours ▲

Pour préparer cette recette, on peut utiliser n'importe quelle viande de gros gibier, mais la viande d'ours est particulièrement savoureuse.

680 à 900 g (1 1/2 à 2 lb) de viande d'ours à ragoût
30 g (1/4 tasse) de farine tout usage
1 c. à café (1 c. à thé) de feuilles de marjolaine séchées
1 c. à café (1 c. à thé) de sel
1/8 c. à café (1/8 c. à thé) de poivre
2 c. à soupe d'huile végétale
480 g (16 oz) de tomates entières non égouttées, en conserve
250 ml (1 tasse) d'eau
60 ml (1/4 tasse) de vin blanc ou d'eau
1 c. à soupe de vinaigre
1 oignon moyen coupé en deux dans le sens de la longueur, émincé
60 g (1/2 tasse) de céleri haché
2 gousses d'ail hachées
1 feuille de laurier
2 pommes de terre moyennes

4 à 6 portions

Enlever tout le gras et la membrane argentée de la viande, puis la couper en morceaux de 2,5 cm (1 po). Dans un grand sac de plastique pour conserver les aliments, mélanger la farine, la marjolaine, le sel et le poivre. Remuer pour mélanger le tout. Ajouter la viande et remuer encore pour bien l'enrober du mélange. Dans une casserole moyenne, chauffer l'huile à feu moyen-élevé jusqu'à ce qu'elle soit chaude, puis ajouter la viande et le mélange de farine. Faire dorer en remuant de temps en temps. Ajouter le reste des ingrédients, sauf les pommes de terre, et bien mélanger. Porter à ébullition. Réduire le feu, couvrir et laisser mijoter pendant 1 h, en brassant de temps en temps.

Couper les pommes de terre en morceaux de 2,5 cm (1 po), puis les ajouter à la casserole. Porter à ébullition. Réduire le feu et couvrir. Laisser mijoter pendant environ 1 h, jusqu'à ce que la viande et les pommes de terre soient tendres, en remuant à l'occasion. Enlever la feuille de laurier avant de servir.

Casserole de gros gibier et d'oignon à la bière ♡

Servir ce plat avec des nouilles au beurre, une salade et des légumes colorés.

ÉPICES:
7 brins de persil frais
1 feuille de laurier
1/2 c. à café (1/2 c. à thé) de feuilles de thym séchées
2 grains de poivre noir
2 baies de genièvre entières

900 g (2 lb) de morceaux maigres de gros gibier
2 c. à soupe de beurre ou de margarine, à utiliser séparément
2 c. à soupe d'huile d'olive ou d'huile végétale, à utiliser séparément
3 oignons moyens, émincés
2 gousses d'ail hachées
500 ml (2 tasses) de bière
160 ml (2/3 tasse) de Bouillon de gros gibier (voir p. 144) ou de bouillon de bœuf
1 c. à soupe + 2 c. à café (2 c. à thé) de cassonade bien tassée
3/4 c. à café (3/4 c. à thé) de sel
1/4 c. à café (1/4 c. à thé) de poivre
2 c. à soupe de fécule de maïs
2 c. à soupe de vinaigre de vin rouge

6 à 8 portions

Chauffer le four à 150 °C (300 °F). Placer les épices sur deux couches de mousseline à fromage de 39 cm^2 (6 po^2). Réunir les épices et bien fermer le tout avec une ficelle de cuisine. Réserver. Enlever tout le gras et la membrane argentée de la viande, puis la couper en morceaux d'environ 5 x 7,5 cm (2 x 3 po) et 1,2 cm (1/2 po) d'épaisseur. Dans un grand poêlon, faire fondre 1 c. à soupe de beurre ou de margarine dans 1 c. à soupe d'huile, à feu moyen-doux. Faire dorer la viande des deux côtés, à feu moyen-élevé. À l'aide d'une écumoire, transférer la viande dans un bol à mélanger ou une assiette. Réserver. Dans le même poêlon, faire fondre l'autre c. à soupe de beurre ou de margarine dans 1 c. à soupe d'huile, à feu moyen. Ajouter les oignons et l'ail. Cuire en remuant jusqu'à ce que les oignons soient tendres. Enlever du feu.

Dans une cocotte de 3 litres (12 tasses), déposer la moitié de la viande. Mettre la moitié des oignons par-dessus. Répéter l'opération pour la viande et les oignons qui restent. Ajouter le sac d'épices à la casserole. Dans un bol, mélanger la bière, le bouillon, la cassonade, le sel et le poivre. Verser sur les ingrédients de la cocotte. Couvrir et cuire au four pendant environ 2 h, jusqu'à ce que la viande soit tendre. Enlever et jeter le sac d'épices.

Dans un bol, mélanger la fécule et le vinaigre, puis verser dans la cocotte. Remuer pour bien mélanger. Cuire sans couvercle environ 30 minutes, jusqu'à ce que le tout épaississe.

Filet de wapiti sauté ▲

On peut remplacer le filet de wapiti par du filet d'orignal, de cerf ou d'antilope d'Amérique.

500 ml (2 tasses) d'eau
1 c. à café (1 c. à thé) de sel
225 g (1/2 lb ou environ 1 1/3 tasse) d'oignons à mariner frais
30 g (1/4 tasse) de farine tout usage
1/2 c. à café (1/2 c. à thé) de sel
1/4 c. à café (1/4 c. à thé) de poivre
680 g (1 1/2 lb) de filet de wapiti, en tranches fines
2 c. à soupe de beurre ou de margarine
2 c. à soupe d'huile végétale
430 ml (1 3/4 tasse) de Bouillon de gros gibier (voir p. 144) ou de bouillon de bœuf
480 g (16 oz) de tomates entières coupées et égouttées, en conserve
125 ml (1/2 tasse) de bourgogne
65 g (1/4 tasse) de pâte de tomate
1 c. à café (1 c. à thé) de sauce Worcestershire
1/4 c. à café (1/4 c. à thé) de feuilles de thym séchées
1 ou 2 gousses d'ail hachées
2 feuilles de laurier
225 g (1/2 lb) de champignons frais, coupés en deux
Riz cuit, chaud, ou pâtes

4 à 6 portions

Dans une petite casserole, chauffer l'eau, ajouter 1 c. à café (1 c. à thé) de sel et porter à ébullition. Ajouter les oignons et porter de nouveau à ébullition. Réduire le feu et couvrir. Cuire à feu doux environ 15 minutes, jusqu'à ce que les oignons soient tout juste tendres. Égoutter et rincer à l'eau froide. Réserver.

Dans un grand sac de plastique pour conserver les aliments, mélanger la farine, 1/2 c. à café (1/2 c. à thé) de sel et le poivre, puis remuer pour bien mélanger. Mettre les tranches de wapiti dans le sac et remuer pour bien les enrober du mélange. Dans un grand poêlon, faire fondre le beurre ou la margarine dans l'huile, à feu moyen. Ajouter les tranches de wapiti. Cuire à feu moyen-élevé jusqu'à ce qu'elles soient dorées mais encore saignantes, en remuant de temps en temps. À l'aide d'une écumoire, enlever la viande du poêlon et réserver. Ajouter les ingrédients qui restent — sauf les champignons et le riz ou les pâtes — au liquide de cuisson du poêlon, puis bien mélanger. Ajouter les champignons et les oignons. Porter à ébullition, réduire le feu et couvrir. Laisser mijoter pendant 10 minutes, puis ajouter la viande en remuant. Cuire sans couvercle environ 5 minutes, à feu moyen-doux, jusqu'à ce que la sauce soit légèrement épaisse. Jeter les feuilles de laurier. Servir sur du riz cuit, chaud, ou sur des pâtes.

Gibier Stroganov (-45)

680 à 900 g (1 1/2 à 2 lb) de steak de cerf, d'antilope d'Amérique, de wapiti ou d'orignal
2 c. à soupe de farine tout usage
3/4 c. à café (3/4 c. à thé) de sel
2 c. à soupe de beurre ou de margarine
140 g (2 tasses) de champignons frais, tranchés
160 g (1 tasse) d'oignons émincés
2 gousses d'ail hachées
30 g (1/4 tasse) de farine tout usage
430 ml (1 3/4 tasse) de Bouillon de gros gibier (voir p. 144) ou de bouillon de bœuf
3 c. à soupe de xérès
2 c. à soupe de pâte de tomate
360 à 480 g (1 1/2 à 2 tasses) de crème sure
Pâtes cuites, chaudes, ou riz

6 à 8 portions

Enlever tout le gras et la membrane argentée des steaks, puis les couper en lanières minces. Dans un grand sac de plastique pour conserver les aliments, mettre 2 c. à soupe de farine et le sel, puis remuer pour mélanger le tout. Ajouter les lanières de viande dans le sac et remuer pour bien les enrober du mélange. Dans un grand poêlon, faire fondre le beurre ou la margarine, à feu doux. Ajouter la viande et cuire à feu moyen-élevé jusqu'à ce qu'elle soit dorée, en brassant constamment. À l'aide d'une écumoire, enlever la viande du poêlon et réserver. Ajouter les champignons, les oignons et l'ail au liquide de cuisson du poêlon. Cuire en remuant à feu moyen jusqu'à ce que les oignons soient tendres. Ajouter 30 g (1/4 tasse) de farine en continuant à brasser. Ajouter ensuite le bouillon, le xérès et la pâte de tomate en brassant. Chauffer jusqu'à ce que le mélange fasse des bulles, en remuant constamment. Incorporer la crème sure et la viande en remuant. Chauffer jusqu'à ce que le tout soit chaud, mais ne pas faire bouillir. Servir sur des pâtes ou du riz.

Viande séchée au four ♡

Suivre la recette de Gibier séché à l'ancienne (voir p. 152), mais le préparer au four plutôt qu'au fumoir à froid. La viande séchée n'aura pas un goût de fumée. Chauffer le four à 65 °C (150 °F). Préparer des lanières de viande selon la méthode décrite. Les disposer en une seule couche sur une grille pour refroidir les biscuits (un grillage fin est l'idéal). Cuire la viande au four de 4 h à 5 h, jusqu'à ce qu'elle soit sèche, mais non cassante, en inversant les grilles du four une fois. Utiliser un thermomètre à four pour s'assurer que la température du four ne soit pas trop élevée. Conserver au réfrigérateur.

Côtes de gibier barbecue ♡ ▲

SAUCE:
125 ml (1/2 tasse) de ketchup
125 ml (1/2 tasse) d'eau
60 ml (1/4 tasse) de vinaigre de cidre
40 g (1/4 tasse) d'oignon haché finement
3 c. à soupe de cassonade bien tassée
2 c. à soupe de sauce Worcestershire
1 c. à soupe de jus de citron
1 c. à soupe de paprika
1 c. à café (1 c. à thé) de moutarde sèche
1 c. à café (1 c. à thé) de sel
1 c. à café (1 c. à thé) d'arôme de fumée liquide
1/2 c. à café (1/2 c. à thé) de poivre
1/4 c. à café (1/4 c. à thé) de chili en poudre

900 g à 1,3 kg (2 à 3 lb) de côtes de cerf, d'antilope d'Amérique, de wapiti ou d'orignal
500 ml (2 tasses) d'eau

4 portions

Dans un petit bol, mélanger tous les ingrédients de la sauce. Bien mêler. Dans une grosse cocotte en métal, mettre les côtes, 500 ml (2 tasses) d'eau et 180 ml (3/4 tasse) de sauce. Réserver le reste de la sauce. Porter le mélange de côtes à ébullition, réduire le feu et couvrir. Laisser mijoter environ 1 h, jusqu'à ce que les côtes soient tendres, en les remuant une ou deux fois.

Chauffer le four à 180 °C (350 °F). Disposer les côtes dans un plat à rôtir, puis les badigeonner de la sauce réservée. Cuire au four pendant 10 minutes. Retourner les côtes, les badigeonner de sauce et cuire encore 10 minutes. Servir avec la sauce qui reste.

Côtes de gibier grillées à l'orientale ♡

On peut se procurer le vinaigre de riz, la sauce aux prunes, la sauce hoisin et le gingembre frais dans les épiceries orientales ou au supermarché.

MARINADE:
375 ml (1 1/2 tasse) de xérès
60 ml (1/4 tasse) d'huile d'arachide ou d'huile végétale
60 ml (1/4 tasse) de vinaigre de riz
6 c. à soupe de sauce soya
6 c. à soupe de sauce aux prunes ou 3 c. à soupe de gelée de prunes
2 c. à soupe de sauce hoisin
1 c. à soupe de gingembre frais, émincé
4 gousses d'ail hachées

900 g à 1,3 kg (2 à 3 lb) de côtes de cerf, d'antilope d'Amérique, de wapiti ou d'orignal

4 portions

Dans une casserole moyenne, mélanger tous les ingrédients de la marinade. Chauffer à feu moyen, en brassant constamment, jusqu'à ce qu'elle soit très chaude. Refroidir à la température de la pièce. Placer les côtes dans un moule de 33 x 23 cm (13 x 9 po) ou dans un sac pour le four. Verser la marinade refroidie sur les côtes. Recouvrir le plat de pellicule plastique ou fermer le sac pour le four. Faire mariner les côtes de 1 h à 2 h, en les retournant à plusieurs reprises.

Allumer les briquettes dans le barbecue. Quand les briquettes sont recouvertes de cendre, les répartir uniformément. Placer la grille au-dessus des briquettes chaudes, puis déposer les côtes sur la grille. Faire griller de 10 à 15 minutes, jusqu'à ce qu'elles soient cuites, en les retournant une fois. Servir avec la sauce qui reste.

Soupe de gibier et de légumes

Après avoir désossé le cerf, utiliser les os qui contiennent beaucoup de viande pour faire une soupe de légumes consistante. Les os de l'épaule, du jarret et de la colonne vertébrale font une soupe particulièrement savoureuse. Servir cette soupe avec des petits pains croustillants, chauds, et de la salade de chou.

680 à 900 g (1 ½ à 2 lb) d'os de cerf, d'antilope d'Amérique, de wapiti ou d'orignal, auxquels il reste assez de viande
2 tiges de céleri, coupées finement
2 carottes moyennes, coupées finement
1 oignon moyen, coupé finement
2 gousses d'ail hachées
2 c. à soupe de beurre ou de margarine
3 litres (12 tasses) d'eau
1 feuille de laurier
1 c. à soupe de sel
¾ c. à café (¾ c. à thé) de feuilles de marjolaine séchées
210 à 280 g (1 ½ à 2 tasses) de cubes de cerf, d'antilope d'Amérique, de wapiti ou d'orignal, cuits
480 g (16 oz) de tomates à l'étuvée, en conserve
300 g (10 oz) de maïs surgelé

Environ 4 litres (16 tasses)

Chauffer le four à 200 °C (400 °F). Disposer les os en formant une seule couche dans un grand plat à rôtir ou sur une plaque à biscuits. Cuire au four sans couvercle, de 10 à 20 minutes, jusqu'à ce que les os soient dorés. Égoutter, si nécessaire. Réserver.

Dans une grosse cocotte en métal, cuire en remuant le céleri, les carottes, l'oignon et l'ail dans le beurre ou la margarine, à feu moyen, jusqu'à ce que le tout soit tendre. Ajouter les os, l'eau, le laurier, le sel et la marjolaine. Porter à ébullition. Réduire le feu et couvrir. Laisser mijoter de 1 h 30 à 2 h, jusqu'à ce que la viande des os soit très tendre. Retirer les os et laisser refroidir un peu. Enlever la viande des os, puis jeter les os. Remettre la viande dans la cocotte, puis ajouter le reste des ingrédients. Laisser mijoter sans couvercle, environ 1 h. Enlever la feuille de laurier avant de servir.

Foie à l'orange et à l'oignon (-45) ▲

30 g (1/4 tasse) de farine tout usage
1/8 c. à café (1/8 c. à thé) de sel
1/8 c. à café (1/8 c. à thé) de poivre
450 (1 lb) de foie de cerf, d'antilope d'Amérique, de wapiti ou d'orignal, coupé en tranches de 1,2 cm (1/2 po) d'épaisseur
60 g (1/4 tasse) de beurre ou de margarine
1 oignon jaune, moyen, émincé
1 oignon rouge, moyen, émincé
1 c. à soupe de sucre
1 orange moyenne, en tranches
60 g (1/4 tasse) de beurre ou de margarine
80 ml (1/3 tasse) de Bouillon de gros gibier (voir p. 144) ou de bouillon de bœuf
60 ml (1/4 tasse) de brandy
1/4 c. à café (1/4 c. à thé) de feuilles de thym séchées

3 ou 4 portions

Chauffer le four à 80 °C (175 °F). Sur une feuille de papier ciré, mélanger la farine, le sel et le poivre. Passer les tranches de foie dans ce mélange pour bien les enrober. Dans un grand poêlon, faire fondre 60 g (1/4 tasse) de beurre ou de margarine, à feu moyen. Ajouter les tranches de foie et les faire dorer des deux côtés. À l'aide d'une écumoire, les transférer sur un plat de service chaud allant au four. Garder au chaud, au four. Ajouter les oignons au beurre ou à la margarine, dans le poêlon. Cuire en remuant, à feu moyen, jusqu'à ce qu'ils soient tendres. Réserver et garder au chaud.

Pendant que les oignons cuisent, mettre le sucre sur une feuille de papier ciré. Enrober de sucre les deux côtés des tranches d'orange. Dans un poêlon moyen, faire fondre 60 g (1/4 tasse) de beurre ou de margarine, à feu moyen, puis ajouter les tranches d'orange. Les faire revenir jusqu'à ce qu'elles soient dorées, en les retournant une fois. Enlever les tranches d'orange du poêlon et réserver. Ajouter au poêlon le bouillon, le brandy et le thym. Cuire à feu doux, environ 5 minutes, en brassant constamment. Retirer du feu. Disposer les oignons sur les tranches de foie, au moment de servir. Verser le mélange de bouillon sur les oignons et le foie. Décorer avec les tranches d'orange.

Pâté de foie de gibier

Pour un repas de fin de soirée particulier, servir ce pâté de foie sur des toasts beurrés, chauds, avec du champagne. Ce pâté est aussi excellent sur des craquelins.

60 ml (1/4 tasse) d'huile végétale
450 g (1 lb) de foie de cerf, d'antilope d'Amérique, de wapiti ou d'orignal coupé en cubes de 2,5 cm (1 po)
2 carottes moyennes, coupées finement
1 oignon moyen, coupé finement
3 c. à soupe de beurre ou de margarine
3 c. à soupe de persil frais, en petits morceaux
1/2 c. à café (1/2 c. à thé) de sel
1/8 c. à café (1/8 c. à thé) de poivre
1/8 c. à café (1/8 c. à thé) de muscade moulue
6 c. à soupe de beurre ou de margarine, coupé en morceaux
2 œufs durs, tranchés ou hachés (facultatif)

Environ 560 g (4 tasses)

Dans un grand poêlon, faire chauffer l'huile jusqu'à ce qu'elle soit très chaude. Ajouter le foie. Cuire de 5 à 7 minutes, jusqu'à ce que le foie soit cuit. Mettre le foie dans un robot culinaire. Réserver. Dans un grand poêlon, cuire les carottes et l'oignon en remuant, dans 3 c. à soupe de beurre ou de margarine, à feu moyen, jusqu'à ce que ce soit tendre. Mettre dans le robot avec le foie. Ajouter tous les ingrédients qui restent, sauf les œufs. Mélanger jusqu'à l'obtention d'un mélange homogène, en raclant les côtés, au besoin. À l'aide d'une cuillère, verser ce mélange dans un bol ou une terrine*. Couvrir d'une pellicule plastique. Mettre au réfrigérateur pendant 8 h. Garnir avec les œufs, si désiré.

* Truc: On peut aussi mettre ce mélange dans un moule beurré de 1 litre (4 tasses). Couvrir d'une pellicule plastique. Placer au réfrigérateur pendant 8 h. Pour démouler, ôter la pellicule plastique, puis plonger le moule dans un évier contenant de l'eau chaude. L'eau doit arriver presque jusqu'au bord du moule. Sortir le moule de l'eau, puis déposer une assiette de service sur le dessus du moule. En tenant bien le moule et l'assiette ensemble, tourner le moule à l'envers. Si nécessaire, secouer légèrement le moule pour libérer le pâté.

Tranches de cœur de cerf frites

Pour faire cette recette traditionnelle, on peut aussi utiliser du cœur d'antilope d'Amérique, de wapiti ou d'orignal.

30 g (1/4 tasse) de farine tout usage
1/4 c. à café (1/4 c. à thé) de sel
1/8 c. à café (1/8 c. à thé) de poivre
1 cœur de cerf, en tranches de 0,5 cm (1/4 po) d'épaisseur
Huile végétale ou graisse de bacon

2 à 4 portions

Sur une feuille de papier ciré, mélanger la farine, le sel et le poivre. Passer les tranches dans le mélange de farine, en les retournant pour bien les enrober. Dans un poêlon moyen, chauffer 0,3 cm (1/8 po) d'huile ou de graisse, à feu moyen, jusqu'à ce qu'elle soit très chaude. Ajouter les tranches de cœur. Frire environ 5 minutes, jusqu'à ce qu'elles soient dorées et cuites, en les retournant une fois.

Rôti de cœur de gibier ►

1 cœur de cerf ou d'antilope d'Amérique
60 g (1/2 tasse) de farine tout usage
1/2 c. à café (1/2 c. à thé) de sel
1/8 c. à café (1/8 c. à thé) de poivre
3 à 4 c. à soupe de gras de bacon
4 ou 5 tranches de bacon

3 ou 4 portions

Comment préparer le Rôti de cœur de gibier

Glisser un couteau le long de la paroi extérieure du cœur, en pénétrant seulement la moitié de l'épaisseur de la paroi.

Couper en spirale, en commençant à l'extérieur, puis en allant vers le centre et en «déroulant» le cœur en une longue bande. Enlever les membranes.

Mélanger la farine, le sel et le poivre sur une feuille de papier ciré. Passer le cœur dans ce mélange, en le retournant pour bien l'enrober. Chauffer le four à 160 °C (325 °F).

Dans un grand poêlon, chauffer le gras de bacon à feu moyen-élevé. Dorer le cœur des deux côtés. Retirer du feu et laisser refroidir légèrement.

Déposer 2 ou 3 tranches de bacon sur le cœur. Rouler le cœur comme on le ferait pour un gâteau roulé, en commençant par le bout le plus étroit. Attacher solidement à deux endroits avec une ficelle de cuisine.

Déposer le cœur sur un support dans un plat à rôtir. Couvrir de 2 tranches de bacon. Rôtir au four environ 50 minutes jusqu'à ce que le cœur soit cuit et tendre.

Sauce italienne aux boulettes de viande

SAUCE:
540 g (16 oz) de tomates à l'étuvée, non égouttées, en conserve
195 g (6 oz) de pâte de tomate en conserve
250 ml (1 tasse) de bourgogne
1 oignon moyen, coupé finement
2 gousses d'ail hachées
3 c. à soupe d'huile d'olive
500 ml (15 oz) de sauce tomate en conserve
1 c. à soupe d'assaisonnement à l'italienne
1 c. à soupe de persil séché, en flocons
1 c. à café (1 c. à thé) de sel
1/2 c. à café (1/2 c. à thé) de poivre

BOULETTES DE VIANDE:
6 tranches de pain de campagne, dont on a ôté la croûte
500 ml (2 tasses) d'eau
450 g (1 lb) de viande hachée de gros gibier
1 œuf, légèrement battu
1 gousse d'ail hachée
1 c. à café (1 c. à thé) d'assaisonnement à l'italienne
1/2 c. à café (1/2 c. à thé) de feuilles de basilic séchées
2 c. à soupe de parmesan râpé
1/2 c. à café (1/2 c. à thé) de sel
1/8 c. à café (1/8 c. à thé) de poivre
2 c. à soupe de chapelure (facultatif)
3 c. à soupe d'huile d'olive

Spaghettis cuits, chauds

4 à 6 portions

SAUCE:
Dans un robot culinaire ou un mélangeur, réduire les tomates en purée, y mélanger la pâte de tomate et le vin, puis réserver. Dans une grosse cocotte en métal, cuire l'oignon et l'ail dans l'huile en remuant, à feu moyen-élevé, jusqu'à ce qu'ils soient tendres. Ajouter le mélange de tomate et les autres ingrédients de la sauce. Porter à ébullition. Réduire à feu doux et cuire environ 2 h, jusqu'à ce que la sauce épaississe et que les saveurs se mêlent, en remuant de temps en temps.

BOULETTES DE VIANDE:
Pendant que la sauce cuit, mélanger le pain et l'eau dans un bol moyen. Laisser reposer 10 minutes. Presser légèrement le pain pour enlever l'excès d'eau. Jeter l'eau. Émietter le pain dans un grand bol à mélanger. Ajouter la viande, l'œuf, l'ail, l'assaisonnement à l'italienne, le basilic, le fromage, le sel et le poivre. Bien mélanger. Si le mélange est trop mou pour conserver une forme, ajouter de la chapelure, 1 c. à soupe à la fois. Façonner la viande en 16 boulettes d'environ 4 cm (1 1/2 po) de diamètre.

Dans un poêlon, faire chauffer 3 c. à soupe d'huile, à feu moyen. Ajouter les boulettes, puis les faire dorer de tous les côtés, en les retournant souvent. À l'aide d'une écumoire, enlever les boulettes, puis les faire égoutter sur des essuie-tout. Ajouter les boulettes à la sauce pendant la dernière heure de cuisson. Servir sur des spaghettis chauds.

Chili préféré du chasseur

Préparer des bols de cheddar râpé et de crème sure, et beaucoup de craquelins pour accompagner ce consistant chili.

1,3 kg (3 lb) de viande hachée de gros gibier
3 oignons moyens, hachés
3 poivrons verts moyens, hachés
60 g (1/2 tasse) de céleri haché
2 c. à soupe de gras de bacon ou d'huile végétale
840 g (28 oz) de tomates entières, non égouttées, en conserve
2 c. à soupe de persil séché, en flocons
2 c. à soupe de chili en poudre
1 c. à café (1 c. à thé) de sel
1 c. à café (1 c. à thé) de poivre
1/2 c. à café (1/2 c. à thé) d'ail en poudre
1 kg (31 oz) de haricots rouges, non égouttés, en conserve
480 g (16 oz) de haricots pinto, non égouttés, en conserve

8 à 10 portions

Dans une grosse cocotte en métal, faire dorer la viande à feu moyen, en remuant de temps en temps. Ôter du feu et réserver. Dans un grand poêlon, cuire à feu moyen les oignons, les poivrons et le céleri dans le gras de bacon, en brassant jusqu'à ce qu'ils soient tendres. Ajouter à la viande de la cocotte ce mélange de légumes et tous les ingrédients qui restent, sauf les haricots. Porter à ébullition. Réduire le feu et couvrir. Laisser mijoter pendant 1 h pour que les saveurs se mêlent. Ajouter les haricots en remuant. Cuire sans couvercle, pendant 30 minutes.

Copieux plat de gibier

420 g (2 tasses) de pommes de terre en purée instantanées
75 g (1/3 tasse) de beurre ou de margarine, fondu
450 g (1 lb) de viande hachée de cerf ou d'un autre gros gibier
80 g (1/2 tasse) d'oignon haché
2 c. à café (2 c. à thé) de sauce Worcestershire
1/2 c. à café (1/2 c. à thé) de sel
1/8 c. à café (1/8 c. à thé) de poivre
2 œufs
240 g (1 tasse) de fromage cottage
2 tomates moyennes, en tranches
115 g (1 tasse) de cheddar râpé

4 à 6 portions

Chauffer le four à 180 °C (350 °F). Mettre les pommes de terre et le beurre ou la margarine dans un bol et bien mélanger. Réserver 105 g (1/2 tasse) du mélange de pommes de terre. Étendre le reste du mélange de pommes de terre dans un plat allant au four non beurré de 58 cm^2 (9 po^2), puis réserver. Dans un poêlon, cuire la viande et l'oignon à feu moyen, en remuant de temps en temps, jusqu'à ce que la viande perde sa couleur rosée et que l'oignon soit tendre. Égoutter, si nécessaire. Incorporer la sauce Worcestershire, le sel et le poivre. Verser sur le mélange de pommes de terre dans le plat à four. Dans un bol, mélanger les œufs et le fromage cottage. Verser sur le mélange de viande, puis recouvrir des tranches de tomate. Parsemer de cheddar râpé. Recouvrir du mélange de pommes de terre qui reste. Cuire au four sans couvercle environ 20 minutes, jusqu'à ce que ce soit prêt.

Casserole mexicaine ▲

900 g (2 lb) de viande hachée maigre de cerf ou d'un autre gros gibier
1 oignon moyen, haché
2 gousses d'ail hachées
1 c. à soupe d'huile végétale (facultatif)
250 ml (8 oz) de sauce tomate en conserve
3 c. à soupe de chili en poudre
1/4 c. à café (1/4 c. à thé) de sel
305 ml (10 3/4 oz) de crème de poulet en conserve
180 ml (3/4 tasse) de lait
115 g (1 tasse) de cheddar râpé
115 g (1 tasse) de Monterey Jack râpé
12 coquilles à tacos grossièrement écrasées

8 à 10 portions

Chauffer le four à 180 °C (350 °F). Beurrer une cocotte de 2 litres (8 tasses), puis réserver. Dans un grand poêlon, cuire la viande, l'oignon et l'ail dans l'huile, à feu moyen, en brassant de temps en temps, jusqu'à ce que la viande ait perdu sa couleur rosée et que l'oignon soit tendre. Égoutter, si nécessaire. Incorporer la sauce tomate, le chili en poudre et le sel. Chauffer à feu moyen jusqu'à ce que la sauce fasse des bulles. Réduire à feu très doux. Laisser mijoter 10 minutes en brassant à l'occasion. Retirer du feu et réserver.

Dans un petit bol, mélanger la soupe et le lait. Sur une feuille de papier ciré, mélanger le cheddar et le Monterey Jack, puis réserver.

Dans la cocotte beurrée, étendre le tiers des coquilles à tacos écrasées, puis mettre la moitié du mélange de viande, la moitié du mélange de soupe et la moitié du mélange de fromage. Continuer en étendant le deuxième tiers des coquilles à tacos, le reste du mélange de viande et le reste du mélange de soupe. Étendre finalement le reste des coquilles à tacos et mettre le fromage sur le dessus. Cuire au four environ 45 minutes, jusqu'à ce que le centre soit très chaud et que le fromage soit fondu.

Pâté chaud aux boulettes de gibier

1 recette de croûte de tarte simple* (voir p. 122)
165 g (5 1/2 oz) de pommes de terre au gratin que l'on trouve dans le commerce
300 g (10 oz) de carottes et de pois, surgelés, décongelés et égouttés
450 g (1 lb) de viande hachée maigre de cerf, d'antilope d'Amérique, de wapiti ou d'orignal
45 g (1 tasse) de chapelure
60 ml (1/4 tasse) de lait
1 œuf
2 c. à soupe d'oignon haché
2 c. à soupe de persil frais en petits morceaux
3/4 c. à café (3/4 c. à thé) de sel
1/8 c. à café (1/8 c. à thé) de poivre

4 à 6 portions

Chauffer le four à 180 °C (350 °F). Préparer de la pâte à tarte selon la recette, puis former une boule avec la pâte. Envelopper d'une pellicule plastique et placer au réfrigérateur. Préparer les pommes de terre selon le mode d'emploi de l'emballage dans une cocotte de 2 litres (8 tasses), mais ne pas mettre de beurre. Ajouter les carottes et les pois aux pommes de terre cuites. Remuer pour bien mélanger et réserver.

Dans un grand bol, mettre les ingrédients qui restent. Bien mélanger. Façonner 16 boulettes de viande d'environ 4 cm (1 1/2 po) de diamètre, puis mettre les boulettes sur le dessus du mélange de pommes de terre. Sur une surface légèrement enfarinée, former une abaisse un peu plus grande que le dessus de la cocotte. Placer cette croûte sur le dessus de la cocotte. Replier le bord de la croûte par en dessous et canneler le bord, si désiré. Faire un petit trou au centre de l'abaisse pour permettre à la vapeur de s'échapper. Cuire au four de 45 à 55 minutes, jusqu'à ce que la croûte soit dorée.

* Truc: On peut remplacer la pâte à tarte maison par de la pâte à tarte déjà abaissée que l'on trouve dans le commerce.

Soupe éclair de gibier et de rotinis (-45) ►

450 g (1 lb) de viande hachée de cerf, d'antilope d'Amérique, de wapiti ou d'orignal
480 g (16 oz) de tomates entières, coupées, dont on réserve le jus, en conserve
250 ml (8 oz) de sauce tomate en conserve
50 g (1 3/4 oz) d'assaisonnement au chili
1 litre (4 tasses) d'eau
140 g (1 1/2 tasse) de rotinis non cuits
300 g (10 oz) de légumes mélangés, surgelés
1 c. à soupe d'oignon déshydraté
1 c. à soupe de sucre
240 g (1 tasse) de crème sure (facultatif)
1 c. à soupe de ciboulette séchée (facultatif)

6 à 8 portions

Dans une grosse cocotte en métal, faire dorer la viande à feu moyen, en brassant de temps en temps. Égoutter, si nécessaire. Incorporer les tomates et leur jus, la sauce tomate et le mélange d'assaisonnement au chili. Ajouter l'eau, les pâtes, les légumes, l'oignon et le sucre. Bien mélanger. Porter à ébullition, réduire le feu et couvrir. Laisser mijoter de 10 à 15 minutes, jusqu'à ce que les pâtes soient tendres. Si désiré, mélanger dans un petit bol la crème sure et la ciboulette, puis servir avec la soupe comme garniture.

Boulettes de viande suédoises à la sauce brune

450 g (1 lb) de viande hachée de gros gibier
80 ml (1/3 tasse) de lait
70 g (1/3 tasse) de pommes de terre en purée instantanées, en flocons
1 œuf, légèrement battu
2 c. à soupe d'oignon émincé
3/4 c. à café (3/4 c. à thé) de sel
1/4 c. à café (1/4 c. à thé) de piment de la Jamaïque moulu
1/8 c. à café (1/8 c. à thé) de muscade moulue
Pincée de poivre
2 c. à soupe de beurre ou de margarine
50 g (1 3/4 oz) de mélange de soupe à la queue de bœuf
375 ml (1 1/2 tasse) d'eau froide
Pincée de piment de la Jamaïque moulu
Pommes de terre en purée cuites, chaudes (facultatif)

4 à 6 portions

Dans un bol moyen, mélanger la viande, le lait, les flocons de pomme de terre, l'œuf, l'oignon, le sel, 1/4 c. à café (1/4 c. à thé) de piment de la Jamaïque, la muscade et le poivre. Bien mélanger. Façonner en 16 boulettes de 4 cm (1 1/2 po) de diamètre. Dans un poêlon, faire fondre le beurre ou la margarine à feu moyen. Ajouter les boulettes et les faire dorer de tous les côtés, en les tournant fréquemment. À l'aide d'une écumoire, retirer les boulettes et réserver. Incorporer le mélange de soupe au jus de cuisson de la poêle. Ajouter l'eau et la pincée de piment de la Jamaïque, en mélangeant le tout. Cuire à feu moyen, en brassant constamment, jusqu'à ce que le mélange épaississe et fasse des bulles. Remettre les boulettes dans le poêlon, réduire le feu et couvrir. Laisser mijoter de 20 à 30 minutes, jusqu'à ce que les boulettes perdent leur couleur rosée au centre. Si désiré, servir avec des pommes de terre en purée.

Gibier et fèves au lard ▲

Voici un plat excellent pour un repas à la bonne franquette.

6 tranches de bacon, coupées
680 g (1 ½ lb) de viande hachée de cerf, d'antilope d'Amérique, de wapiti ou d'orignal
1 oignon moyen, haché
480 g (16 oz) de fèves au lard, en conserve
480 g (16 oz) de haricots rouges en conserve, égouttés
480 g (16 oz) de haricots jaunes ou de haricots Great Northern en conserve, égouttés
75 g (⅓ tasse) de cassonade bien tassée
250 ml (1 tasse) de ketchup
2 c. à soupe de vinaigre
1 c. à soupe de sauce Worcestershire
½ c. à café (½ c. à thé) de sel
¼ c. à café (¼ c. à thé) de moutarde préparée

8 à 10 portions

Chauffer le four à 180 °C (350 °F). Dans une grosse cocotte en métal, cuire le bacon à feu moyen, en remuant de temps en temps, jusqu'à ce qu'il soit croustillant. À l'aide d'une écumoire, enlever le bacon de la cocotte et réserver. Ôter tout le gras de bacon de la cocotte, sauf 1 c. à soupe, puis ajouter la viande et l'oignon. Cuire à feu moyen en brassant de temps en temps, jusqu'à ce que la viande perde sa couleur rosée et que l'oignon soit tendre. Ajouter à la cocotte le bacon et tous les autres ingrédients. Bien mélanger. Couvrir et cuire au four environ 45 minutes, jusqu'à ce que des bulles se forment sur les côtés.

Chili de gibier à la mode du Texas ♡

450 à 680 g (1 à 1 ½ lb) de cerf, d'orignal ou de wapiti, désossé
30 g (¼ tasse) de farine tout usage
3 c. à soupe de gras de bacon ou d'huile végétale
2 oignons moyens, hachés
3 à 5 gousses d'ail, hachées
2 ou 3 piments verts, hachés ou ½ à 1 c. à café (½ à 1 c. à thé) de piment rouge en flocons
1,4 kg (48 oz) de tomates entières, non égouttées, en conserve
1 c. à café (1 c. à thé) de feuilles d'origan séchées
1 c. à café (1 c. à thé) de feuilles de basilic séchées
½ c. à café (½ c. à thé) de cumin moulu
1 poivron vert, moyen, coupé en morceaux de 2 cm (¾ po)
Riz cuit, chaud

6 à 8 portions

Parer la viande, si nécessaire, puis la couper en cubes de 1,2 cm (½ po). Mettre les cubes de viande et la farine dans un grand sac de plastique pour conserver les aliments et remuer pour bien enrober les cubes de farine. Dans une grosse cocotte en métal, dorer légèrement la viande dans le gras de bacon ou l'huile à feu moyen-élevé, en remuant souvent. Ajouter le reste des ingrédients, sauf le poivron vert et le riz. Porter à ébullition à feu moyen. Laisser bouillir légèrement pendant 15 minutes. Réduire le feu. Laisser mijoter de 1 h à 1 h 30, en brassant à l'occasion. Ajouter le poivron vert et laisser mijoter encore 30 minutes. Servir sur du riz cuit, chaud.

Pain de gibier suprême ▲

900 g (2 lb) de viande hachée de cerf, d'antilope d'Amérique, de wapiti ou d'orignal
90 g (2 tasses) de mie de pain en dés
125 ml (1/2 tasse) de Bouillon de gros gibier (voir p. 144) ou de bouillon de bœuf
80 g (1/2 tasse) d'oignon haché
2 œufs, légèrement battus
1 c. à café (1 c. à thé) de sel
1/2 c. à café (1/2 c. à thé) de sauce Worcestershire
1/4 c. à café (1/4 c. à thé) de sucre
1/4 c. à café (1/4 c. à thé) de sel de céleri
1/4 c. à café (1/4 c. à thé) de feuilles de sauge séchées, émiettées
1/4 c. à café (1/4 c. à thé) de feuilles d'origan séchées
1/4 c. à café (1/4 c. à thé) de poivre
2 petites tomates pelées, coupées en deux et épépinées

6 à 8 portions

Chauffer le four à 160 °C (325 °F). Beurrer un moule à pain de 23 x 13 cm (9 x 5 po) et réserver. Dans un grand bol, mettre tous les ingrédients, sauf les tomates, et bien mélanger. Presser la moitié du mélange de viande dans le moule beurré. Disposer les tomates sur la viande en laissant une bordure de 1,2 cm (1/2 po) de chaque côté du moule sans tomates. Étendre le reste du mélange de viande sur les tomates en appuyant bien près des bords du moule. Cuire au four environ 1 h 30, jusqu'à ce que le pâté soit bien doré. Laisser reposer 10 minutes. Placer sur un plat de service.

Goulasch de gibier

75 g (2 tasses) de nouilles aux œufs non cuites
450 g (1 lb) de viande hachée maigre de gibier
80 g (1/2 tasse) d'oignon haché
1 gousse d'ail hachée
2 c. à soupe d'huile végétale
480 g (16 oz) de tomates entières, coupées, dont on réserve le jus, en conserve
480 g (16 oz) de haricots rouges, égouttés, en conserve
250 ml (8 oz) de sauce tomate, en conserve
250 g (16 oz) de pommes de terre en tranches, égouttées, en conserve
1 c. à café (1 c. à thé) de sel
1 c. à café (1 c. à thé) de feuilles de basilic séchées
1/4 c. à café (1/4 c. à thé) de poivre

6 à 8 portions

Chauffer le four à 180 °C (350 °F). Beurrer une cocotte de 2 litres (8 tasses) et réserver. Cuire les pâtes selon les indications de l'emballage. Rincer, puis égoutter. Les mettre dans la cocotte et réserver.

Dans un poêlon, à feu moyen, cuire la viande, l'oignon et l'ail dans l'huile, en brassant de temps en temps, jusqu'à ce que la viande ait perdu sa couleur rosée et que l'oignon soit tendre. Ajouter le mélange de viande et le reste des ingrédients aux pâtes. Bien mélanger et couvrir. Cuire au four de 35 à 45 minutes, jusqu'à ce que ce soit très chaud et que des bulles se forment sur les côtés.

Hachis de gibier

On peut préparer un délicieux hachis avec les restes de viande de n'importe quel rôti de gros gibier. Les restes de Gibier salé (*voir p. 85*) *font un excellent hachis.*

1 litre (4 tasses) d'eau
1/2 c. à café (1/2 c. à thé) de sel
680 g (1 1/2 lb) de pommes de terre
1 c. à soupe de beurre
2 c. à soupe d'huile végétale
80 g (1/2 tasse) d'oignon haché
280 g (2 tasses) de viande hachée de gros gibier, cuite
250 ml (1 tasse) de reste de jus de cuisson de gibier maigre
1/2 c. à café (1/2 c. à thé) de sel
1/4 c. à café (1/4 c. à thé) de feuilles de basilic séchées
1/4 c. à café (1/4 c. à thé) de poivre
1/8 c. à café (1/8 c. à thé) de feuilles de thym séchées
Pincée de muscade
Pincée d'ail en poudre

4 à 6 portions

Dans une casserole moyenne, porter l'eau et 1/2 c. à café (1/2 c. à thé) de sel à ébullition. Ajouter les pommes de terre. Porter de nouveau à ébullition. Réduire le feu et couvrir. Laisser mijoter de 20 à 25 minutes, jusqu'à ce que les pommes de terre soient tendres. Laisser refroidir, puis peler et couper en cubes de 1,2 cm (1/2 po).

Dans un grand poêlon, faire fondre le beurre dans l'huile, à feu moyen-élevé. Ajouter les pommes de terre et l'oignon. Cuire en remuant souvent, jusqu'à ce que les pommes de terre soient légèrement dorées et que l'oignon soit tendre. Retirer du feu et ajouter les ingrédients qui restent. Bien mélanger. Couvrir et cuire 5 minutes à feu doux pour réchauffer complètement et pour que les saveurs se mélangent.

Garniture pour sandwich de gros gibier

280 g (2 tasses) de viande de gros gibier cuite, en cubes
130 g (4 1/2 oz) de pâté de jambon en conserve
40 g (1/4 tasse) d'oignon grossièrement haché
1/4 c. à café (1/4 c. à thé) de sel
1/8 c. à café (1/8 c. à thé) de poivre
60 à 125 ml (1/4 à 1/2 tasse) de Bouillon de gros gibier (voir p. 144) ou de bouillon de bœuf

315 g (2 1/4 tasses)

Dans un robot culinaire*, mettre la viande, le pâté de jambon, l'oignon, le sel et le poivre. Hacher jusqu'à la consistance désirée. Incorporer graduellement le bouillon à la viande hachée jusqu'à ce que le mélange ait la consistance pour que l'on puisse l'étendre.

* Truc: On peut préparer cette garniture pour sandwich avec un hachoir à viande, plutôt qu'avec un robot culinaire. Dans un grand bol, mettre la viande, le pâté de jambon, l'oignon, le sel et le poivre. Bien mélanger. Hacher jusqu'à la consistance désirée. Incorporer graduellement le bouillon à la viande hachée, jusqu'à ce que le mélange ait la consistance pour que l'on puisse l'étendre.

Tourte de gros gibier ▲

On peut utiliser deux croûtes de tarte réfrigérées, déjà abaissées, plutôt que de la pâte maison, si l'on est à court de temps. Retirer une des croûtes de son assiette d'aluminium et l'utiliser comme croûte du dessus.

PÂTE À TARTE POUR 2 CROÛTES:
240 g (2 tasses) de farine tout usage
1 c. à café (1 c. à thé) de sel
140 g (2/3 tasse) de shortening
3 c. à soupe de beurre ou de margarine, à la température de la pièce
5 à 7 c. à soupe d'eau froide

GARNITURE:
280 g (2 tasses) de viande de gros gibier cuite, en morceaux
225 g (1 1/2 tasse) de pommes de terre tranchées finement
60 g (1/2 tasse) de carottes tranchées finement
60 g (1/2 tasse) de rutabaga en cubes de 1,2 cm (1/2 po)
1 petit oignon tranché finement et séparé en rondelles
20 g (3/4 oz) de mélange de sauce brune aromatisée aux herbes, en poudre, ou 250 ml (1 tasse) d'un reste de sauce au gibier
1/4 c. à café (1/4 c. à thé) de sel
1/8 c. à café (1/8 c. à thé) de poivre
1 c. à soupe de beurre ou de margarine, coupé en morceaux

GLACE (FACULTATIF):
1 œuf
1 c. à soupe d'eau

4 à 6 portions

Comment préparer la Tourte de gros gibier

Mettre la farine et le sel dans un bol à mélanger. Couper le shortening et 3 c. à soupe de beurre ou de margarine dans la farine, jusqu'à ce que le tout ressemble à une chapelure grossière.

Verser de l'eau froide sur la farine en remuant avec une fourchette, jusqu'à ce que les particules adhèrent ensemble. Former deux boules. Chauffer le four à 190 °C (375 °F).

Abaisser une boule de pâte sur une surface enfarinée et former un cercle mince ayant 5 cm (2 po) de plus qu'une assiette à tarte de 23 cm (9 po), renversée. Placer la pâte dans l'assiette et couper les surplus.

Former des couches de viande, de pommes de terre, de carottes, de rutabaga et d'oignon sur la pâte. Préparer le mélange de sauce selon le mode d'emploi de l'emballage et ajouter ¹/₄ c. à café (¹/₄ c. à thé) de sel et le poivre. Verser dans la tourte.

Parsemer le mélange de beurre ou de margarine. Abaisser la pâte qui reste et la placer sur la tourte. Appuyer sur les bords pour les souder, puis les canneler. Si désiré, abaisser les restes de pâte, les découper en jolis motifs et les mettre sur le dessus de la croûte.

Faire plusieurs incisions sur la croûte du dessus. Mélanger les ingrédients de la glace dans un bol, puis en badigeonner la croûte du dessus. Cuire au four environ 1 h, jusqu'à ce que la pâte soit dorée. Laisser reposer 10 minutes avant de servir.

Saucisse de gros gibier

Il est étonnamment facile de faire de la saucisse fraîche de gros gibier à la maison. On peut confectionner des saucisses sans boyaux, grâce aux recettes de cette section, et cela ne requiert pas d'autre équipement qu'un robot culinaire ou un hachoir à viande.

N'importe quelle viande de gros gibier coupée peut être utilisée pour faire de la saucisse. Les coupes qui sont trop dures lorsqu'elles sont cuites entières constituent un excellent choix. Ce qui reste de la découpe d'un gros gibier fait très bien l'affaire.

Habituellement, on ajoute du porc gras à la viande de gibier parée pour faire de la saucisse. Si l'on préfère de la saucisse contenant seulement du gibier, il faut ajouter du gras. On peut demander à son boucher du gras dur de porc ou de bœuf, provenant de l'extérieur de la longe. Une proportion de trois ou quatre parts de gibier pour une part de gras donne une saucisse juteuse et savoureuse. Pour obtenir la texture idéale, il faut que la viande et le gras demeurent très froids pendant qu'on les hache.

Pour trouver ses recettes de saucisse préférées, on peut procéder par petites quantités. On peut ensuite doubler ou tripler la recette pour faire de plus grandes quantités. Il est préférable d'assaisonner modérément les saucisses au départ, d'en faire revenir une rondelle, puis de goûter. Ajouter ensuite des assaisonnements et du sel, si nécessaire.

Toutes les recettes de saucisse qui se trouvent dans ce livre peuvent aussi servir à faire des saucisses recouvertes d'un boyau. Il faut alors commander le boyau pour les saucisses chez un boucher et se procurer un poussoir — appareil pour mettre la farce. Suivre les instructions sur le poussoir. Pour plus de saveur, on peut fumer à froid (voir p. 149) ces saucisses pendant 2 h ou 3 h.

Les saucissons d'été et les autres saucisses salées, fumées ou séchées sont plus difficiles à faire que les saucisses fraîches de ce livre. Si l'on sait faire des saucisses salées ou fumées, on peut remplacer la viande de gibier par du bœuf.

Saucisse italienne douce

450 g (1 lb) de viande de cerf ou d'autre gros gibier paré
450 g (1 lb) d'épaule de porc grasse désossée ou de soc de porc
1 c. à café (1 c. à thé) de sel
1 c. à café (1 c. à thé) de sucre
1/2 c. à café (1/2 c. à thé) d'ail en poudre
1/2 c. à café (1/2 c. à thé) de graines de fenouil
1/2 c. à café (1/2 c. à thé) de poivre au citron
1/2 c. à café (1/2 c. à thé) de paprika
1/4 c. à café (1/4 c. à thé) de sel de céleri
1/4 c. à café (1/4 c. à thé) de feuilles de sauge séchées, émiettées
1/8 c. à café (1/8 c. à thé) de cayenne
1 c. à soupe de sauce soya
1/2 c. à café (1/2 c. à thé) de sauce Worcestershire

900 g (2 lb)

Comment préparer la Saucisse italienne douce

Couper le cerf et le porc en cubes de 2 cm (3/4 po). Mettre dans un bol et réserver.

Mélanger les ingrédients qui restent, sauf la sauce soya et la sauce Worcestershire, puis en saupoudrer la viande. Remuer pour bien enrober la viande du mélange.

Verser la sauce soya et la sauce Worcestershire sur la viande, puis mélanger. Mettre au réfrigérateur pendant 8 h ou pendant toute la nuit.

Passer le mélange de viande au robot culinaire pour obtenir une consistance moyenne ou la hacher au hachoir à viande.

Faire revenir une petite galette de viande, à feu moyen, pour en vérifier l'assaisonnement. Ajouter du sel et d'autres assaisonnements, si nécessaire.

On peut utiliser la saucisse sur la pizza, comme boulettes avec le spaghetti ou au petit-déjeuner. Ces saucisses se congèlent très bien.

Chorizo ▲

Cette saucisse très relevée peut être utilisée pour faire des tacos, des chilis ou pour faire de petites boulettes que l'on sert en amuse-gueule.

900 g (2 lb) de viande de cerf ou d'autre gros gibier, parée
900 g (2 lb) d'épaule de porc grasse, désossée, ou de soc de porc
2 c. à soupe de paprika
1 c. à soupe de sel
1 c. à soupe de poivre noir
2 c. à café (2 c. à thé) de piment rouge en flocons
1 c. à café (1 c. à thé) de sucre
1 c. à café (1 c. à thé) d'ail en poudre
1/2 c. à café (1/2 c. à thé) de feuilles d'origan séchées
1/4 c. à café (1/4 c. à thé) de graines de cumin
60 ml (1/4 tasse) de vinaigre blanc

Environ 1,8 kg (4 lb)

Couper le cerf et le porc en cubes de 2 cm (3/4 po). Mettre la viande dans un grand bol. Dans un petit bol, mélanger le reste des ingrédients, sauf le vinaigre. Saupoudrer la viande de ce mélange et bien mêler. Hacher jusqu'à consistance moyenne. Remettre le mélange de viande dans le grand bol, ajouter le vinaigre et bien mélanger. Couvrir le bol hermétiquement de pellicule plastique. Mettre au réfrigérateur pendant au moins 1 h pour que les saveurs se mêlent bien. Cuire à feu moyen, en brassant de temps en temps, jusqu'à ce que la viande soit dorée. Utiliser ce mélange pour faire des tacos ou des chilis, ou encore en faire de petites boulettes ou des galettes, puis les faire revenir à feu moyen, en les tournant de tous les côtés, jusqu'à ce qu'elles soient dorées et cuites à l'intérieur. On peut aussi congeler ces saucisses crues.

Saucisse à l'ail

On peut servir ces saucisses à l'ail comme plat principal avec une soupe copieuse, une salade verte et du pain de campagne. Ces saucisses sont aussi excellentes sur des pizzas et dans les chilis.

680 g (1 1/2 lb) d'épaule de porc grasse, désossée, ou de soc de porc
450 g (1 lb) de cerf ou de viande d'autre gros gibier, parée
3 à 4 c. à café (3 à 4 c. à thé) d'ail haché, frais
1 c. à soupe de sel
1 c. à café (1 c. à thé) de poivre
125 ml (1/2 tasse) d'eau

Environ 1,3 kg (3 lb)

Couper le cerf et le porc en cubes de 2 cm (3/4 po). Mettre la viande dans un grand bol. Parsemer la viande d'ail, de sel et de poivre, puis bien mélanger. Hacher jusqu'à consistance moyenne et remettre le mélange de viande dans le grand bol. Ajouter l'eau et bien mélanger. Couvrir le bol hermétiquement de pellicule plastique. Mettre au réfrigérateur deux jours pour que les saveurs se mêlent bien et pour permettre à l'ail de s'adoucir. Façonner de petites galettes, puis les faire revenir à feu moyen jusqu'à ce qu'elles soient dorées et cuites à l'intérieur, en les retournant une fois. On peut aussi congeler ces saucisses crues après les deux jours passés au réfrigérateur.

Saucisse de gibier pour le petit-déjeuner

450 g (1 lb) de viande de cerf ou d'autre gros gibier, parée
170 g (6 oz) d'un morceau de bacon maigre
$^3/_4$ c. à café ($^3/_4$ c. à thé) de sel
1 c. à café (1 c. à thé) de feuilles de sauge séchées, émiettées
$^1/_2$ c. à café ($^1/_2$ c. à thé) de gingembre moulu
$^1/_4$ c. à café ($^1/_4$ c. à thé) de poivre

680 g (1 $^1/_2$ lb)

Couper le cerf et le porc en cubes de 2 cm ($^3/_4$ po). Mettre la viande dans un grand bol. Dans un petit bol, mélanger le sel, la sauge, le gingembre et le poivre, en parsemer la viande et bien mélanger. Hacher jusqu'à la consistance désirée. En faire de petites galettes, puis les faire revenir à feu moyen jusqu'à ce qu'elles soient dorées et cuites à l'intérieur, en les retournant une fois. On peut aussi congeler ces saucisses crues.

Saucisse aux pommes de terre

Faire revenir ces saucisses en galettes pour le petit-déjeuner, le brunch ou le repas du midi, ou encore les utiliser pour faire un savoureux pain de viande.

1 litre (4 tasses) d'eau
900 g (2 lb) de pommes de terre rouges, pelées
450 g (1 lb) de cerf, d'antilope d'Amérique, de wapiti ou d'orignal, paré
450 g (1 lb) d'épaule de porc grasse, désossée, ou de soc de porc
1 oignon moyen, grossièrement haché
1 œuf battu
1 c. à soupe de sel
$^1/_2$ c. à café ($^1/_2$ c. à thé) de piment de la Jamaïque moulu
$^1/_4$ c. à café ($^1/_4$ c. à thé) de feuilles de sauge séchées, émiettées
$^1/_4$ c. à café ($^1/_4$ c. à thé) de feuilles de basilic séchées
$^1/_4$ c. à café ($^1/_4$ c. à thé) de sucre

1,8 kg (4 lb)

Dans une casserole de 2 litres (8 tasses), porter l'eau à ébullition. Ajouter les pommes de terre et porter de nouveau à ébullition. Réduire le feu et couvrir. Laisser mijoter de 25 à 35 minutes, jusqu'à ce que les pommes de terre se défassent à la fourchette, puis égoutter. Laisser refroidir les pommes de terre, puis les couper en cubes de 2 cm ($^3/_4$ po).

Couper le cerf et le porc en cubes de 2 cm ($^3/_4$ po). Dans un grand bol, mélanger le cerf, le porc, les pommes de terre, l'oignon et l'œuf. Dans un petit bol, mélanger les ingrédients qui restent, puis en parsemer le mélange de viande et de pommes de terre. Couvrir le bol hermétiquement d'une pellicule plastique. Mettre au réfrigérateur au moins 1 h pour que les saveurs se mêlent bien.

Hacher le mélange de viande et de pommes de terre jusqu'à consistance moyenne. Faire de minces galettes. Dans un peu d'huile végétale, les faire revenir à feu moyen-doux dans un poêlon antiadhérent jusqu'à ce qu'elles soient dorées et cuites à l'intérieur, en les retournant une fois.

Mincemeat de gros gibier

Quand on a déjà préparé son propre mincemeat de gros gibier, on n'utilise plus le mincemeat en conserve. Le mincemeat que l'on fait soi-même est délicieux et remplit la maison de la bonne odeur du temps des Fêtes. On utilise le mincemeat maison comme on se servirait du mincemeat que l'on trouve dans le commerce. On peut l'utiliser comme garniture pour les biscuits et les tartes, comme garniture pour la crème glacée et, bien sûr, comme ingrédient principal dans la traditionnelle tarte du temps des Fêtes.

Mincemeat de gibier

900 g (2 lb) de viande hachée crue, maigre, de cerf, d'antilope d'Amérique, de wapiti ou d'orignal
115 g (1/4 lb) de suif de bœuf, moyennement à finement haché
825 g (5 tasses) de raisins noirs ou dorés, sans pépins
440 g (4 tasses) de pommes acidulées, hachées
750 ml (3 tasses) de cidre de pomme
225 g (2 tasses) de raisins de Corinthe
440 g (2 tasses) de cassonade bien tassée
300 g (1 1/2 tasse) de sucre
225 g (8 oz) de cédrat ou de citron confit, coupé en petits dés
180 ml (3/4 tasse) de vinaigre de cidre
70 à 135 g (1/2 à 1 tasse) d'amandes grossièrement hachées
Zeste de 3 ou 4 oranges
2 c. à café (2 c. à thé) de sel
2 c. à café (2 c. à thé) de cannelle moulue
1 1/2 c. à café (1 1/2 c. à thé) de muscade moulue
1 c. à café (1 c. à thé) de clou moulu
1 c. à café (1 c. à thé) de macis moulu
1 c. à café (1 c. à thé) de piment de la Jamaïque moulu
60 ml (1/4 tasse) de brandy ou de rhum (facultatif)

Environ 2,2 kg (16 tasses)

Dans une grande cocotte en métal ou une marmite, mettre tous les ingrédients, sauf le brandy ou le rhum. Bien mélanger. Porter à ébullition en remuant fréquemment. Réduire le feu et couvrir. Laisser mijoter pendant 2 h, en brassant de temps en temps. Laisser refroidir. Si désiré, ajouter le brandy ou le rhum au mincemeat, en remuant. Pour conserver le mincemeat, le placer dans des contenants de 0,5 litre (2 tasses) ou de 1 litre (4 tasses). Le mincemeat se conserve de 3 à 4 jours au réfrigérateur et jusqu'à un an au congélateur. On peut aussi mettre le mincemeat en conserve dans un autocuiseur (voir p. 153); traiter des bocaux de 500 ml (2 tasses) pendant 60 minutes à 68 kPa (10 lb) de pression.

Variante: On peut remplacer 115 g (1/4 lb) de suif par 60 g (2 oz) de suif haché (environ 1/2 tasse) et 60 g (1/4 tasse) de beurre.

Tarte au mincemeat de gibier ▲

560 à 700 g (4 à 5 tasses) de mincemeat de gibier
1 recette de pâte à tarte pour 2 croûtes (voir p. 78)
1 œuf
1 c. à soupe d'eau

une tarte de 23 cm (9 po)

Préparer le mincemeat et la pâte selon la méthode de la recette. Chauffer le four à 220 °C (425 °F). Abaisser la moitié de la pâte sur une surface légèrement enfarinée et former un cercle mince ayant au moins 5 cm (2 po) de plus qu'une assiette à tarte de 23 cm (9 po), renversée. Placer l'abaisse dans l'assiette à tarte en appuyant légèrement sur le fond et sur les côtés. Couper les surplus en conservant 1,2 cm (1/2 po) de pâte autour du bord. Remplir l'assiette de mincemeat. Étendre le reste de pâte, puis la placer sur le dessus de la tarte. Bien fermer et canneler les bords. Si désiré, abaisser les restes de pâte, les découper en jolis motifs et les mettre sur le dessus de la croûte. Faire plusieurs incisions sur la croûte du dessus. Mélanger l'œuf et l'eau, puis en badigeonner la croûte du dessus. Cuire 10 minutes à 220 °C (425 °F). Réduire à 180 °C (350 °F) et poursuivre la cuisson de 35 à 45 minutes, jusqu'à ce que la croûte soit dorée.

La salaison du gros gibier

La salaison est une méthode de conservation mise au point avant la réfrigération. Après avoir tué un bœuf, le fermier plaçait la poitrine ou une autre coupe plus dure dans une saumure composée de sel et de sucre pendant plusieurs semaines. Le sel faisait office d'agent de conservation, et le sucre faisait ressortir la saveur de la viande et l'attendrissait. En anglais, on donne le nom de *corned* à une viande salée de cette façon parce que les grains de sel ont environ la taille de grains de maïs — *corn.*

Chez un orignal ou un wapiti, la *poitrine,* ou viande maigre qui recouvre le bas de la cage thoracique, est assez épaisse pour être salée. Mais chez les animaux plus petits, comme les antilopes d'Amérique ou les cerfs, la poitrine peut être trop mince. La viande de flanc — qui s'étend de la dernière côte à l'arrière-train —, le rôti d'épaule, par exemple, est aussi un bon choix.

Les recettes qui suivent requièrent deux types de sel. Le *sel à conserve et à marinade* est un sel pur, sans iode ni agents qui peuvent altérer la texture de la viande. Le *sel attendrisseur* est un mélange de sel, de sucre et d'agents de conservation. Ce sel ajoute de la saveur à la viande et l'attendrit, et les agents de conservation donnent à la viande la couleur rose qui la caractérise.

Gibier salé

900 g à 1,3 kg (2 à 3 lb) de rôti de pointe de poitrine, de flanc ou d'épaule jusqu'à 2,5 cm (1 po) d'épaisseur
2 litres (8 tasses) d'eau de source ou d'eau distillée
145 g (1/2 tasse) de sel à conserve et à marinade
145 g (1/2 tasse) de sel attendrisseur
3 c. à soupe de sucre
2 c. à soupe d'épices pour marinades
2 feuilles de laurier
8 grains entiers de poivre noir
1 ou 2 gousses d'ail hachées

4 à 6 portions

Rouler la pointe de poitrine ou le flanc et l'attacher (voir p. 25), puis placer la viande dans un grand bol en verre ou en céramique, ou encore dans un grand sac pour le four. Dans une casserole en verre ou en fonte émaillée, mettre les ingrédients qui restent et porter tout juste à ébullition. Retirer du feu et laisser refroidir. Verser la saumure refroidie sur la viande. Couvrir le bol d'une pellicule plastique ou, si l'on utilise un sac pour le four, appuyer dessus pour en faire sortir l'air, puis tourner le haut du sac et le fermer hermétiquement. Placer au réfrigérateur de 4 à 5 jours, en retournant la viande de temps en temps. Égoutter, puis rincer la viande à l'eau froide.

Pour faire de la viande salée, déposer la viande dans une grosse cocotte en métal. Couvrir d'eau froide, porter à ébullition, puis égoutter. Porter de nouveau à ébullition, réduire le feu et couvrir. Laisser mijoter de 3 h 30 à 4 h 30, jusqu'à ce que la viande soit tendre.

Gibier salé aux légumes ▲

900 g à 1,3 kg (2 à 3 lb) de rôti de gibier salé
5 carottes, coupées en morceaux de 5 cm (2 po)
4 pommes de terre rouges, moyennes, en quartiers
2 oignons moyens, en quartiers
1 petit chou pommé d'environ 570 g (1 1/4 lb), dont on a enlevé le cœur, en quartiers

6 à 8 portions

Égoutter et rincer la viande salée à l'eau froide tel qu'indiqué. Déposer la viande dans une grosse cocotte en métal. Couvrir d'eau froide, porter à ébullition, puis vider l'eau. Couvrir encore une fois d'eau froide, porter à ébullition, réduire le feu et mettre le couvercle. Laisser mijoter de 2 h 45 à 3 h 45, jusqu'à ce que la viande soit presque tendre. Ajouter les carottes et couvrir de nouveau. Laisser mijoter encore 20 minutes. Ajouter les pommes de terre, les oignons et le chou, puis couvrir encore. Laisser mijoter encore 30 minutes, jusqu'à ce que la viande et les légumes soient tendres.

Recettes de petit gibier

La cuisson du petit gibier

Le goût et la texture des petits gibiers varient beaucoup. La viande du lapin, par exemple, est à la fois délicate, tout en ayant un goût musqué, tandis que celle du raton laveur est riche, foncée et plutôt fibreuse.

L'âge d'un animal affecte le goût et la texture, qui, à leur tour, affectent la méthode de cuisson. Les lapins, à cause de leur courte durée de vie, sont généralement tendres. Les lièvres, jeunes ou vieux, sont plus durs et ont un petit goût sauvage. On les fait donc souvent mariner ou on les cuit en ragoût, ce qui attendrit la viande et en diminue la saveur prononcée. Un jeune raton laveur est tendre et savoureux quand on le fait rôtir, mais un animal plus âgé qui pèse 4,5 kg (10 lb) ou plus — une fois éviscéré et paré — sera dur et aura une saveur prononcée, cuit de n'importe quelle façon.

La plupart des recettes de cette section requièrent une cuisson à la chaleur humide — comme le braisage ou une autre méthode de cuisson lente — afin que la viande soit plus tendre. Attendrir une viande à l'autocuiseur se fait facilement et rapidement, et c'est souvent la meilleure façon de cuire le petit gibier plus âgé.

Pour un repas de petit gibier, on doit calculer environ 340 g (3/4 lb) de gibier paré par personne. Pour le lapin de garenne, paré, calculer de 680 à 900 g (1 1/2 à 2 lb); pour le lièvre d'Amérique, de 1,1 à 1,3 kg (2 1/2 à 3 lb) et pour le jeune raton laveur de 1,3 à 2,7 kg (3 à 6 lb).

Comment cuire le petit gibier à l'autocuiseur

TEMPS DE CUISSON DU PETIT GIBIER À L'AUTOCUISEUR

TYPE DE GIBIER	TEMPS DE CUISSON (à 102 kPa (15 lb) de pression)
Lapin de garenne	20 minutes
Lièvre d'Amérique	25 minutes
Raton laveur, jeune	20 à 25 minutes
Raton laveur, plus âgé	30 minutes

Il faut toujours suivre les indications du fabricant, quand on utilise un autocuiseur. Consulter le manuel pour des directives plus précises.
Si on le désire, on peut chauffer l'huile dans l'autocuiseur et faire dorer le gibier avant la cuisson sous pression. Ajouter de l'eau au gibier que l'on a fait revenir et fermer immédiatement l'autocuiseur pour prévenir les pertes d'eau.

Placer les morceaux de gibier dans l'autocuiseur sur un trépied, si désiré. Ne pas dépasser les deux tiers de la capacité de l'autocuiseur. Ajouter de 2,5 à 4 cm (1 à 1 1/2 po) d'eau ou la quantité recommandée dans le manuel du fabricant. Verrouiller le couvercle de l'autocuiseur, puis régler la pression à 102 kPa (15 lb).

Chauffer à la pression recommandée, tel qu'indiqué dans le manuel du fabricant. Généralement, le poids se met à bouger quand la pression recommandée est atteinte. Commencer alors à calculer le temps de traitement, puis réduire le feu jusqu'à ce que le poids bouge seulement de 1 à 4 fois/minute.

Cuire le temps recommandé dans le tableau ci-dessus, puis retirer l'autocuiseur du feu. Ne pas enlever le poids ni ouvrir l'autocuiseur avant qu'il soit tout à fait refroidi. La vapeur qui s'en échappe pourrait causer de graves brûlures.

Laisser refroidir tel qu'indiqué dans le manuel du fabricant. Habituellement, on laisse refroidir l'autocuiseur tout seul environ 5 minutes, puis on le place dans l'évier, sous un jet d'eau froide, jusqu'à ce qu'il soit assez froid pour qu'on puisse le toucher. Enlever la viande avec des pinces.

Ragoût Brunswick ▼

30 g (1/4 tasse) de farine tout usage
1 c. à café (1 c. à thé) de sel
1/4 à 1/2 c. à café (1/4 à 1/2 c. à thé) de poivre
3 écureuils, en morceaux
2 tranches de bacon, coupées
2 c. à soupe de beurre ou de margarine
1,25 litre (5 tasses) d'eau
840 g (28 oz) de tomates entières, égouttées, en conserve
1 oignon moyen, haché
1 c. à soupe de cassonade bien tassée
2 pommes de terre moyennes
285 g (10 oz) de haricots de Lima surgelés
165 g (1 tasse) de maïs en grains, frais ou surgelé
3 c. à soupe de farine tout usage (facultatif)
3 c. à soupe d'eau (facultatif)

6 à 8 portions

Dans un grand sac de plastique pour conserver les aliments, mettre 30 g (1/4 tasse) de farine, le sel et le poivre. Remuer pour bien mélanger. Ajouter les morceaux d'écureuil et remuer pour bien les enrober du mélange de farine. Réserver. Dans une grosse cocotte en métal, mettre le bacon et le beurre ou la margarine. Chauffer à feu moyen, jusqu'à ce que le beurre fonde. Ajouter les morceaux d'écureuil et les faire dorer de tous les côtés. Faire revenir en deux fois, si nécessaire. Ajouter 1,25 litre (5 tasses) d'eau, les tomates, l'oignon et la cassonade. Porter à ébullition. Réduire le feu et couvrir. Laisser mijoter de 1 h 30 à 2 h, en brassant de temps en temps, jusqu'à ce que la viande soit tendre.

Enlever la viande et la mettre de côté pour qu'elle refroidisse légèrement. Couper les pommes de terre en cubes de 1,2 cm (1/2 po). Désosser l'écureuil, puis jeter les os. Ajouter la viande, les pommes de terre, les haricots et le maïs à la cocotte. Porter à ébullition. Réduire le feu et couvrir. Laisser mijoter de 25 à 35 minutes, jusqu'à ce que les pommes de terre soient tendres. Si la sauce est trop liquide, mélanger 3 c. à soupe de farine et 3 c. à soupe d'eau froide dans un petit bol. Ajouter au ragoût, en brassant constamment. Porter à ébullition. Cuire à feu moyen, en continuant à brasser, jusqu'à ce que la sauce soit assez épaisse et fasse des bulles.

Lapin du colon en sauce crème

Ce plat est fait selon une vieille recette d'un village suisse du Wisconsin. Servir avec des pommes de terre en purée, des betteraves marinées, une salade verte, du pain, de la confiture de groseilles, d'épaisses tranches de fromage suisse et une tarte aux cerises.

3 c. à soupe de farine tout usage
1/2 c. à café (1/2 c. à thé) de sel
1/8 c. à café (1/8 c. à thé) de poivre
1/8 c. à café (1/8 c. à thé) de muscade
1 lapin de garenne, en morceaux
2 c. à soupe de beurre ou de margarine
2 c. à soupe d'huile végétale
180 ml (3/4 tasse) de Bouillon de lapin (voir p. 145) ou de bouillon de poulet
80 g (1/2 tasse) d'oignon haché
1 petite feuille de laurier
125 ml (1/2 tasse) de crème légère à 15 %

2 à 3 portions

Dans un grand sac de plastique pour conserver les aliments, mettre la farine, le sel, le poivre et la muscade. Remuer pour bien mélanger. Ajouter les morceaux de lapin, puis remuer pour bien les enrober du mélange. Conserver le surplus de farine. Dans un grand poêlon, faire fondre le beurre ou la margarine dans l'huile à feu moyen-doux. Ajouter les morceaux de viande et le surplus de farine. Faire revenir les morceaux de viande de tous les côtés, à feu moyen-élevé. Incorporer le bouillon, l'oignon et le laurier. Porter à ébullition. Réduire le feu et couvrir. Laisser mijoter le lapin de 45 minutes à 1 h, jusqu'à ce que la viande soit tendre. Incorporer la crème en remuant. Cuire à feu moyen-doux, mais sans faire bouillir, jusqu'à ce que la crème soit chaude. Enlever la feuille de laurier avant de servir.

Variante: Remplacer le bouillon par 125 ml (1/2 tasse) de vin blanc et 60 ml (1/4 tasse) d'eau. Puis remplacer la crème par 80 g (1/3 tasse) de crème sure. Suivre les indications de la recette.

Lapin au xérès ▲

2 lapins de garenne, en morceaux
2 litres (8 tasses) d'eau
1 c. à soupe de sel
2 c. à café (2 c. à thé) de vinaigre
40 g (1/3 tasse) de farine tout usage
1 c. à café (1 c. à thé) de sel
1/8 c. à café (1/8 c. à thé) de poivre
2 c. à soupe de beurre ou de margarine
2 c. à soupe d'huile végétale
225 g (8 oz) de champignons frais, entiers

SAUCE AU XÉRÈS:
250 ml (1 tasse) de Bouillon de lapin (voir p. 145) ou de bouillon de poulet
60 ml (1/4 tasse) de xérès
1 c. à soupe de sauce Worcestershire
1/4 c. à café (1/4 c. à thé) de sel épicé
2 ou 3 gouttes de sauce au piment rouge fort

4 à 6 portions

Dans un grand bol en verre ou en céramique, mélanger les morceaux de viande, l'eau, 1 c. à soupe de sel et le vinaigre. Couvrir le bol d'une pellicule plastique, puis le laisser reposer à la température de la pièce pendant 1 h. Égoutter et jeter le liquide. Assécher la viande en l'épongeant avec des essuie-tout. Réserver.

Chauffer le four à 180 °C (350 °F). Dans un grand sac de plastique pour conserver les aliments, mettre la farine, 1 c. à café (1 c. à thé) de sel et le poivre. Remuer pour bien mélanger. Ajouter les morceaux de viande et remuer pour bien les enrober du mélange. Dans un grand poêlon, faire fondre le beurre ou la margarine dans l'huile à feu moyen-doux. Ajouter les morceaux de viande et les faire revenir de tous les côtés, à feu moyen-élevé. Mettre la viande et le jus de cuisson dans une cocotte de 3 litres (12 tasses). Ajouter les champignons. Dans une tasse de 500 ml (2 tasses), mettre tous les ingrédients de la sauce au xérès. Verser sur la viande et les champignons. Couvrir et cuire au four environ 1 h 30, jusqu'à ce que la viande soit tendre.

Lapin à la mode du Sud

40 g (1/3 tasse) de farine tout usage
1/2 c. à café (1/2 c. à thé) de sel
1/8 c. à café (1/8 c. à thé) de poivre noir
1/8 c. à café (1/8 c. à thé) de cayenne (facultatif)
1 lapin de garenne, en morceaux
Huile végétale
3 c. à soupe de farine tout usage
375 ml (1 1/2 tasse) de lait ou de bouillon de poulet
Sel et poivre
Sauce pour assaisonner Bouquet (facultatif)

2 ou 3 portions

Dans un grand sac de plastique pour conserver les aliments, mettre 40 g (1/3 tasse) de farine, le sel, le poivre et la cayenne, si désiré. Remuer pour mélanger. Ajouter les morceaux de viande et remuer pour bien les enrober du mélange de farine. Dans un grand poêlon, chauffer 0,5 cm (1/4 po) d'huile, à feu moyen-élevé, jusqu'à ce que l'huile soit très chaude. Ajouter la viande et la faire revenir de tous les côtés. Réduire le feu et couvrir hermétiquement. Cuire à feu très doux, de 20 à 25 minutes, en retournant les morceaux une fois, jusqu'à ce que la viande soit tendre. Enlever le couvercle et cuire encore 5 minutes pour que la peau soit croustillante. Mettre la viande dans une assiette sur des essuie-tout. Réserver et garder au chaud.

Conserver seulement 3 c. à soupe d'huile, puis jeter le reste. À feu moyen, ajouter la farine à l'huile, en remuant. Incorporer le lait ou le bouillon. Cuire à feu moyen, en brassant constamment, jusqu'à ce que le mélange épaississe et fasse des bulles. Ajouter du sel et du poivre au goût. Si l'on veut une sauce plus foncée, on peut ajouter de la sauce Bouquet. Servir la sauce avec la viande.

◂ Lapin barbecue au four

SAUCE BARBECUE:
2 oignons moyens, hachés finement
2 poivrons verts, hachés finement
1 gousse d'ail hachée
250 ml (1 tasse) d'eau
250 ml (1 tasse) de vinaigre de cidre
125 ml (1/2 tasse) de ketchup
110 g (1/2 tasse) de cassonade bien tassée
60 g (1/4 tasse) de beurre ou de margarine, coupé en morceaux
2 c. à soupe de sauce Worcestershire
1 c. à café (1 c. à thé) de sel
1/2 c. à café (1/2 c. à thé) de poivre de cayenne

2 lapins de garenne, en morceaux

4 à 6 portions

Chauffer le four à 150 °C (300 °F). Dans une casserole moyenne, mettre tous les ingrédients de la sauce barbecue. Cuire à feu moyen-élevé jusqu'à ce que la sauce fasse des bulles, en remuant de temps en temps. Réduire le feu. Laisser mijoter 10 minutes. Placer les morceaux de lapin en une seule couche dans un moule de 33 x 23 cm (13 x 9 po). Verser la sauce en la répartissant uniformément sur les morceaux de viande. Cuire au four de 2 h 30 à 3 h, jusqu'à ce que la viande soit tendre, en tournant les morceaux de temps en temps.

Lapin au cidre

1 c. à soupe de beurre ou de margarine
1 c. à soupe d'huile végétale
1 lapin de garenne, en morceaux
1 oignon moyen, coupé en huit
2 carottes moyennes, en dés
375 ml (1 1/2 tasse) de cidre
1/2 c. à café (1/2 c. à thé) de sel
1/4 c. à café (1/4 c. à thé) de feuilles de thym séchées
1 feuille de laurier
4 grains de poivre entiers
2 pommes à cuire moyennes

2 ou 3 portions

Dans une grosse cocotte en métal, faire fondre le beurre ou la margarine dans l'huile, à feu moyen-doux. Ajouter les morceaux de lapin et les faire revenir de tous les côtés, à feu moyen-élevé. À l'aide d'une écumoire, enlever les morceaux de lapin et réserver. Ajouter l'oignon et les carottes à l'huile. Cuire en remuant à feu moyen jusqu'à ce que les légumes soient tendres. Ajouter le cidre, le sel, le thym, le laurier et le poivre en brassant. Porter à ébullition. Ajouter le lapin. Réduire le feu et couvrir. Laisser mijoter de 50 minutes à 1 h, jusqu'à ce que le lapin soit tendre. Évider les pommes, les couper et les mettre avec le lapin. Couvrir de nouveau. Laisser mijoter de 10 à 15 minutes, jusqu'à ce que les pommes soient tout juste tendres. Jeter la feuille de laurier avant de servir. Si désiré, mettre le lapin, les légumes et les pommes dans un plat de service, à l'aide d'une écumoire.

Ragoût de lapin ►

60 ml (1/4 tasse) d'huile d'olive
1 lapin de garenne, en morceaux
1 oignon moyen, haché
2 échalotes hachées finement
540 g (16 oz) de tomates à l'étuvée, non égouttées, en conserve
125 ml (1/2 tasse) de vin rouge
105 g (1 1/2 tasse) de champignons frais, en tranches
2 carottes moyennes, en tranches
2 c. à soupe de brandy
2 c. à soupe de persil frais en petits morceaux
1 c. à café (1 c. à thé) de feuilles d'origan séchées
1 c. à café (1 c. à thé) de feuilles de romarin séchées
1/2 c. à café (1/2 c. à thé) de sel
1/4 c. à café (1/4 c. à thé) de poivre
135 g (1 tasse) d'olives noires dénoyautées

2 à 3 portions

Dans une grosse cocotte en métal, chauffer l'huile à feu moyen-élevé. Ajouter le lapin et le faire revenir de tous les côtés. À l'aide d'une écumoire, enlever les morceaux de lapin et réserver. Ajouter l'oignon et l'échalote à l'huile. À feu moyen, cuire en remuant jusqu'à ce que ce soit tendre. Ajouter le lapin et tous les ingrédients qui restent, sauf les olives. Bien mélanger et couvrir. Cuire à feu moyen de 50 minutes à 1 h, jusqu'à ce que le lapin soit tendre, en tournant les morceaux de temps en temps. Ajouter les olives et couvrir de nouveau. Cuire environ 10 minutes de plus.

Lapin braisé au four en sauce

Du riz pilaf, une marinade de canneberges et des muffins au maïs avec du miel complètent bien ce repas.

60 g (1/2 tasse) de farine tout usage
1 c. à café (1 c. à thé) de sel
1/8 c. à café (1/8 c. à thé) de poivre
1/8 c. à café (1/8 c. à thé) d'ail en poudre
2 lapins de garenne, en morceaux
1 c. à soupe de beurre ou de margarine
3 c. à soupe d'huile végétale
225 g (8 oz) de champignons frais, en tranches
120 g (1 tasse) de carottes, coupées
120 g (1 tasse) de céleri, coupé
1 oignon moyen, haché
2 c. à soupe de persil frais en petits morceaux ou 2 c. à café (2 c. à thé) de persil séché en flocons
1/4 c. à café (1/4 c. à thé) de feuilles de thym séchées
1 grande feuille de laurier
250 ml (1 tasse) de Bouillon de lapin (voir p. 145) ou de bouillon de poulet
250 ml (1 tasse) de vin blanc
3 c. à soupe de lait

4 à 6 portions

Chauffer le four à 180 °C (350 °F). Dans un grand sac de plastique pour conserver les aliments, mettre la farine, le sel, le poivre et l'ail en poudre. Remuer pour bien mélanger. Ajouter les morceaux de lapin et remuer pour bien les enrober du mélange de farine. Conserver le surplus de farine. Dans une grosse cocotte en métal, faire fondre le beurre ou la margarine dans l'huile à feu moyen-élevé. Ajouter les morceaux de lapin et les faire revenir de tous les côtés. Retirer du feu. Ajouter les ingrédients qui restent, sauf le lait et le surplus de farine. Couvrir et cuire au four environ 1 h 30, jusqu'à ce que le lapin soit tendre.

À l'aide d'une écumoire, mettre le lapin et les légumes sur un plat de service chaud. Réserver et garder au chaud. Jeter la feuille de laurier. Dans un petit bol, mélanger de 2 à 3 c. à soupe du surplus de farine dans le lait pour former une pâte claire. Incorporer une petite quantité du mélange de lait au liquide de cuisson. Cuire à feu moyen, en brassant constamment, jusqu'à ce que le liquide soit épais et fasse des bulles. Ajouter plus de mélange de lait, si l'on veut obtenir une sauce plus épaisse. Cuire en remuant jusqu'à la consistance désirée. Servir la sauce avec le lapin et les légumes.

Variante: On peut suivre la même recette en remplaçant le Bouillon de lapin ou le bouillon de poulet par du vin blanc.

Lapin braisé au bacon ▲ et aux champignons

Un agréable mélange de saveurs donne à ce plat une touche particulière. Servir accompagné de nouilles au beurre et de choucroute, et avec des pommes cuites comme dessert.

8 tranches de bacon, coupées
40 g (1/3 tasse) de farine tout usage
1/2 c. à café (1/2 c. à thé) de sel
1/8 c. à café (1/8 c. à thé) de poivre
1 lapin de garenne, en morceaux
2 c. à soupe de beurre ou de margarine
250 ml (1 tasse) de vin rouge
1 oignon moyen, haché
60 ml (1/4 tasse) de brandy
60 ml (1/4 tasse) de compote de pommes
1 c. à soupe de vinaigre de vin rouge
1 c. à soupe de moutarde de Dijon
2 gousses d'ail hachées
105 g (1 1/2 tasse) de champignons frais en tranches
Sel et poivre noir fraîchement moulu

2 ou 3 portions

Dans un grand poêlon, cuire le bacon à feu moyen, en remuant de temps en temps, jusqu'à ce qu'il soit croustillant. Retirer le poêlon du feu. À l'aide d'une écumoire, enlever le bacon du poêlon et réserver. Conserver 2 c. à soupe de gras de bacon dans le poêlon.

Mettre la farine, le sel et le poivre dans un grand sac de plastique pour conserver les aliments. Remuer pour bien mélanger. Ajouter les morceaux de lapin et remuer pour bien les enrober. À feu moyen-doux, faire fondre le beurre ou la margarine dans le gras de bacon du poêlon. Ajouter les morceaux de lapin et les faire revenir de tous les côtés, à feu moyen-élevé. À l'aide d'une écumoire, enlever le lapin du poêlon. Ajouter le vin, l'oignon, le brandy, la compote de pommes, le vinaigre, la moutarde et l'ail. Bien mélanger. Remettre le lapin dans le poêlon. Porter à ébullition, réduire le feu et couvrir. Laisser mijoter 45 minutes en tournant les morceaux de lapin de temps en temps. Ajouter les champignons et le bacon. Couvrir de nouveau. Laisser mijoter encore de 10 à 20 minutes jusqu'à ce que le lapin soit tendre. Saler et poivrer au goût.

Lapin et dumplings

30 g (1/4 tasse) de farine tout usage
1/4 c. à café (1/4 c. à thé) de sel
1/4 c. à café (1/4 c. à thé) de poivre
1 lapin de garenne, en morceaux
3 c. à soupe d'huile végétale
550 ml (2 1/4 tasses) de Bouillon de lapin (voir p. 145) ou de bouillon de poulet
2 c. à café (2 c. à thé) de paprika
1 ou 2 gousses d'ail hachées

DUMPLINGS:
120 g (1 tasse) de farine tout usage
2 c. à soupe de persil frais en petits morceaux ou 2 c. à café (2 c. à thé) de persil séché en flocons
1 c. à café (1 c. à thé) d'oignon émincé déshydraté
3/4 c. à café (3/4 c. à thé) de sel
1 œuf
125 ml (1/2 tasse) de lait

1 litre (4 tasses) d'eau
240 g (1 tasse) de crème sure

2 ou 3 portions

Dans un grand sac de plastique pour conserver les aliments, mettre 30 g (1/4 tasse) de farine, 1/4 c. à café (1/4 c. à thé) de sel et le poivre. Remuer pour bien mélanger. Ajouter les morceaux de lapin et remuer pour bien les enrober du mélange. Dans une grosse cocotte en métal, chauffer l'huile à feu moyen-élevé. Ajouter les morceaux de lapin et les faire revenir de tous les côtés. Incorporer le bouillon, le paprika et l'ail. Porter à ébullition, réduire le feu et couvrir. Laisser mijoter de 50 minutes à 1 h, jusqu'à ce que le lapin soit tendre.

DUMPLINGS:
Dans un bol moyen, mettre tous les ingrédients des dumplings, sauf le lait. Bien mélanger. Incorporer un peu de lait à la fois, jusqu'à l'obtention d'un mélange onctueux. Réserver. Dans un grand poêlon, porter 1 litre (4 tasses) d'eau à ébullition. Laisser tomber environ 2 c. à soupe de pâte à la fois dans l'eau bouillante. Faire bouillir 10 minutes, en retournant une fois. À l'aide d'une écumoire, mettre les dumplings dans une passoire. Rincer à l'eau chaude, puis égoutter. Ajouter au lapin. Couvrir de nouveau et cuire à feu moyen environ 5 minutes. Réduire à feu doux. Incorporer la crème sure. Cuire sans couvercle environ 5 minutes, jusqu'à ce que l'intérieur soit chaud, mais sans faire bouillir.

Lapin à l'espagnole ►

3 c. à soupe d'huile d'olive
1 lapin de garenne, en morceaux
2 oignons moyens, hachés
1 poivron vert moyen, coupé en morceaux de 1,2 cm (1/2 po)
2 gousses d'ail hachées
500 ml (2 tasses) de Bouillon de lapin (voir p. 145) ou de bouillon de poulet
185 g (1 tasse) de riz à grains longs, non cuit
30 g (1/2 tasse) de persil frais en petits morceaux
1/4 c. à café (1/4 c. à thé) de sel
1/4 c. à café (1/4 c. à thé) de pistils de safran, émiettés
1/4 c. à café (1/4 c. à thé) de poivre
2 tomates moyennes, épépinées, coupées et égouttées
135 g (1 tasse) d'olives noires dénoyautées
60 g (2 oz) de piment doux d'Espagne en dés, égoutté, en bocal

2 ou 3 portions

Dans une grosse cocotte en métal, chauffer l'huile à feu moyen. Ajouter les morceaux de lapin, puis les faire revenir 10 minutes en les retournant une fois. À l'aide d'une écumoire, les enlever de la cocotte et réserver. Ajouter à l'huile les oignons, le poivron vert et l'ail. Cuire en brassant jusqu'à ce que ce soit tendre. Ajouter le lapin, le bouillon, le riz, le persil, le sel, le safran et le poivre. Porter à ébullition, réduire le feu et couvrir. Laisser mijoter de 45 à 55 minutes, jusqu'à ce que le riz soit tendre et que le liquide soit absorbé. En remuant, ajouter les tomates, les olives et le piment. Couvrir de nouveau et cuire environ 5 minutes, jusqu'à ce que le tout soit chaud.

Lapin aux tomates en casserole

1 c. à soupe de beurre ou de margarine
1 c. à soupe d'huile végétale
1 lapin de garenne, en morceaux
3 pommes de terre moyennes, en quartiers
4 à 6 petits oignons
480 g (16 oz) de tomates entières, non égouttées, en conserve
250 ml (1 tasse) de jus de légumes en conserve
1 feuille de laurier
1/2 c. à café (1/2 c. à thé) de sel
1/2 c. à café (1/2 c. à thé) de feuilles de basilic séchées
1/4 c. à café (1/4 c. à thé) de feuilles d'estragon séchées
1/4 c. à café (1/4 c. à thé) de poivre

2 ou 3 portions

Chauffer le four à 180 °C (350 °F). Dans un poêlon moyen, faire fondre le beurre ou la margarine dans l'huile, à feu moyen-élevé. Ajouter les morceaux de lapin et les faire revenir de tous les côtés, à feu moyen-élevé. Mettre les morceaux de lapin dans une cocotte de 3 litres (12 tasses). Ajouter les ingrédients qui restent et bien mélanger. Couvrir et cuire au four environ 1 h 30, jusqu'à ce que le lapin soit tendre. Enlever la feuille de laurier avant de servir.

◄ Civet de lièvre

Dans cette traditionnelle recette allemande, la marinade attendrit le lièvre ou le lapin adulte. Servir avec des nouilles aux œufs au beurre, du chou rouge braisé, du pain de seigle et une bonne bière.

1 lièvre ou 2 lapins de garenne, en morceaux

MARINADE:
500 ml (2 tasses) de vin rouge
250 ml (1 tasse) d'eau
125 ml (1/2 tasse) de vinaigre de cidre
2 gousses d'ail hachées
1/2 c. à café (1/2 c. à thé) de feuilles de thym séchées
1/2 c. à café (1/2 c. à thé) de feuilles de romarin séchées
1/2 c. à café (1/2 c. à thé) de feuilles de marjolaine séchées
10 grains de poivre entiers

60 g (1/2 tasse) de farine tout usage
6 tranches de bacon, coupées
225 g (8 oz) de champignons frais, coupés en quartiers
160 g (1 tasse) d'oignon haché
1 à 3 c. à soupe de beurre
1 c. à café (1 c. à thé) de sel
120 g (1/2 tasse) de crème sure

4 à 6 portions

Dans un grand bol en verre ou en céramique, mettre les morceaux de viande et tous les ingrédients de la marinade. Couvrir le bol d'une pellicule plastique. Mettre au réfrigérateur de 2 à 3 jours et retourner les morceaux de viande chaque jour.

Enlever la viande de la marinade, l'assécher avec des essuie-tout et réserver. Filtrer la marinade dans une passoire, en conserver 375 ml (1 1/2 tasse), puis jeter les herbes et le surplus de marinade. Déposer la farine sur une feuille de papier ciré. Y mettre les morceaux de viande en les retournant pour bien les enrober. Dans une grosse cocotte en métal, cuire le bacon à feu moyen, jusqu'à ce qu'il soit presque croustillant. Ajouter les champignons et l'oignon. Cuire en brassant de temps en temps, jusqu'à ce que l'oignon soit tendre. À l'aide d'une écumoire, enlever le mélange de légumes et réserver. Ajouter 1 c. à soupe de beurre dans la cocotte et y mettre la viande. Faire dorer de tous les côtés en ajoutant du beurre, si nécessaire. Remettre les légumes dans la cocotte, puis ajouter le sel et la marinade réservée. Porter à ébullition, réduire le feu et couvrir. Laisser mijoter de 1 h à 1 h 15, jusqu'à ce que la viande soit tendre. À l'aide d'une écumoire, mettre la viande dans un plat de service chaud. Réserver et garder au chaud. Mélanger la crème sure au liquide de cuisson. Cuire à feu moyen, jusqu'à ce que ce soit chaud, en remuant de temps en temps; ne pas faire bouillir. Servir la sauce sur la viande.

Civet de raton laveur

Suivre la recette précédente, mais remplacer le lièvre par 1,3 à 1,6 kg (3 à 3 1/2 lb) de raton laveur en morceaux. Dans un grand bol en verre ou en céramique, mettre les morceaux de raton laveur et tous les ingrédients de la marinade. Laisser au réfrigérateur de 3 à 4 jours. Suivre le reste de la recette ci-dessus, mais cuire de 1 h 30 à 2 h.

Raton laveur braisé aux canneberges

1,1 à 1,3 kg (2 1/2 à 3 lb) de morceaux de raton laveur, gras et glandes enlevés
120 g (1 tasse) de canneberges hachées finement
250 ml (1 tasse) de cidre
85 g (1/4 tasse) de miel
1 c. à café (1 c. à thé) de zeste d'orange râpé
3/4 c. à café (3/4 c. à thé) de sel
1/8 c. à café (1/8 c. à thé) de clou de girofle moulu
1/8 c. à café (1/8 c. à thé) de muscade moulue

3 ou 4 portions

Placer les morceaux de raton laveur dans une grande casserole. Mettre le reste des ingrédients dans un petit bol, bien mélanger et verser sur la viande. Porter à ébullition, réduire le feu et couvrir. Laisser mijoter de 2 h à 3 h, en retournant les morceaux une ou deux fois, jusqu'à ce qu'ils soient tendres.

Raton laveur mijoté

Suivre la recette précédente, mais utiliser une mijoteuse, plutôt qu'une casserole. Couvrir et cuire de 9 h à 10 h, à feu doux, jusqu'à ce que la viande soit tendre.

Raton laveur et choucroute ►

1 c. à soupe de farine tout usage
470 g (16 oz) de choucroute rincée et égouttée, en conserve
1 grosse pomme acidulée, évidée et coupée
125 ml (1/2 tasse) de bouillon de poulet
55 g (1/4 tasse) de cassonade bien tassée
1/2 c. à café (1/2 c. à thé) de graines de carvi
1 feuille de laurier
2 c. à soupe de sauce Worcestershire
1/2 c. à café (1/2 c. à thé) de sel
1/2 c. à café (1/2 c. à thé) de paprika
1/8 c. à café (1/8 c. à thé) de poivre
1,3 à 1,8 kg (3 à 4 lb) de raton laveur en morceaux, gras et glandes enlevés
3 pommes de terre moyennes, coupées en deux

4 ou 5 portions

Chauffer le four à 180 °C (350 °F). Mettre la farine dans un grand sac pour le four de 36 x 50 cm (14 x 20 po) et remuer pour bien répartir la farine. Placer le sac dans un plat à rôtir de 5 cm (2 po) de profondeur, puis réserver. Dans un bol moyen, mettre la choucroute, la pomme, le bouillon de poulet, la cassonade et le carvi. Bien mélanger. À l'aide d'une cuillère, mettre ce mélange dans le sac pour le four et ajouter le laurier. Dans un petit bol, mélanger la sauce Worcestershire, le sel, le paprika et le poivre, puis en badigeonner les morceaux de raton laveur. Disposer les morceaux de viande sur le mélange de choucroute. Ajouter les demi-pommes de terre. Fermer le sac avec l'attache de nylon prévue à cet effet. Faire six incisions de 1,2 cm (1/2 po) sur le dessus du sac. Cuire au four de 2 h à 3 h, jusqu'à ce que la viande soit tendre. Jeter la feuille de laurier avant de servir.

Pâtes, sauce au lièvre, à la toscane

Les Européens sont friands du lièvre. Pendant la saison de la chasse, de nombreux petits restaurants italiens, en Toscane, servent de la sauce au lièvre sur les pâtes ou sur la polenta.

1 lièvre, en morceaux
3 tiges de céleri, en morceaux de 5 cm (2 po)
3 carottes, en morceaux de 5 cm (2 po)
1/2 c. à café (1/2 c. à thé) de feuilles de romarin séchées
1 feuille de laurier
10 grains de poivre noir entiers
2 c. à soupe de vinaigre de vin rouge
750 ml (3 tasses) de vin rouge sec
500 ml (2 tasses) d'eau
80 ml (1/3 tasse) d'huile d'olive
1 gros oignon haché
2 gousses d'ail hachées
480 g (16 oz) de tomates entières, non égouttées, en conserve
65 g (1/4 tasse) de pâte de tomate
2 c. à café (2 c. à thé) de sel
Linguines cuites ou autres nouilles aux œufs larges, chaudes
Parmesan râpé

4 à 6 portions

Dans une grosse cocotte en métal, mettre le lièvre, le céleri, les carottes, le romarin, le laurier, le poivre, le vinaigre, le vin et l'eau. Porter à ébullition, réduire le feu et couvrir. Laisser mijoter pendant 45 minutes. Ôter le couvercle et cuire à feu moyen 1 h 30 de plus. Enlever la viande de la cocotte et la mettre de côté pour la faire refroidir un peu. Filtrer le jus de cuisson et le verser dans une tasse à mesurer de 500 ml (2 tasses), puis jeter les légumes. S'il y a plus de 250 ml (1 tasse) de jus de cuisson, le faire bouillir dans une casserole jusqu'à ce qu'il réduise à 250 ml (1 tasse). S'il y a moins de liquide, lui ajouter de l'eau pour obtenir 250 ml (1 tasse). Réserver le jus de cuisson. Désosser le lièvre et jeter les os. Déchiqueter grossièrement la viande avec les doigts.

Faire chauffer l'huile à feu moyen, dans une grosse cocotte en métal. Ajouter la viande déchiquetée. Cuire environ 5 minutes, en brassant souvent, jusqu'à ce que la viande commence à brunir. Racler le fond de la cocotte pour en détacher les parcelles de viande. Ajouter l'oignon et l'ail, et cuire 10 minutes de plus. Ajouter le jus de cuisson, les tomates et leur jus, la pâte de tomate et le sel. Porter à ébullition, puis réduire à feu moyen. Cuire de 30 à 45 minutes, jusqu'à ce que la sauce soit moyennement épaisse, en brassant à l'occasion. Servir la sauce sur les pâtes chaudes et parsemer de parmesan râpé.

Raton laveur à la sauce piquante

Pour accélérer la préparation de ce plat du Sud épicé, faire le roux pendant que les morceaux de raton laveur sont dans l'autocuiseur.

1,8 à 2,3 kg (4 à 5 lb) de morceaux de raton laveur, gras et glandes enlevés

ROUX:
3 c. à soupe d'huile végétale
3 c. à soupe de farine tout usage

MÉLANGE DE LÉGUMES:
240 g (1 1/2 tasse) d'oignons hachés
100 g (2/3 tasse) de poivron vert, haché
30 g (1/4 tasse) de céleri haché
15 g (1/4 tasse) de persil frais en petits morceaux
1 ou 2 gousses d'ail hachées

840 g (28 oz) de tomates entières, coupées, dont on réserve le jus, en conserve
250 ml (1 tasse) d'eau
1 c. à café (1 c. à thé) de sel
1/4 c. à café (1/4 c. à thé) de cayenne
Riz cuit, chaud

6 à 8 portions

Comment préparer le Raton laveur à la sauce piquante

Cuire les morceaux de raton laveur à l'autocuiseur (voir p. 89). Refroidir l'autocuiseur tel qu'indiqué. Retirer le raton laveur de la marmite et laisser refroidir.

Chauffer l'huile dans une grande casserole, à feu moyen. Ajouter la farine en brassant. Cuire, en remuant constamment, environ 15 minutes, jusqu'à l'obtention d'un mélange brun doré.

Ajouter le mélange de légumes lentement, en remuant. En continuant à brasser, ajouter les tomates et le jus, l'eau, le sel et la cayenne. Porter à ébullition. Réduire à feu moyen-doux. Cuire sans couvercle, environ 1 h, jusqu'à ce que la sauce épaississe.

Désosser le raton laveur pendant que la sauce cuit. Réserver la viande et jeter les os. Quand la sauce est assez épaisse, lui ajouter la viande. Cuire environ 5 minutes, jusqu'à ce que la viande soit assez chaude. Servir sur du riz cuit, chaud.

Pâtes à la florentine, ▲ sauce au lapin (-30)

Dans la cuisine du nord de l'Italie, on utilise souvent de la crème au lieu de la tomate, comme ingrédient de base des sauces pour les pâtes. En cuisine, l'expression «à la florentine» signifie généralement «aux épinards». Dans ce plat, l'épinard fait partie des pâtes.

2 c. à soupe de beurre ou de margarine
1 c. à soupe d'ail frais haché
280 g (2 tasses) de lapin de garenne cuit, déchiqueté
500 ml (2 tasses) de crème à 35 %
15 g (1/4 tasse) de persil frais en petits morceaux
1 c. à soupe de feuilles de basilic frais en petits morceaux ou 1/2 c. à café (1/2 c. à thé) de feuilles de basilic séchées
1/4 c. à café (1/4 c. à thé) de poivre blanc
1/8 c. à café (1/8 c. à thé) de muscade moulue
340 à 450 g (12 à 16 oz) de linguines aux épinards
40 g (1/3 tasse) de parmesan râpé

4 à 6 portions

Dans un poêlon, faire fondre le beurre ou la margarine à feu moyen. Ajouter l'ail et cuire jusqu'à ce qu'il soit tendre, mais sans le faire dorer. Ajouter le lapin et cuire en remuant jusqu'à ce que ce soit chaud. Incorporer la crème, le persil, le basilic, le poivre et la muscade. Cuire à feu doux de 10 à 15 minutes, jusqu'à ce que le liquide soit réduit du tiers.

Pendant la cuisson de la sauce au lapin, cuire les pâtes tel qu'indiqué sur l'emballage. Les égoutter, réserver et garder au chaud. Quand la sauce au lapin est réduite, la retirer du feu, puis y ajouter le parmesan. Servir sur les pâtes chaudes.

Salade de lapin

Un lapin, cuit à l'autocuiseur (voir p. 89), donnera assez de viande pour faire cette salade. De la viande bouillie ou des restes de viande feraient aussi l'affaire.

350 à 420 g (2 1/2 à 3 tasses) de lapin de garenne, en cubes
1 oignon moyen, haché finement
4 œufs durs, hachés
110 g (1/2 tasse) de mayonnaise ou de sauce à salade
60 g (1/2 tasse) de céleri haché finement
60 g (1/4 tasse) de cornichons sucrés, hachés
35 g (1/4 tasse) d'amandes en julienne (facultatif)
3 c. à soupe du jus des cornichons
1/2 c. à café (1/2 c. à thé) de sel
1/8 c. à café (1/8 c. à thé) de poivre
Feuilles de laitue

6 à 8 portions

Dans un bol, mettre tous les ingrédients, sauf la laitue et bien mélanger. Couvrir et placer au réfrigérateur pendant au moins 2 h. Servir sur des assiettes ou dans des bols individuels tapissés de feuilles de laitue. Déposer sur la laitue des cuillères de mélange de lapin.

Pâté chaud de lapin

Suivre la recette du Savoureux pâté de gibier à plume chaud (voir p. 122), mais remplacer le dindon par 350 à 420 g (2 1/2 à 3 tasses) de lapin cuit, déchiqueté. Continuer selon les indications de la recette.

Recettes de gibier à plume terrestre

La cuisson du gibier à plume terrestre

Les oiseaux à plume terrestre sont quelque peu différents de leurs cousins domestiques. Ils requièrent donc des techniques de cuisson différentes. D'abord, les oiseaux sauvages sont moins gras. On peut rôtir un dindon sauvage autant qu'un oiseau domestique, mais il faudra l'arroser plus souvent pour que la chair ne s'assèche pas. En outre, les oiseaux sauvages ont plus de saveur. Par conséquent, les meilleures recettes sont celles qui ne masquent pas leur goût naturel.

La cuisson d'un gibier à plume dépend de son poids, de son âge et de la couleur de la viande. Le fait de l'avoir plumé ou d'avoir enlevé la peau est aussi un facteur qui influence la cuisson.

On peut faire griller le dindon, le faisan, la gélinotte et la perdrix à peu près comme les oiseaux domestiques de même poids. Les oiseaux de taille moyenne comme le faisan, la gélinotte et la perdrix peuvent aussi être coupés et grillés, ou encore coupés en morceaux et frits ou braisés. Les oiseaux de petite taille comme la caille, la bécasse et la tourterelle sont souvent cuits en cocotte avec un liquide, car cela leur permet de rester juteux. Tous ces oiseaux sont délicieux fumés (voir p. 149-152).

Au moment de préparer les oiseaux pour la congélation, on doit essayer de déterminer leur âge (voir p. 32), puis identifier les paquets en conséquence. Si l'on ne peut déterminer l'âge d'un oiseau, il est préférable de le cuire à chaleur humide. Dans le cas des petits oiseaux, l'âge a moins d'importance que dans celui des gros.

La viande de la poitrine de la plupart des oiseaux terrestres est plus pâle que celle des pattes ou des cuisses. Mais chez certains, la poitrine est aussi foncée (voir le tableau plus bas). La viande blanche sèche plus rapidement et demande souvent moins de cuisson que la viande brune. En découpant les oiseaux, on peut cuire les diverses couleurs de viande exactement le temps qui leur convient. Et quand on congèle plusieurs oiseaux, il est possible d'emballer les poitrines et les cuisses séparément.

Si les oiseaux sont plumés, on peut les rôtir entiers ou les frire en morceaux. La peau aide la viande à rester juteuse pendant le rôtissage, mais lorsqu'on la frit, elle devient croustillante et savoureuse. Les oiseaux sans peau sont généralement coupés en morceaux et cuits à chaleur humide.

Selon le poids de l'oiseau, un dindon sauvage pourra nourrir de 4 à 8 personnes; un faisan, 2 personnes; calculer 2 gélinottes pour 3 personnes; une perdrix, 2 cailles ou 3 bécasses ou tourterelles par personne.

Couleur de la viande et poids moyen du gibier à plume terrestre, une fois paré

TYPE D'OISEAU	POITRINE	CUISSES/PATTES	POIDS MOYEN, UNE FOIS PARÉ
Dindon sauvage	Blanche	Brune	3,6 à 7,2 kg (8 à 16 lb)
Tétras des armoises	Brune	Très brune	900 g à 2,3 kg (2 à 5 lb)
Faisan de Colchide	Blanche	Brune	680 g à 1 kg (1 1/2 à 2 1/4 lb)
Tétras à queue fine	Brune	Brune	1 kg (1 1/4 lb)
Gélinotte huppée	Très blanche	Moyenne	450 g (1 lb)
Perdrix choukar	Blanche	Brune	450 g (1 lb)
Perdrix de Hongrie	Moyenne	Brune	340 g (3/4 lb)
Colin des montagnes	Blanche	Brune	200 g (7 oz)
Colin écaillé	Blanche	Brune	170 g (6 oz)
Colin de Virginie	Moyenne	Moyenne	170 g (6 oz)
Bécasse	Brune	Moyenne	140 g (5 oz)
Colin de Californie	Blanche	Brune	140 g (5 oz)
Colin de Gambel	Blanche	Brune	140 g (5 oz)
Tourterelle triste	Brune	Brune	115 g (4 oz)

Le rôtissage du gibier à plume terrestre

On peut rôtir les oiseaux avec leur peau dans une casserole sans couvercle à feu doux, soit à 160 °C (325 °F). Des arrosages fréquents aident la viande à rester juteuse et donnent une peau croustillante et dorée. Certains cuisiniers préfèrent les rôtir dans des sacs pour le four. L'arrosage se fait alors tout seul, la peau dore bien et le nettoyage est facile.

Les oiseaux sans peau doivent être cuits différemment. La cuisson à chaleur humide — comme le braisage ou la cuisson à la vapeur — donne de meilleurs résultats que le rôtissage sans couvercle. Si l'on choisit de rôtir un oiseau sans peau, on peut l'enrober de tranches de bacon ou le badigeonner de beurre ramolli et l'arroser souvent. Pour garder les petits oiseaux — comme la colombe, la caille ou la bécasse — juteux, il est possible de les envelopper dans des feuilles de chou ou des feuilles de vigne.

On devrait rôtir seulement les jeunes oiseaux. Les oiseaux plus âgés, qui sont plus durs, gagneraient à être cuits à chaleur humide.

Insérer un thermomètre à viande ordinaire dans la cuisse d'un dindon ou d'un faisan avant de faire griller l'oiseau, ou bien vérifier la température juste avant la fin du rôtissage à l'aide d'un thermomètre à viande à lecture instantanée. Les oiseaux sont cuits quand la température de la cuisse atteint 85 °C (185 °F). Si l'on rôtit de plus petits oiseaux, il faut vérifier la cuisson en bougeant la patte. Quand elle bouge facilement, l'oiseau est cuit. On peut aussi piquer la cuisse; le jus qui en coule doit être transparent. Mais il ne faut pas piquer l'oiseau trop souvent, car il pourrait perdre trop de jus.

Dindon sauvage rôti

Les sacs pour le four sont excellents pour faire rôtir le dindon sauvage, car ils permettent à l'oiseau de rester juteux.

1 c. à soupe de farine tout usage
1 oignon moyen, haché
3 tiges de céleri avec les feuilles, hachées
1 dindon sauvage avec la peau, complètement décongelé
Sel et poivre
1 recette de Farce à l'abricot (voir p. 142) ou autre farce (facultatif)
Beurre ou margarine, fondu
2 c. à soupe de farine tout usage
3 c. à soupe d'eau froide

Temps de cuisson du dindon sauvage

Dindon	Poids sans farce	Temps de cuisson* approximatif
Farci	1,8 à 3,6 kg (4 à 8 lb)	2 h à 2 h 45
	3,6 à 5,5 kg (8 à 12 lb)	2 h 30 à 3 h
	5,5 à 6,8 kg (12 à 15 lb)	3 h à 3 h 30
	6,8 à 9 kg (15 à 20 lb)	3 h 30 à 4 h
	9 à 11,3 kg (20 à 25 lb)	4 h 30 à 5 h
Sans farce	1,8 à 3,6 kg (4 à 8 lb)	1 h 45 à 2 h 15
	3,6 à 5,5 kg (8 à 12 lb)	2 h à 2 h 30
	5,5 à 6,8 kg (12 à 15 lb)	2 h 30 à 3 h
	6,8 à 9 kg (15 à 20 lb)	3 h à 3 h 30
	9 à 11,3 kg (20 à 25 lb)	4 h à 4 h 30

* Rôtir à 180 °C (350 °F) jusqu'à une température interne de 85 °C (185 °F).

Comment rôtir un dindon sauvage dans un sac pour le four

Mettre 1 c. à soupe de farine dans un sac pour le four de 48 x 60 cm (19 x 23 ½ po), puis remuer pour répartir la farine. Déposer le sac dans un plat à rôtir de 33 x 23 cm (13 x 9 po), puis mettre l'oignon et le céleri dans le sac. Chauffer le four à 180 °C (350 °F).

Saler et poivrer l'intérieur de l'oiseau, puis y déposer un peu de farce. Mettre le reste de farce dans un plat beurré, couvrir et placer au réfrigérateur. On peut aussi faire rôtir le dindon sans farce.

Trousser le dindon en attachant les pilons ensemble avec une ficelle de cuisine. Replier les ailerons sous le dos pour empêcher les ailes de sécher pendant la cuisson.

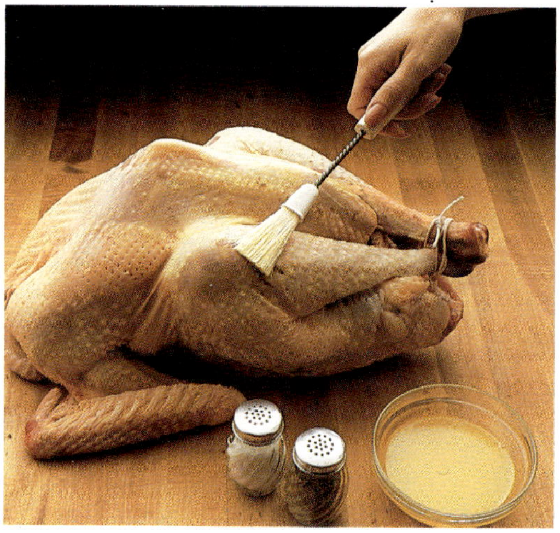

Badigeonner tout le dindon de beurre fondu, puis saler et poivrer. Mettre le dindon dans le sac pour le four avec l'oignon et le céleri, puis fermer le sac avec l'attache de nylon prévue à cet effet.

Insérer le thermomètre à viande dans la cuisse par le haut du sac. Faire six incisions de 1,2 cm (½ po) sur le dessus du sac. Faire rôtir au four selon le tableau de cuisson. Cuire le surplus de farce au four pendant les 30 dernières minutes de cuisson du dindon.

Sortir le dindon du sac et attendre 20 minutes avant de le découper. Pour faire la sauce: mélanger 2 c. à soupe de farine dans l'eau. Dans une casserole, ajouter le jus de cuisson et cuire à feu moyen jusqu'à ce que la sauce soit assez épaisse.

Oiseaux sauvages marinés au barbecue

2 faisans entiers ou 4 perdrix entières, avec la peau
1 recette de Marinade au citron et à l'ail (voir p. 148) ou autre marinade
Sel et poivre noir moulu

4 portions

Couper les oiseaux en deux avec des ciseaux à gibier (voir p. 39). Mettre les demi-faisans ou les demi-perdrix dans un grand sac pour conserver les aliments. Verser la marinade déjà préparée sur les oiseaux, puis fermer le sac hermétiquement. Placer au réfrigérateur au moins 3 h ou pendant toute la nuit, en retournant le sac de temps en temps.

Allumer les briquettes dans le barbecue. Quand les briquettes sont recouvertes de cendre, les répartir uniformément. Placer la grille au-dessus des briquettes chaudes. Retirer les oiseaux de la marinade et réserver la marinade. Disposer les oiseaux sur la grille, côté peau vers le bas. Faire griller de 10 à 15 minutes, jusqu'à ce que les poitrines soient dorées, en les arrosant de marinade après 5 minutes. Retourner les oiseaux et continuer à les faire griller et à les arroser jusqu'à ce que le jus qui coule d'une cuisse quand on la pique soit transparent. Enlever la viande de la grille, puis saler et poivrer.

◄ Faisan rôti et choucroute

Le mélange de choucroute et d'airelles ou de canneberges fait de ce plat un mets inhabituel, mais délicieux. Servir avec un pain de campagne croustillant et un bon vin rouge.

1 faisan entier avec la peau
2 c. à soupe de beurre ramolli
2 tranches de bacon, coupées
470 g (16 oz) de choucroute rincée et égouttée, en conserve
250 ml (1 tasse) de Bouillon de faisan (voir p. 145) ou de bouillon de poulet
60 ml (1/4 tasse) de cognac ou de brandy
250 ml (1 tasse) de Bouillon de faisan (voir p. 145) ou de bouillon de poulet
90 g (1/3 tasse) d'airelles ou de canneberges* rincées, en conserve
3 c. à soupe de beurre ou de margarine

2 ou 3 portions

Chauffer le four à 190 °C (375 °F). Enduire le faisan de beurre ramolli, puis le déposer dans un petit plat à rôtir. Couvrir. Faire rôtir au four jusqu'à ce que le faisan soit tendre et que le jus qui coule d'une cuisse quand on la pique soit transparent, soit de 35 à 45 minutes.

Pendant que le faisan cuit, préparer les ingrédients qui restent. Dans un poêlon moyen, cuire le bacon à feu doux jusqu'à ce qu'il soit légèrement doré. Ajouter la choucroute et 250 ml (1 tasse) de Bouillon de faisan ou de bouillon de poulet. Cuire à feu moyen de 12 à 15 minutes, jusqu'à ce que presque tout le liquide soit évaporé. Retirer du feu, puis réserver en gardant au chaud.

Quand le faisan est prêt, le déposer sur un plat de service chaud. Réserver en gardant au chaud. Mettre le jus de cuisson de la rôtissoire dans un petit bol et réserver. Dans une petite casserole, chauffer légèrement le cognac ou le brandy à feu doux jusqu'à ce qu'il soit assez chaud. Retirer du feu et, avec une longue allumette, enflammer prudemment l'alcool. Quand la flamme s'éteint, ajouter 250 ml (1 tasse) de Bouillon de faisan ou de bouillon de poulet et les airelles ou les canneberges. Cuire à feu élevé de 10 à 15 minutes, jusqu'à ce que le liquide soit réduit de moitié. Dégraisser le jus de cuisson. Ajouter ce jus de cuisson et 3 c. à soupe de beurre ou de margarine au mélange d'airelles ou de canneberges. Cuire environ 2 minutes, en brassant de temps en temps, jusqu'à ce que le beurre fonde. Servir la sauce aux airelles ou aux canneberges avec le faisan et la choucroute.

* *Variante:* S'il est impossible de trouver des airelles ou des canneberges, on peut les remplacer par une sauce aux canneberges entières en conserve.

Oiseaux sauvages marinés, grillés

Suivre la recette des Oiseaux sauvages marinés au barbecue, à gauche, en cuisant à l'aide d'un gril préchauffé plutôt qu'au barbecue. Disposer les oiseaux sur le plateau à grillades, côté peau vers le bas. Placer le plateau à une distance de 10 à 15 cm (4 à 6 po) du feu. Faire griller de 20 à 35 minutes, jusqu'à ce que les oiseaux soient cuits, en les tournant une fois et en les arrosant souvent.

Faisan du dimanche rôti et farci ►

Servir ce plat traditionnel avec des pommes de terre en purée et un légume vert.

1 faisan entier, avec la peau*
1 recette de Farce à l'oignon et au pain (voir p. 143) ou autre farce
2 c. à soupe de beurre ou de margarine, fondu
125 ml (1/2 tasse) de Bouillon de faisan (voir p. 145) ou de bouillon de poulet
3 c. à soupe de farine tout usage
60 ml (1/4 tasse) de lait
250 ml (1 tasse) de Bouillon de faisan (voir p. 145) ou de bouillon de poulet
Sel et poivre

3 ou 4 portions

Chauffer le four à 160 °C (325 °F). Garnir l'intérieur du faisan d'un peu de farce déjà préparée. Placer le reste de farce dans une cocotte beurrée de 1 litre (4 tasses), couvrir et mettre au réfrigérateur. Déposer le faisan, la poitrine vers le haut, dans une petite rôtissoire, puis badigeonner de beurre ou de margarine, fondu. Verser 125 ml (1/2 tasse) de Bouillon de faisan ou de bouillon de poulet dans la rôtissoire. Couvrir et rôtir au four 30 minutes en arrosant une fois. Placer la cocotte contenant le reste de farce au four et cuire le faisan et la farce 20 minutes de plus. Ôter le couvercle de la rôtissoire et augmenter la température à 180 °C (350 °F). Continuer à faire rôtir le faisan et la farce, de 20 à 30 minutes, en arrosant le faisan une fois, jusqu'à ce qu'il soit tendre, que le jus qui coule de l'oiseau quand on le pique soit transparent et que la farce soit complètement chaude.

Déposer le faisan sur un plat de service chaud et garder au chaud. Dans un petit bol, mélanger la farine et le lait. Incorporer 250 ml (1 tasse) de Bouillon de faisan au jus de cuisson de la rôtissoire. Sur le dessus de la cuisinière, chauffer à feu doux, puis ajouter le mélange de farine. Cuire à feu moyen, en brassant constamment, jusqu'à ce que la sauce soit assez épaisse et fasse des bulles. Ajouter du sel et du poivre au goût. Servir la sauce avec le faisan et la farce.

* *Variante:* Si le faisan n'a plus de peau, ne pas l'enduire de beurre fondu. Saupoudrer plutôt le faisan farci de 2 c. à soupe de farine et le recouvrir de 3 tranches de bacon. Continuer tel qu'indiqué.

Gélinotte du dimanche rôtie et farcie

Suivre la recette du faisan ci-dessus en remplaçant le faisan par 2 tétras à queue fine ou 2 gélinottes huppées. Farcir légèrement les gélinottes ou les tétras, puis les enduire de beurre fondu. Placer les oiseaux, la poitrine vers le haut, dans une petite rôtissoire, puis ajouter 125 ml (1/2 tasse) de bouillon. Couvrir. Rôtir les oiseaux et le surplus de farce au four pendant 30 minutes, en arrosant une fois. Ôter le couvercle de la rôtissoire et augmenter la température à 180 °C (350 °F). Continuer à faire rôtir les oiseaux et la farce, de 20 à 30 minutes, en arrosant les oiseaux une fois, jusqu'à ce qu'ils soient tendres, que le jus qui coule des oiseaux quand on les pique soit transparent et que la farce soit complètement chaude. Continuer tel qu'indiqué.

Perdrix du dimanche rôtie et farcie

Suivre la recette du faisan en haut, à gauche, en remplaçant le faisan par 3 perdrix de Hongrie ou par 3 perdrix choukar. Farcir légèrement les perdrix, puis les enduire de beurre fondu. Placer les perdrix, la poitrine vers le haut, dans une petite rôtissoire, puis ajouter 125 ml (1/2 tasse) de bouillon. Couvrir. Rôtir les oiseaux au four pendant 45 minutes, en arrosant une fois. Placer la cocotte contenant le reste de farce au four. Enlever le couvercle de la rôtissoire et augmenter la température à 180 °C (350 °F). Continuer à faire rôtir les perdrix et la farce, de 30 à 45 minutes, en arrosant les perdrix une fois, jusqu'à ce qu'elles soient tendres, que le jus qui coule des oiseaux quand on les pique soit transparent et que la farce soit complètement chaude. Continuer tel qu'indiqué.

Perdrix barbecue ▲

150 g (1/2 tasse) de gelée de piment fort
250 ml (1 tasse) de sauce barbecue que l'on trouve dans le commerce
2 à 4 perdrix, avec leur peau

2 à 4 portions

Dans une petite casserole, cuire la gelée de piment et la sauce barbecue à feu moyen-doux jusqu'à ce que la sauce soit très chaude et que la gelée soit dissoute, en brassant constamment. Retirer du feu, réserver et garder au chaud. Allumer les briquettes du tournebroche. Procéder selon la méthode ci-dessous.

Replier les ailerons derrière le dos des oiseaux. Attacher les pilons avec de la ficelle de cuisine mouillée. Ramener la ficelle le long de la cuisse, puis entre l'aile et le corps. Attacher la ficelle derrière le dos des oiseaux.

Embrocher les oiseaux au centre de la broche et les retenir avec les vis. Si l'on embroche 3 ou 4 oiseaux, les embrocher dans le sens contraire aux premiers, soit en les piquant dans les côtes, et en mettant un oiseau dans un sens et l'oiseau suivant dans l'autre sens.

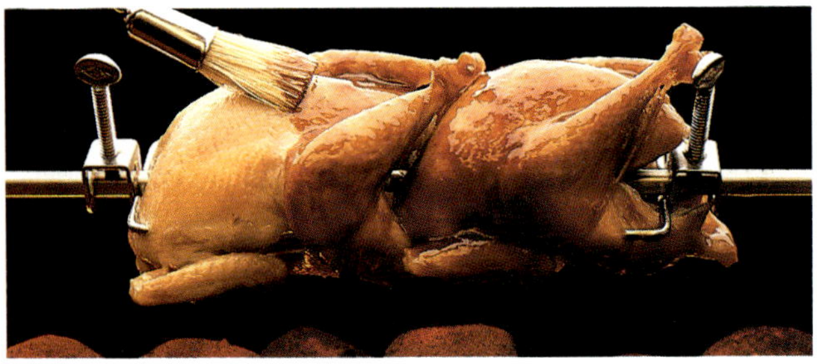

Cuire les oiseaux au tournebroche, au-dessus des charbons de bois déjà préparés, en les badigeonnant du mélange de sauce après 20 minutes, puis toutes les 10 minutes.

Vérifier la cuisson en piquant une cuisse. Si le jus qui en sort est transparent, la viande est cuite. Réchauffer la sauce qui reste, si nécessaire, puis la servir avec les oiseaux.

Gibier à plume terrestre dans un sac pour le four

1 c. à soupe de farine tout usage
125 ml (1/2 tasse) de cidre ou de jus d'orange
1 faisan entier ou 2 gélinottes ou perdrix, avec leur peau*
Sel
3 c. à soupe de beurre ou de margarine, fondu
1/4 à 1/2 c. à café (1/4 à 1/2 c. à thé) de bouquet garni ou d'un assaisonnement aux fines herbes
1/2 pomme

2 ou 3 portions

Chauffer le four à 180 °C (350 °F). Mettre la farine dans un sac pour le four de 25 x 41 cm (10 x 16 po), puis remuer pour répartir la farine. Déposer le sac dans un moule de 25 x 15 cm (10 x 6 po). Verser le cidre ou le jus dans le sac, puis brasser avec une cuillère de plastique ou de bois pour bien mélanger le liquide à la farine. Saler l'intérieur de l'oiseau. Badigeonner l'extérieur de l'oiseau de beurre ou de margarine, fondu, puis saupoudrer de fines herbes. Placer 1/2 pomme à l'intérieur de l'oiseau (si l'on utilise des gélinottes ou des perdrix, couper la demi-pomme en deux et en mettre un morceau à l'intérieur de chaque oiseau). Déposer l'oiseau dans le sac pour le four et fermer le sac avec l'attache de nylon prévue à cet effet. Faire six incisions de 1,2 cm (1/2 po) sur le dessus du sac. Rôtir au four de 1 h à 1 h 15, jusqu'à ce que le jus qui coule de la cuisse quand on la pique soit transparent. Couper le sac à partir du centre jusqu'en bas, puis le replier. Continuer à cuire environ 15 minutes, jusqu'à ce que l'oiseau soit doré. Enlever et jeter les morceaux de pomme. Remuer le jus de cuisson et le verser sur l'oiseau, si désiré.

* *Variante:* Si l'oiseau n'a plus de peau, ne pas l'enduire de beurre fondu, le recouvrir plutôt de tranches de bacon, si désiré. Utiliser 3 tranches pour un faisan et 2 tranches pour chaque gélinotte ou perdrix.

Cailles aux légumes en casserole

1 grosse pomme de terre pelée et coupée en cubes de 2 cm (3/4 po)
1 grosse carotte râpée
305 ml (10 3/4 oz) de bouillon de poulet en conserve ou 430 ml (1 3/4 tasse) de Bouillon de gibier à plume terrestre (voir p. 145)
4 à 6 cailles entières, avec leur peau
3 c. à soupe de farine tout usage
1/4 c. à café (1/4 c. à thé) de sel
1/8 c. à café (1/8 c. à thé) de poivre
60 g (1/4 tasse) de beurre ou de margarine
1/2 c. à café (1/2 c. à thé) de feuilles de thym séchées
1/4 c. à café (1/4 c. à thé) de feuilles de romarin séchées
1/4 c. à café (1/4 c. à thé) de feuilles de marjolaine séchées

2 ou 3 portions

Chauffer le four à 180 °C (350 °F). Dans une casserole moyenne, mélanger pomme de terre, carotte et bouillon. Porter à ébullition, puis réduire le feu. Laisser mijoter 10 minutes. Retirer du feu et réserver.

Fendre les cailles en deux, avec les ciseaux à gibier (voir p. 39). Mettre la farine, le sel et le poivre dans un grand sac de plastique pour conserver les aliments, puis remuer pour bien mélanger. Ajouter les cailles et remuer pour bien les enrober du mélange. Dans un poêlon, faire fondre le beurre ou la margarine à feu moyen. Ajouter les cailles et les faire dorer des deux côtés, à feu moyen-élevé. Disposer les cailles dans une cocotte de 64 cm^2 (10 po^2). Verser le mélange de légumes et de bouillon sur les cailles, puis saupoudrer de thym, de romarin et de marjolaine. Couvrir la cocotte et cuire au four environ 45 minutes, jusqu'à ce que les oiseaux soient tendres.

Savoureuses cailles à l'ananas ▲

8 cailles entières, avec leur peau
600 g (20 oz) d'ananas en tranches, égoutté, dont on réserve le jus, en conserve
2 c. à café (2 c. à thé) de sauce Worcestershire
2 c. à café (2 c. à thé) de moutarde de Dijon
1 c. à café (1 c. à thé) de feuilles de romarin séchées
1 c. à soupe de fécule de maïs
1 petit citron tranché finement
Sel et poivre

4 portions

Chauffer le four à 200 °C (400 °F). Disposer les cailles, la poitrine vers le bas, dans un plat allant au four de 64 cm^2 (10 po^2) ou dans une cocotte de 3 litres (12 tasses), puis réserver. Dans un petit bol, mélanger le jus d'ananas, la sauce Worcestershire, la moutarde, le romarin et la fécule. Verser le mélange de jus d'ananas sur les cailles. Cuire au four, sans couvercle, pendant 20 minutes. Tourner les cailles pour qu'elles aient la poitrine vers le haut et mettre les tranches d'ananas et de citron sur les cailles, puis les arroser de sauce. Cuire au four de 15 à 30 minutes de plus, jusqu'à ce que les cailles soient tendres et que le jus qui coule d'un oiseau quand on le pique soit transparent. Disposer les cailles et les tranches d'ananas sur un plat de service. Filtrer la sauce, si désiré, puis saler et poivrer au goût. Servir la sauce sur les cailles.

Cailles, sauce au porto (-45)

4 à 6 cailles entières, avec leur peau
30 g (1/4 tasse) de farine tout usage
1/2 c. à café (1/2 c. à thé) de sel
2 c. à soupe de beurre ou de margarine
180 ml (3/4 tasse) de bouillon de bœuf
60 ml (1/4 tasse) de porto
2 c. à soupe de raisins
3 clous de girofle entiers
1 c. à soupe de fécule de maïs
3 c. à soupe d'eau froide

2 ou 3 portions

Fendre les cailles en deux, avec des ciseaux à gibier (voir p. 39). Dans un grand sac de plastique pour conserver les aliments, mettre la farine et le sel, puis remuer pour bien mélanger. Ajouter les cailles et remuer pour bien les enrober du mélange. Dans un grand poêlon, faire fondre le beurre ou la margarine, à feu moyen. Ajouter les cailles et les faire dorer des deux côtés, à feu moyen-élevé. Ajouter le bouillon, le porto, les raisins et les clous de girofle. Porter à ébullition, puis réduire le feu et couvrir. Laisser mijoter de 20 à 30 minutes, jusqu'à ce que les cailles soient tendres. À l'aide d'une écumoire, mettre les cailles sur un plat de service chaud. Réserver et garder au chaud. Enlever les clous de girofle du poêlon et les jeter.

Dans un petit bol, mélanger la fécule et l'eau, puis incorporer ce mélange au jus de cuisson du poêlon. Porter à ébullition, en remuant constamment. Cuire, en continuant à brasser, jusqu'à ce que la sauce soit assez épaisse et translucide. Servir sur les cailles.

Colombes, sauce au porto

Suivre la recette précédente en remplaçant les cailles par 8 à 12 colombes. Réduire le temps de cuisson de 10 à 20 minutes.

Cailles grillées dans des feuilles de chou

Cette méthode de cuisson aide l'oiseau à rester juteux. On peut facilement faire cette recette en plus grande quantité pour une réception à l'extérieur.

115 g (1/2 tasse) de beurre ou de margarine
2 c. à soupe de persil frais en petits morceaux
1/4 c. à café (1/4 c. à thé) de feuilles de thym séchées
1/4 c. à café (1/4 c. à thé) de feuilles de marjolaine séchées
6 cailles entières, avec leur peau
6 grandes feuilles* de chou
Sel

3 portions

* Truc: Pour dégager les feuilles du chou, enlever le cœur. Mettre le chou dans un bol, puis le couvrir d'eau froide. Le laisser reposer environ 10 minutes, puis enlever les feuilles.

On peut aussi faire une opération semblable au four à micro-ondes. Ôter le cœur du chou, l'envelopper d'une pellicule plastique pour le four à micro-ondes et placer le chou dans une assiette. Chauffer au four à micro-ondes à pleine puissance de 4 à 5 minutes ou jusqu'à ce que les feuilles extérieures soient flexibles.

Comment préparer les Cailles grillées dans des feuilles de chou

Faire fondre le beurre ou la margarine dans une petite casserole. Ajouter le persil, le thym et la marjolaine, en remuant. Allumer les briquettes du barbecue.

Badigeonner l'extérieur des oiseaux du mélange de beurre aux herbes. Faire tremper six bouts de 61 cm (24 po) de ficelle de cuisine dans l'eau.

Envelopper chaque oiseau dans une feuille de chou, en repliant les bouts de la feuille, s'il s'agit d'une grande feuille. Attacher avec la ficelle mouillée.

Faire griller les cailles au chou pendant 15 minutes au-dessus des briquettes chaudes, en les retournant souvent. Retirer les oiseaux de la grille. Enlever les feuilles de chou avec précaution et les jeter.

Badigeonner de nouveau les cailles du mélange de beurre aux herbes. Faire griller les cailles jusqu'à ce qu'elles soient dorées et cuites, soit de 3 à 5 minutes, en les retournant une fois. Saler légèrement avant de servir.

Colombes dans une farce de pain ▲ de maïs

Dans cette traditionnelle recette du Sud, l'humidité de la farce de pain de maïs empêche les colombes de s'assécher.

FARCE:
60 g ($^{1}/_{2}$ tasse) de céleri haché
40 g ($^{1}/_{4}$ tasse) d'oignons verts, hachés
2 c. à soupe de persil frais en petits morceaux
60 g ($^{1}/_{4}$ tasse) de beurre ou de margarine
420 g (3 tasses) de mélange de farce de pain de maïs
250 ml (1 tasse) de Bouillon de gibier à plume terrestre (voir p. 145) ou de bouillon de poulet
$^{1}/_{2}$ c. à café ($^{1}/_{2}$ c. à thé) de feuilles de marjolaine séchées
$^{1}/_{2}$ c. à café ($^{1}/_{2}$ c. à thé) de sel
$^{1}/_{8}$ c. à café ($^{1}/_{8}$ c. à thé) de poivre

8 poitrines de colombe

4 portions

Chauffer le four à 180 °C (350 °F). Beurrer légèrement une cocotte de 2 litres (8 tasses), puis réserver. Dans un poêlon, cuire en remuant, à feu moyen, le céleri, les oignons et le persil dans le beurre ou la margarine jusqu'à ce que ce soit tendre. Ajouter le reste des ingrédients de la farce. Mélanger jusqu'à ce que ce soit humide. Mettre la moitié du mélange de farce dans la cocotte beurrée. Disposer les poitrines de colombe sur la farce, puis les recouvrir complètement du reste de farce. Cuire au four, sans couvercle, environ 1 h, jusqu'à ce que les colombes soient cuites et tendres.

Cailles dans une farce de pain de maïs

Suivre la recette précédente en remplaçant les colombes par 6 cailles coupées en deux. Continuer tel qu'indiqué.

Perdrix à la hongroise

Des nouilles spätzles ou kluski *au beurre, du pain de seigle et des haricots verts complètent bien ce plat.*

8 tranches de bacon, coupées
90 g ($^{3}/_{4}$ tasse) de farine tout usage
1 c. à soupe de paprika
3 ou 4 perdrix de Hongrie
60 ml ($^{1}/_{4}$ tasse) de Bouillon de perdrix (voir p. 145) ou de bouillon de poulet
3 c. à soupe de vinaigre de cidre
1 petit chou vert, pommé, d'environ 680 g (1 $^{1}/_{2}$ lb), haché très grossièrement
1 oignon moyen, grossièrement haché
1 pomme évidée et coupée en cubes de 1,2 cm ($^{1}/_{2}$ po)
$^{1}/_{2}$ c. à café ($^{1}/_{2}$ c. à thé) de graines de carvi
$^{1}/_{2}$ c. à café ($^{1}/_{2}$ c. à thé) de sel
$^{1}/_{8}$ c. à café ($^{1}/_{8}$ c. à thé) de poivre

4 à 6 portions

Dans une grosse cocotte en métal, cuire le bacon à feu moyen jusqu'à ce qu'il soit croustillant, en remuant souvent. Retirer du feu. À l'aide d'une écumoire, enlever le bacon et réserver. Conserver 3 c. à soupe de gras de bacon dans la cocotte.

Dans un grand sac de plastique pour conserver les aliments, mettre la farine et le paprika. Y déposer une perdrix et remuer pour l'enrober du mélange. Répéter l'opération pour les autres perdrix, puis mettre les oiseaux dans la graisse de bacon de la cocotte. À feu moyen, les faire dorer de tous les côtés. Ajouter le bacon et les ingrédients qui restent à la cocotte. Réduire le feu et couvrir. Laisser mijoter environ 1 h, jusqu'à ce que le jus qui coule d'une cuisse quand on la pique soit transparent, en remuant les oiseaux et les légumes une ou deux fois.

Ragoût de perdrix et dumplings à la sauge ►

RAGOÛT:
3 perdrix entières ou en morceaux
1,5 litre (6 tasses) d'eau
2 feuilles de laurier
1 c. à café (1 c. à thé) de feuilles de thym séchées
1 c. à café (1 c. à thé) de feuilles de romarin séchées
1 c. à café (1 c. à thé) de feuilles de sarriette séchées (facultatif)
2 c. à café (2 c. à thé) de sel
1/8 c. à café (1/8 c. à thé) de poivre noir fraîchement moulu
4 carottes, en morceaux de 2,5 cm (1 po)
3 tiges de céleri, en morceaux de 2,5 cm (1 po)
2 oignons moyens, en morceaux

DUMPLINGS:
180 g (1 1/2 tasse) de farine tout usage
2 c. à café (2 c. à thé) de levure chimique
1/2 c. à café (1/2 c. à thé) de sel
1/2 à 3/4 c. à café (1/2 à 3/4 c. à thé) de sauge émiettée
160 ml (2/3 tasse) de lait
3 c. à soupe de beurre ou de margarine, fondu

4 à 6 portions

RAGOÛT:
Dans une grosse cocotte en métal, mettre les perdrix, l'eau, le laurier, le thym, le romarin et la sarriette. Porter à ébullition, réduire le feu et couvrir. Laisser mijoter pendant 1 h 30. Ajouter le sel, le poivre, les carottes, le céleri et les oignons. Cuire environ 45 minutes, jusqu'à ce que les perdrix et les légumes soient tendres. Retirer du feu. Enlever les perdrix et le laurier du bouillon et des légumes, puis jeter le laurier. Laisser refroidir légèrement les perdrix.

Dégraisser le bouillon. Désosser les perdrix, puis enlever toute la peau. Déchiqueter la viande, puis la remettre dans le bouillon. Jeter les os et la peau.

DUMPLINGS:
Dans un bol, mettre la farine, la levure chimique, le sel et la sauge, puis mélanger à l'aide d'une fourchette. Ajouter le lait et le beurre ou la margarine, fondu, puis brasser jusqu'à ce que la farine soit humide. Réserver.

Chauffer la viande, les légumes et le bouillon jusqu'à ce que le bouillon commence à bouillir. Laisser tomber de grosses cuillerées à soupe du mélange de pâte dans le bouillon. Cuire 5 minutes à feu moyen-élevé. Couvrir et cuire encore environ 10 minutes, jusqu'à ce que les dumplings soient fermes.

Bécasses au chablis (-30)

Servir sur des pointes de toasts ou sur du riz lors d'un brunch, comme repas léger ou lors d'un copieux petit-déjeuner d'après-chasse.

6 à 8 poitrines et cuisses de bécasse, sans la peau
3 c. à soupe de beurre ou de margarine
1 oignon moyen, haché finement
70 g (1 tasse) de champignons frais, en tranches
250 ml (1 tasse) de Bouillon de gibier à plume terrestre (voir p. 145) ou de bouillon de poulet
125 ml (1/2 tasse) de chablis ou de vin blanc sec
3 c. à soupe de farine tout usage
1/2 c. à café (1/2 c. à thé) de sel
Pincée de poivre

2 à 4 portions

Désosser les poitrines de bécasse. Parer et jeter tout gras des poitrines et des cuisses. Jeter le gras et les os. Dans un poêlon, faire fondre le beurre ou la margarine à feu moyen. Ajouter les cuisses et les poitrines de bécasse désossées. Cuire jusqu'à ce que la viande ait tout juste perdu sa couleur. À l'aide d'une écumoire, retirer la viande du poêlon, puis réserver.

Cuire l'oignon dans le poêlon, environ 4 minutes, à feu moyen, en remuant. Ajouter les champignons. Cuire en brassant, de 2 à 3 minutes, jusqu'à ce que les légumes soient tendres. Remettre la viande dans le poêlon. Dans un bol, mélanger les ingrédients qui restent. Verser ce mélange sur la viande et les légumes. Chauffer jusqu'à ce que la sauce fasse des bulles, en remuant constamment. Réduire le feu et couvrir. Laisser mijoter environ 10 minutes, jusqu'à ce que la viande soit tendre, en brassant une fois.

Faisan à la basquaise ▲

Le Pays basque, dans le Sud de la France, touche l'Espagne. La cuisine basque possède donc des influences françaises et espagnoles. Servir ce plat avec des pâtes ou du riz brun et une salade d'épinards.

2 faisans, en morceaux
75 g (1/3 tasse) de cassonade bien tassée
180 ml (3/4 tasse) de vin blanc
125 ml (1/2 tasse) d'huile d'olive
125 ml (1/2 tasse) de vinaigre
170 g (1 tasse) de pruneaux moyens, dénoyautés
135 g (1 tasse) d'olives vertes espagnoles, dénoyautées
60 g (1/4 tasse) de câpres avec leur jus
3 gousses d'ail hachées
2 feuilles de laurier
2 c. à soupe de persil frais en petits morceaux
2 c. à soupe de feuilles de basilic séchées

4 à 6 portions

Dans un plat allant au four de 33 x 23 cm (13 x 9 po), disposer les morceaux de faisan en formant une seule couche. Dans un bol moyen, mélanger la cassonade, le vin, l'huile et le vinaigre. Ajouter les ingrédients qui restent et bien mêler. Verser ce mélange sur les morceaux de faisan et couvrir le plat de pellicule plastique. Placer au réfrigérateur au moins 6 h ou toute la nuit, en retournant les morceaux de faisan deux fois.

Chauffer le four à 180 °C (350 °F). Enlever la pellicule plastique du plat. Cuire au four environ 1 h, jusqu'à ce que le faisan soit tendre, en retournant les morceaux une fois. À l'aide d'une écumoire, mettre le faisan, les olives et les pruneaux dans un plat de service, si désiré.

Faisan, sauce crémeuse aux champignons

305 ml (10 3/4 oz) de crème de champignons en conserve
120 g (1/2 tasse) de crème sure
60 ml (1/4 tasse) de lait
2 c. à soupe de xérès (facultatif)
60 g (1/2 tasse) de farine tout usage
1 c. à café (1 c. à thé) de sel
1/4 c. à café (1/4 c. à thé) de poivre
2 faisans, en morceaux
60 ml (1/4 tasse) d'huile végétale
225 g (8 oz) de champignons frais, entiers
1 oignon moyen, coupé en huit
1/4 c. à café (1/4 c. à thé) de feuilles de thym séchées (facultatif)

4 à 6 portions

Chauffer le four à 150 °C (300 °F). Dans un petit bol, mélanger la soupe, la crème sure, le lait et le xérès, si désiré, puis réserver. Dans un grand sac pour conserver les aliments, mettre la farine, le sel et le poivre, puis remuer pour bien mélanger. Ajouter les morceaux de faisan et remuer pour bien les enrober. Dans une grosse cocotte en métal, chauffer l'huile à feu moyen-élevé. Ajouter les morceaux de faisan et les faire dorer de tous les côtés. Si nécessaire, faire dorer les morceaux en deux fois. Remettre tous les morceaux de faisan dans la cocotte. Ajouter les champignons, l'oignon, le thym et le mélange de soupe. Couvrir et cuire au four de 1 h 30 à 2 h, jusqu'à ce que le faisan soit tendre.

Variante: Suivre la recette ci-dessus, en omettant la soupe, la crème sure, le lait et le xérès. Réserver 3 c. à soupe de farine assaisonnée après en avoir enrobé le faisan. Enlever les morceaux de faisan de la cocotte, une fois qu'ils sont dorés. Retirer la cocotte du feu. Ajouter le mélange de farine assaisonnée en remuant, puis verser 500 ml (2 tasses) de crème légère à 15 %. Chauffer à feu moyen-doux, en brassant constamment, jusqu'à ce que le mélange fasse des bulles. Remettre les morceaux de faisan dans la cocotte. Ajouter les champignons, l'oignon et le thym. Couvrir et cuire au four tel qu'indiqué ci-dessus.

Faisan aux pommes

3 c. à soupe de beurre ou de margarine
2 faisans, en morceaux
2 pommes vertes, évidées et coupées en tranches de 1,2 cm (1/2 po)
120 g (1 tasse) de céleri haché à 1,2 cm (1/2 po) d'épaisseur
1 oignon moyen, haché finement
1 échalote moyenne, hachée finement
180 ml (3/4 tasse) de vin blanc sec
375 ml (1 1/2 tasse) de Bouillon de faisan (voir p. 145) ou de bouillon de poulet
2 c. à soupe de fécule de maïs
2 c. à soupe d'eau froide
125 ml (1/2 tasse) de crème à 35 %
1 c. à soupe de persil frais en petits morceaux
1/8 c. à café (1/8 c. à thé) de sel
1/8 c. à café (1/8 c. à thé) de poivre
2 pommes rouges moyennes
Sucre
3 c. à soupe de beurre ou de margarine

4 à 6 portions

Chauffer le four à 180 °C (350 °F). Dans une grosse cocotte en métal, faire fondre 3 c. à soupe de beurre ou de margarine à feu moyen. Ajouter les morceaux de faisan et les faire dorer de tous les côtés. À l'aide d'une écumoire, retirer les morceaux de faisan et les réserver.

Ajouter les pommes vertes, le céleri, l'oignon et l'échalote. Cuire à feu moyen-doux jusqu'à ce que ce soit tendre. Ajouter le vin et le bouillon. Cuire à feu moyen 5 minutes. Ajouter les morceaux de faisan, puis retirer du feu. Couvrir et cuire au four environ 40 minutes, jusqu'à ce que ce soit tendre. Avec des pinces, mettre les morceaux de faisan sur un plat chaud. Réserver et garder au chaud.

Dans un petit bol, filtrer le liquide de la cocotte à l'aide d'une passoire, puis remettre ce liquide dans la cocotte. Jeter les légumes et les pommes qui sont dans la passoire. Dans un autre petit bol, mélanger la fécule et l'eau, puis incorporer au liquide de la cocotte. Cuire à feu moyen, en brassant constamment, jusqu'à ce que la sauce soit assez épaisse et qu'elle fasse des bulles. Réduire à feu doux. Incorporer la crème, le persil, le sel et le poivre, puis cuire jusqu'à ce que ce soit très chaud. Réserver et garder au chaud.

Évider les pommes rouges et les couper en tranches de 1,2 cm (1/2 po). Sur une feuille de papier ciré, saupoudrer légèrement les pommes de sucre. Dans un poêlon, faire fondre 3 c. à soupe de beurre ou de margarine à feu moyen-doux. Ajouter les tranches de pomme et les faire dorer des deux côtés. Servir les pommes avec le faisan et garnir de sauce.

Faisan au madère ▲

1 faisan, en morceaux
Sel
115 g (1/4 lb) de champignons frais
1 c. à soupe d'oignon haché ou 1 c. à café (1 c. à thé) d'oignon déshydraté
250 ml (1 tasse) de Bouillon de faisan (voir p. 145) ou de bouillon de poulet
250 ml (1 tasse) de madère
1 c. à café (1 c. à thé) de jus de citron
1 c. à soupe de fécule de maïs
2 c. à soupe d'eau froide

2 ou 3 portions

Chauffer le four à 160 °C (325 °F). Saupoudrer les morceaux de faisan d'un peu de sel, puis les mettre dans une grosse cocotte en métal. Ajouter les champignons, l'oignon, le bouillon, le madère et le jus de citron. Couvrir et cuire au four de 1 h 30 à 2 h 30, jusqu'à ce que le faisan soit tendre. À l'aide d'une écumoire, mettre le faisan et les champignons dans un plat de service chaud. Réserver et garder au chaud.

Dans un petit bol, mélanger la fécule et l'eau, puis ajouter à la cocotte, en remuant. Porter à ébullition, en remuant constamment. Cuire en continuant à brasser, jusqu'à ce que la sauce soit épaisse et translucide. Servir sur le faisan.

Faisan au madère mijoté

Suivre la recette précédente, mais réduire le madère à 125 ml (1/2 tasse). Mettre les ingrédients dans une mijoteuse, plutôt que dans une cocotte. Couvrir et cuire de 7 h à 8 h à basse température, jusqu'à ce que ce soit tendre. Pour faire la sauce, régler la mijoteuse à haute température et porter le liquide à ébullition. Continuer tel qu'indiqué dans la recette précédente.

Oiseaux à l'étouffée

Grâce à cette méthode simple, la saveur naturelle des oiseaux est mise en évidence. On peut remplacer les cailles par 8 à 10 colombes entières, 3 perdrix coupées en deux, 2 gélinottes en morceaux ou 1 faisan en morceaux. Ajuster alors le temps de cuisson tel qu'indiqué.

6 cailles coupées en deux (voir p. 39)
60 g (1/2 tasse) de farine tout usage
1/2 c. à café (1/2 c. à thé) de sel
1/8 c. à café (1/8 c. à thé) de poivre
60 g (1/4 tasse) de beurre ou de margarine
300 ml (1 1/4 tasse) de Bouillon de gibier à plume terrestre (voir p. 145) ou de bouillon de poulet, à utiliser séparément

2 ou 3 portions

Assécher les demi-cailles. Dans un grand sac de plastique pour conserver les aliments, mettre la farine, le sel et le poivre. Remuer pour bien mélanger. Ajouter les demi-cailles et remuer pour les enrober. Retirer les morceaux de caille du sac et réserver. Garder 2 c. à soupe du mélange de farine, puis jeter le reste du mélange.

Dans un poêlon, faire fondre le beurre ou la margarine à feu moyen. Ajouter les cailles et les faire dorer des deux côtés. Ajouter 180 ml (3/4 tasse) de bouillon au poêlon. Réduire le feu et couvrir. Si l'on utilise des cailles ou des colombes, laisser mijoter de 35 à 45 minutes, jusqu'à ce que les oiseaux soient tendres. Calculer de 40 à 50 minutes pour la perdrix ou la gélinotte et de 50 à 60 minutes pour le faisan. Mettre les demi-cailles sur un plat de service chaud. Réserver et garder au chaud. Dans une tasse à mesurer ou dans un petit bol, mélanger les 2 c. à soupe de farine réservées dans les 125 ml (1/2 tasse) de bouillon qui restent. Incorporer au jus de cuisson du poêlon. Cuire à feu moyen, en remuant sans arrêt, jusqu'à ce que la sauce soit assez épaisse et fasse des bulles. Servir la sauce sur les oiseaux.

Oiseaux à la diable

Suivre la recette précédente en ajoutant 3/4 c. à café (3/4 c. à thé) de moutarde sèche, 3/4 c. à café (3/4 c. à thé) de paprika et 1/8 c. à café (1/8 c. à thé) de cayenne à 180 ml (3/4 tasse) de bouillon. Continuer tel qu'indiqué.

Faisan à l'étouffée

Suivre la recette des Oiseaux à l'étouffée, en haut de cette colonne, mais utiliser 1 faisan, en morceaux. Augmenter la quantité de bouillon à 500 ml (2 tasses). Réserver 3 c. à soupe du mélange de farine. Chauffer le four à 160 °C (325 °F). Après avoir fait dorer les morceaux de faisan, les mettre dans une cocotte de 3 litres (12 tasses). Parsemer le faisan de minces tranches d'un oignon, si désiré. Dans un poêlon, mélanger la farine réservée au jus de cuisson, puis incorporer le bouillon. Cuire à feu moyen, en brassant constamment, jusqu'à ce que la sauce soit assez épaisse et qu'elle fasse des bulles. Verser la sauce sur les morceaux de faisan et sur l'oignon. Couvrir la cocotte. Cuire au four de 1 h à 2 h, jusqu'à ce que le faisan soit tendre.

Faisan au paprika

On peut préparer ce plat avec n'importe quel morceau de faisan que l'on a sous la main — des cuisses, des poitrines ou un faisan entier, en morceaux.

8 tranches de bacon, coupées
40 g (1/4 tasse) d'oignon haché
300 g (1 1/2 tasse) de flocons de pommes de terre en purée, instantanés
1 1/2 c. à café (1 1/2 c. à thé) de paprika
1 1/2 c. à café (1 1/2 c. à thé) de sel
900 g à 1,3 kg (2 à 3 lb) de morceaux de faisan
60 à 125 ml (1/4 à 1/2 tasse) de Bouillon de faisan (voir p. 145) ou de bouillon de poulet
2 c. à soupe de beurre ou de margarine
2 c. à soupe de farine tout usage
250 ml (1 tasse) de Bouillon de faisan (voir p. 145) ou de bouillon de poulet
160 ml (2/3 tasse) de lait
1 c. à soupe de paprika
240 à 360 g (1 à 1 1/2 tasse) de crème sure
Nouilles aux œufs chaudes

4 à 6 portions

Dans un poêlon, cuire le bacon à feu moyen, jusqu'à ce qu'il commence à dorer. Ajouter l'oignon. Cuire en remuant jusqu'à ce que l'oignon soit tendre. Retirer du feu. À l'aide d'une écumoire, enlever le bacon et l'oignon du poêlon. Réserver le bacon et l'oignon et conserver le jus de cuisson.

Dans un grand sac de plastique pour conserver les aliments, mettre les flocons de pommes de terre, 1 1/2 c. à café (1 1/2 c. à thé) de paprika et le sel, puis remuer pour bien mélanger. Mettre quelques morceaux de faisan à la fois dans le sac, puis remuer pour répartir la farine. À feu moyen-élevé, faire dorer les morceaux de faisan dans le jus de cuisson réservé. Ajouter 60 ml (1/4 tasse) de bouillon au poêlon. Réduire le feu et couvrir. Laisser mijoter de 25 à 40 minutes en rajoutant 60 ml (1/4 tasse) de bouillon pendant la cuisson, si nécessaire.

Pour préparer la sauce: Dans une casserole de 1 litre (4 tasses), faire fondre le beurre ou la margarine à feu moyen. Ajouter la farine en remuant, puis mélanger 250 ml (1 tasse) de bouillon. Cuire, en remuant constamment, jusqu'à ce que la sauce soit assez épaisse et fasse des bulles. En continuant à remuer, ajouter le lait, 1 c. à soupe de paprika ainsi que le bacon et l'oignon réservés. Cuire en remuant jusqu'à ce que ce soit très chaud. Verser la sauce dans le poêlon, sur le faisan cuit. Couvrir et laisser mijoter de 10 à 15 minutes. Retirer du feu et dégraisser. À l'aide d'une écumoire, mettre le faisan dans un plat de service et garder au chaud. Incorporer la crème sure au mélange du poêlon, en brassant. Cuire à feu doux jusqu'à ce que ce soit chaud, mais ne pas faire bouillir. Verser la sauce sur le faisan. Servir avec des nouilles aux œufs chaudes.

Poitrines de gélinottes farcies

Dans cette recette, on peut utiliser de la gélinotte huppée, du tétras à queue fine ou du jeune tétras des armoises. On peut facilement augmenter le nombre de portions. Pour chaque poitrine, calculer 2 tranches de bacon et 140 g (1 tasse) de farce; chaque poitrine constitue une portion pour une personne.

1 recette de Farce à l'oignon et au pain (voir p. 143)
3 c. à soupe de Bouillon de gélinotte (voir p. 145) ou de bouillon de poulet
8 demi-poitrines désossées de 4 gélinottes
8 tranches de bacon
1 recette de Sauce veloutée facile à préparer ou de Sauce aux champignons séchés (voir p. 147) (facultatif)

4 portions

Comment préparer les poitrines de gélinotte farcies

Préparer la Farce à l'oignon et au pain tel qu'indiqué, en ajoutant 3 c. à soupe de bouillon. Chauffer le four à 180 °C (350 °F).

Garnir chaque demi-poitrine du quart de la farce, puis recouvrir des demi-poitrines qui restent.

Entourer chaque poitrine farcie de 2 tranches de bacon, puis fixer le bacon avec des cure-dents.

Disposer les poitrines dans un plat allant au four de 51 cm^2 (8 po^2). Couvrir le plat de papier d'aluminium. Cuire pendant 45 minutes.

Enlever le papier d'aluminium et cuire encore 15 minutes. Mettre sur une assiette de service ou dans des assiettes individuelles. Si désiré, verser de la Sauce veloutée facile à préparer ou de la Sauce aux champignons séchés sur chaque portion.

Tétras à queue fine sur toasts aux champignons (-45) ►

Voici un plat élégant pour une petite réception. On peut aussi préparer cette recette avec des filets de gibier.

60 ml (1/4 tasse) de vin rouge sec
60 ml (1/4 tasse) de Bouillon de gélinotte (voir p. 145) ou de bouillon de poulet
1 1/2 c. à café (1 1/2 c. à thé) de farine tout usage
1/4 c. à café (1/4 c. à thé) de moutarde sèche
1/4 c. à café (1/4 c. à thé) de sel
4 c. à soupe de beurre ou de margarine, à utiliser séparément
4 tranches de pain de campagne de 2 cm (3/4 po) d'épaisseur et de 13 à 15 cm (5 à 6 po) de longueur, à utiliser séparément
1 c. à soupe d'échalote hachée
1 c. à soupe de beurre ou de margarine
225 g (8 oz) de champignons hachés très finement
Sel et poivre noir fraîchement moulu
1 c. à soupe de beurre ou de margarine
1 c. à soupe d'huile végétale
4 demi-poitrines désossées de 2 tétras à queue fine
2 c. à café (2 c. à thé) de persil frais en petits morceaux (facultatif)

4 portions

Dans un petit bol, mélanger le vin, le bouillon, la farine, la moutarde sèche et 1/4 c. à café (1/4 c. à thé) de sel, puis réserver. Dans un poêlon moyen, faire fondre 2 c. à soupe de beurre ou de margarine. Ajouter 2 tranches de pain, puis les retourner rapidement pour enduire les deux côtés de beurre ou de margarine, fondu. Cuire à feu moyen, jusqu'à ce qu'elles soient bien dorées des deux côtés. Répéter l'opération pour les 2 tranches de pain et les 2 c. à soupe de beurre ou de margarine qui restent. Réserver et garder au chaud.

Dans un poêlon, à feu moyen, cuire en remuant l'échalote dans 1 c. à soupe de beurre ou de margarine, jusqu'à ce qu'elle soit tendre. Ajouter les champignons hachés. Cuire à feu moyen, environ 10 minutes, en brassant souvent, jusqu'à ce que le liquide soit évaporé. Retirer du feu. Saler et poivrer au goût. Réserver et garder au chaud.

Dans un autre poêlon, faire fondre la cuillère à soupe de beurre ou de margarine qui reste dans l'huile, à feu moyen-doux. Ajouter les demi-poitrines. Cuire environ 10 minutes, à feu moyen, jusqu'à ce qu'elles soient bien dorées des deux côtés, mais encore juteuses à l'intérieur. Retirer du poêlon. Réserver et garder au chaud. Brasser le mélange de vin réservé, puis l'incorporer au jus de cuisson du poêlon. Cuire en remuant à feu moyen jusqu'à ce que la sauce soit assez épaisse et qu'elle fasse des bulles. Retirer du feu et ajouter le persil en remuant, si désiré.

Sur chaque tranche de pain, étendre le quart du mélange de champignons réservé. Trancher rapidement chaque demi-poitrine en minces tranches diagonales, puis les disposer sur les toasts aux champignons. Verser en filet environ 2 c. à soupe de sauce au vin sur chaque portion.

Poitrines de perdrix sautées aux figues (-45)

On peut aussi faire cette recette avec de la gélinotte huppée. Servir avec des pommes de terre nouvelles au beurre et des asperges fraîches.

6 figues séchées, hachées
250 ml (1 tasse) de Bouillon de perdrix (voir p. 145) ou de bouillon de poulet
1 c. à soupe de beurre ou de margarine
4 demi-poitrines désossées de perdrix choukar ou de perdrix de Hongrie
1 c. à soupe de vinaigre balsamique*
1/4 c. à café (1/4 c. à thé) de feuilles de thym séchées
60 g (1/4 tasse) de beurre, coupé en quatre
Sel et poivre noir fraîchement moulu

2 portions

Dans une petite casserole, porter les figues et le bouillon à ébullition. Réduire le feu et laisser mijoter environ 15 minutes, jusqu'à ce que le bouillon épaississe et brunisse un peu. Retirer du feu et réserver.

Dans un poêlon, faire fondre 1 c. à soupe de beurre ou de margarine à feu moyen-doux. Ajouter les demi-poitrines. Cuire de 6 à 10 minutes, à feu moyen, jusqu'à ce qu'elles soient bien dorées des deux côtés, mais encore juteuses à l'intérieur. Retirer du poêlon. Réserver et garder au chaud.

Essuyer le poêlon avec des essuie-tout, puis y verser le vinaigre balsamique et le faire tournoyer dans le poêlon. Ajouter le mélange de figues réservé. Cuire à feu élevé jusqu'à ce que le mélange ait la consistance de la crème épaisse. Ajouter le thym en remuant puis retirer le poêlon du feu. Incorporer le beurre, 1 c. à soupe à la fois, en brassant bien entre chaque cuillère. Saler et poivrer au goût. Trancher les poitrines réservées, puis verser la sauce sur les poitrines.

* Le vinaigre balsamique, qui est vieilli en Italie, possède une saveur prononcée. On peut le trouver dans les boutiques de produits italiens ou au rayon des produits italiens des supermarchés.

Gibier à plume terrestre sauté ▲

120 g (1 tasse) de préparation pour beignets au babeurre
½ c. à café (½ c. à thé) de poivre
340 à 450 g (¾ à 1 lb) de faisan ou d'autre gibier terrestre cru, en dés
2 œufs légèrement battus
1 c. à soupe d'huile d'arachide
3 carottes moyennes, coupées en diagonale, en morceaux de 1,2 cm (½ po)
1 poivron vert, en lamelles
1 petit oignon tranché finement et séparé en rondelles
2 c. à soupe d'eau
3 c. à soupe d'huile d'arachide
180 ml (¾ tasse) de bouillon de poulet
2 c. à soupe de sauce teriyaki
Riz cuit, chaud

4 à 6 portions

Dans un grand sac de plastique pour conserver les aliments, mettre la préparation au babeurre et le poivre. Remuer pour bien mélanger, puis réserver. Dans un grand bol, mettre la viande et les œufs, puis remuer pour enduire la viande d'œuf battu. À l'aide d'une écumoire, retirer la viande du bol et la mettre dans le sac de plastique. Remuer pour bien enrober la viande du mélange. Retirer la viande du sac et réserver. Jeter le surplus de mélange au babeurre et les œufs.

Dans un wok ou un grand poêlon, à feu moyen-élevé, chauffer 1 c. à soupe d'huile d'arachide jusqu'à ce qu'elle soit très chaude. Ajouter les carottes, cuire et remuer pendant environ 2 minutes. Ajouter le poivron et l'oignon. Cuire en brassant une minute de plus. Ajouter l'eau et couvrir. Cuire à la vapeur, de 3 à 4 minutes, jusqu'à ce que les légumes soient tendres, mais encore croustillants. Retirer les légumes du wok ou du poêlon et garder au chaud.

Ajouter 3 c. à soupe d'huile au wok ou au poêlon. Chauffer à feu moyen-élevé jusqu'à ce que l'huile soit très chaude. Ajouter la viande et cuire en brassant jusqu'à ce qu'elle soit bien dorée et qu'elle ait perdu sa couleur rosée au centre. Mélanger le bouillon de poulet et la sauce teriyaki, puis verser sur la viande. Remettre les légumes dans le wok ou le poêlon. Cuire en brassant jusqu'à ce que ce soit chaud. Servir avec du riz.

Galettes de dindon à la crème

450 g (1 lb) de dindon cru, coupé en morceaux de 2,5 cm (1 po)
250 ml (1 tasse) de crème à 35 %, à utiliser séparément
30 g (¼ tasse) de farine tout usage
¾ c. à café (¾ c. à thé) de sel, à utiliser séparément
¼ c. à café (¼ c. à thé) de poivre, à utiliser séparément
3 à 4 c. à soupe de beurre ou de margarine
2 c. à café (2 c. à thé) de farine tout usage
1 c. à soupe d'eau
60 ml (¼ tasse) de vin blanc
2 c. à soupe de brandy
105 g (1 ½ tasse) de champignons frais, en tranches
Pincée de muscade moulue

6 portions

Chauffer le four à 80 °C (175 °F). Dans un robot culinaire, mettre le dindon et 125 ml (½ tasse) de crème à 35 %. Mélanger jusqu'à ce que ce soit homogène. Pendant que l'appareil fonctionne, ajouter le reste de la crème. Réserver. Sur un morceau de papier ciré, mettre 30 g (¼ tasse) de farine, ½ c. à café (½ c. à thé) de sel et ⅛ c. à café (⅛ c. à thé) de poivre, puis mélanger. Diviser le mélange de dindon en 6 portions égales. Déposer chaque portion sur le mélange de farine. Façonner en galettes de 1,2 cm (½ po) d'épaisseur. Dans un grand poêlon, faire fondre 3 c. à soupe de beurre ou de margarine, à feu moyen. Ajouter la moitié des galettes de dindon. Cuire jusqu'à ce que le centre soit ferme, en les retournant une fois. Mettre les galettes sur un plat de service chaud. Garder au four, au chaud. Ajouter du beurre ou de la margarine au poêlon, si nécessaire. Répéter l'opération pour le reste des galettes de dindon.

Dans un petit bol, mélanger 2 c. à café (2 c. à thé) de farine dans l'eau, puis réserver. Ajouter lentement le vin et le brandy au poêlon, en remuant. Ajouter les champignons. Cuire en brassant, à feu moyen, jusqu'à ce que ce soit tendre. Ajouter en brassant ¼ c. à café (¼ c. à thé) de sel, ⅛ c. à café (⅛ c. à thé) de poivre, la muscade et le mélange de farine. Cuire à feu moyen jusqu'à ce que la sauce épaississe et fasse des bulles, en remuant constamment. Servir la sauce sur les galettes de dindon.

Variante: Remplacer le dindon par du faisan désossé.

Gélinotte huppée au beurre

Voici une façon simple d'apprêter la gélinotte. Cela en accentue la saveur délicate, qui se rapproche de celle des petits fruits. Si l'on a plusieurs invités, cette recette peut faire un délicieux amuse-gueule.

1 poitrine de gélinotte désossée, sans peau
2 c. à soupe de beurre ou de margarine
Sel et poivre noir fraîchement moulu

4 amuse-gueule

Séparer les minces filets à l'intérieur de la poitrine du reste de la viande de la poitrine. Couper les demi-poitrines dans le sens de la longueur, en lanières de 1,2 cm (½ po). Dans un petit poêlon, faire fondre le beurre ou la margarine à feu moyen. Ajouter la gélinotte. Faire revenir environ 5 minutes, jusqu'à ce que la viande soit bien dorée et cuite, en la retournant de temps en temps. Saler et poivrer au goût.

Piccata de dindon sauvage ▲ aux morilles

Au printemps, dans plusieurs États américains, la saison de la chasse au dindon sauvage coïncide avec la saison des morilles sauvages. Les chasseurs ramassent des morilles en route vers leurs lieux de chasse. Ce plat met en valeur ces deux ingrédients bien particuliers.

1 demi-poitrine de dindon sauvage, désossée, sans peau
500 ml (2 tasses) de lait
120 g (1 tasse) de farine tout usage
½ c. à café (½ c. à thé) de sel
¼ c. à café (¼ c. à thé) de paprika
Pincée de poivre
4 à 6 c. à soupe de beurre ou de margarine
50 g (¾ tasse) de morilles* fraîches, grossièrement hachées
3 c. à soupe de beurre ou de margarine
2 c. à soupe de ciboulette fraîche, grossièrement hachée
Sel et poivre noir fraîchement moulu

4 ou 5 portions

Couper la demi-poitrine en tranches de 1,2 cm (½ po) dans le sens contraire à la fibre. Déposer une tranche sur une planche à découper entre deux feuilles de papier ciré et l'attendrir un peu avec une soucoupe ou le côté plat d'un attendrisseur jusqu'à ce qu'elle ait une épaisseur de 0,5 cm (¼ po). Répéter l'opération pour les tranches qui restent. Déposer les tranches de dindon dans un plat allant au four de 30 x 20 cm (12 x 8 po). Ajouter le lait. Laisser à la température de la pièce pendant 30 minutes. Retirer les tranches de dindon. Verser le lait dans un petit bol et réserver.

Chauffer le four à 80 °C (175 °F). Dans un grand sac pour conserver les aliments, mettre la farine, le sel, le paprika et le poivre, puis remuer pour bien mélanger. Prendre 3 c. à soupe du mélange de farine et mêler en brassant avec le lait réservé. Mettre ce mélange de côté. Ajouter une tranche de dindon au reste du mélange de farine dans le sac. Remuer pour bien l'enrober du mélange. Ôter la tranche et répéter l'opération pour les tranches qui restent. Dans un poêlon, faire fondre de 4 à 6 c. à soupe de beurre ou de margarine à feu moyen. Ajouter la moitié des tranches de dindon. Cuire jusqu'à ce qu'elles soient dorées et cuites à l'intérieur, en les retournant une fois. Mettre la viande sur un plat de service chaud. Garder au chaud, au four. Ajouter du beurre au poêlon, si nécessaire. Répéter l'opération pour les autres tranches.

Dans un poêlon, cuire les champignons à feu moyen dans 3 c. à soupe de beurre ou de margarine, en remuant, jusqu'à ce qu'ils soient tendres. Incorporer le mélange de lait réservé et la ciboulette. Cuire à feu moyen, en brassant constamment, jusqu'à ce que la sauce soit assez épaisse et fasse des bulles. Saler et poivrer au goût. Si nécessaire, ajouter du lait pour obtenir la consistance désirée. Servir la sauce sur les tranches de dindon.

* *Variante:* On peut remplacer les morilles fraîches par 15 g (½ oz) de morilles séchées que l'on trouve dans les boutiques spécialisées. Mettre les morilles dans un sac de plastique. Ajouter 60 ml (¼ tasse) d'eau très chaude. Presser le sac pour enlever le surplus d'air et fermer le sac avec une attache. Laisser reposer environ 15 minutes pour que les morilles se réhydratent.

Piccata de faisan aux morilles

Suivre la recette précédente, mais remplacer le dindon sauvage par 2 ou 3 poitrines entières de faisan. Couper les poitrines en deux, à partir de l'os de la poitrine, puis enlever la peau. Conserver la peau et les os pour faire du bouillon. Couper les demi-poitrines en deux dans le sens de la largeur. Pétrir jusqu'à une épaisseur de 1 cm (⅜ po). Continuer tel qu'indiqué plus haut.

Savoureux pâté de gibier à plume chaud

De la compote de pommes et une salade verte complètent ce plat. Cette recette est aussi délicieuse préparée avec du lapin cuit.

CROÛTE DE TARTE SIMPLE:
120 g (1 tasse) de farine tout usage
1/4 c. à café (1/4 c. à thé) de sel
100 g (1/2 tasse) de shortening
2 à 4 c. à soupe d'eau froide

GARNITURE:
2 c. à soupe de beurre ou de margarine
125 ml (1/2 tasse) d'eau
120 g (1 tasse) de carottes en tranches minces
1 pomme de terre moyenne, en cubes de 0,5 cm (1/4 po)
60 g (1/2 tasse) de céleri coupé finement
80 g (1/2 tasse) d'oignon émincé
70 g (1/2 tasse) de pois surgelés
350 à 420 g (2 1/2 à 3 tasses) de dindon, de faisan ou de perdrix, cuit, en morceaux
1 recette de Sauce aux champignons séchés ou de Sauce veloutée facile à préparer (voir p. 147)
1 jaune d'œuf, légèrement battu

4 à 6 portions

Chauffer le four à 190 °C (375 °F). Pour faire la pâte: Dans un bol moyen, mélanger la farine et le sel. Couper le shortening dans la farine, jusqu'à ce que le mélange ressemble à une chapelure grossière ou à des petits pois. Asperger d'eau en remuant avec une fourchette, jusqu'à ce que les particules soient juste assez humides pour rester collées ensemble. Façonner la pâte en boule. Envelopper d'une pellicule plastique et mettre au réfrigérateur.

Dans une casserole moyenne, mettre le beurre ou la margarine et l'eau, puis chauffer jusqu'à ce que le beurre fonde. Ajouter les carottes, couvrir et cuire 3 minutes à feu moyen. Ajouter les pommes de terre, couvrir de nouveau et cuire encore 5 minutes, en brassant deux fois. Ajouter le céleri, l'oignon et les pois. Couvrir encore et cuire 3 minutes en remuant une fois. Égoutter le mélange de légumes. Dans un bol moyen, mettre le mélange de légumes, la viande cuite et la Sauce aux champignons ou la Sauce veloutée, déjà préparée. Bien mêler le tout. Mettre ce mélange dans une cocotte de 1,5 litre (6 tasses).

Sur une surface légèrement enfarinée, abaisser une croûte de tarte un peu plus grande que le dessus de la cocotte. Déposer la croûte sur le dessus de la cocotte. Replier les bords de la croûte par en dessous et canneler les bords, si désiré. Badigeonner la pâte du jaune d'œuf battu. Faire un petit trou au centre le la pâte pour que la vapeur puisse s'échapper. Cuire au four de 30 à 35 minutes, jusqu'à ce que la pâte soit dorée.

Salade de faisan à l'orientale ►

Ce plat, servi avec des biscuits chauds et du vin blanc frais ou du thé glacé, constitue un repas léger rafraîchissant.

280 g (2 tasses) de faisan ou de gélinotte en morceaux, cuit
160 g (1 tasse) de raisins verts sans pépins
240 g (8 oz) d'ananas en morceaux, égouttés, en conserve
140 g (8 oz) de châtaignes d'eau en tranches, égouttées, en conserve
60 g (1/2 tasse) de céleri coupé en diagonale
1 pomme évidée et coupée en cubes de 1,2 cm (1/2 po)
1 c. à soupe de jus de citron frais
60 g (1/4 tasse) de mayonnaise ou de sauce à salade
60 g (1/4 tasse) de crème sure
1 c. à café (1 c. à thé) de moutarde préparée
Feuilles de laitue
25 g (1/2 tasse) de nouilles à chow mein

4 à 6 portions

Dans un grand bol, mettre le faisan ou la gélinotte, les raisins, l'ananas, les châtaignes et le céleri. Dans un petit bol, mélanger les cubes de pomme et le jus de citron, puis ajouter au mélange précédent. Dans le même petit bol, mélanger la mayonnaise ou la sauce à salade, la crème sure et la moutarde, puis verser sur le mélange de viande. Bien mélanger le tout et mettre au réfrigérateur pendant au moins 2 h pour que les saveurs se mêlent. Pour servir, garnir des assiettes individuelles refroidies ou un grand saladier de feuilles de laitue. Déposer des cuillerées du mélange de viande sur les feuilles, puis parsemer le dessus de nouilles à chow mein.

Dindon et farce en cocotte

On peut également faire cette recette avec des restes de faisan cuit.

420 g (3 tasses) de dindon en morceaux, cuit
150 à 180 g (5 à 6 tasses) de croûtons nature
3 c. à soupe d'oignon coupé finement
30 g (1/4 tasse) de carotte coupée finement
30 g (1/4 tasse) de céleri coupé finement
115 g (1/2 tasse) de beurre ou de margarine
125 ml (1/2 tasse) de crème ou de lait concentré
500 ml (2 tasses) de Bouillon de dindon (voir p. 145) ou de bouillon de poulet
1 1/4 c. à café (1 1/4 c. à thé) d'assaisonnement pour volaille
3/4 c. à café (3/4 c. à thé) de sel
1/8 c. à café (1/8 c. à thé) de poivre

6 à 8 portions

Chauffer le four à 180 °C (350 °F). Beurrer une cocotte de 3 litres (12 tasses) et réserver. Dans un grand bol, mettre la viande et les croûtons, puis réserver. Dans une casserole moyenne, mettre les ingrédients qui restent. Cuire à feu moyen jusqu'à ce que le beurre fonde, en brassant de temps en temps. Verser le mélange sur la viande et les croûtons. Remuer un peu. Mettre dans la cocotte beurrée et couvrir. Cuire au four pendant 30 minutes. Augmenter la température à 190 °C (375 °F). Enlever le couvercle et cuire encore 10 minutes.

◂ Soupe de dindon et de lentilles

Utiliser le reste de carcasse de votre dindon rôti pour faire cette savoureuse soupe.

1 carcasse de dindon qui contient passablement de viande
2 litres (8 tasses) d'eau
1 oignon moyen, en quartiers
15 g (1/4 tasse) de persil frais en petits morceaux
1 gousse d'ail hachée
2 c. à café (2 c. à thé) de sel
1/4 c. à café (1/4 c. à thé) de feuilles de marjolaine séchées
1/4 c. à café (1/4 c. à thé) de poivre
1/8 c. à café (1/8 c. à thé) de feuilles de thym séchées
120 g (1 tasse) de carottes coupées finement
135 g (3/4 tasse) de lentilles séchées
60 g (1/2 tasse) de céleri coupé finement
1/2 c. à café (1/2 c. à thé) de sel
Pincée de poivre

2 litres (8 tasses)

Dans une grosse cocotte en métal, mettre la carcasse (coupée, si désiré), l'eau, l'oignon, le persil, l'ail, les 2 c. à café (2 c. à thé) de sel, la marjolaine, 1/4 c. à café (1/4 c. à thé) de poivre et le thym. Porter à ébullition. Réduire le feu et couvrir. Laisser mijoter de 1 h 30 à 2 h, jusqu'à ce que la viande sur les os soit très tendre. Filtrer le bouillon à travers plusieurs couches de mousseline à fromage, puis réserver ce bouillon. Enlever la viande de la carcasse, puis jeter la carcasse et la peau. Remettre le bouillon et la viande dans la cocotte. Ajouter les ingrédients qui restent en brassant. Porter à ébullition, réduire le feu et couvrir. Laisser mijoter environ 30 minutes, jusqu'à ce que les lentilles soient tendres.

Aspic de gibier à plume

Utiliser un reste de viande de n'importe quel gibier à plume terrestre pour faire cette recette. Un reste de lapin fait aussi l'affaire. Servir avec une mayonnaise assaisonnée et une sauce moutarde.

1 grosse ou plusieurs petites carcasses d'un oiseau à plume terrestre cuit
1 petit oignon haché
2 tiges de céleri coupées en trois
1 feuille de laurier
1 c. à café (1 c. à thé) de sel
Eau très chaude
3 c. à soupe de vinaigre blanc
3 c. à soupe de vin blanc sec ou de sauternes
2 c. à café (2 c. à thé) de gélatine non aromatisée
2 c. à soupe d'eau froide
560 g (4 tasses) de dindon ou d'un autre oiseau à plume terrestre cuit, en morceaux
Radis et persil comme garniture (facultatif)

6 à 8 portions

Couper ou casser la carcasse en morceaux, puis la mettre dans une casserole de 6 litres (24 tasses). Ajouter l'oignon, le céleri, le laurier et le sel. Mettre assez d'eau chaude pour recouvrir les os. Porter à ébullition. Réduire le feu et laisser mijoter 2 h 30. Enlever et jeter les os et les légumes. Filtrer le bouillon à travers plusieurs couches de mousseline à fromage. Dégraisser le bouillon à la surface. Réserver 375 ml (1 1/2 tasse) de bouillon. Mettre au réfrigérateur ou congeler le reste du bouillon pour l'utiliser dans d'autres recettes.

Dans une petite casserole, mettre les 375 ml (1 1/2 tasse) de bouillon réservé, le vinaigre et le vin. Porter à ébullition et cuire jusqu'à ce que le liquide soit réduit à 250 ml (1 tasse). Réduire à feu doux, puis couvrir. Dans un petit bol, saupoudrer l'eau froide de gélatine, puis la laisser reposer 5 minutes pour la faire gonfler. Ajouter la gélatine au bouillon chaud. Cuire à feu moyen-élevé, en brassant constamment, jusqu'à ce que la gélatine soit dissoute. Retirer du feu.

Dans un moule de 1,5 litre (6 tasses), disposer la viande en plaçant en alternance la viande brune et la viande blanche, si désiré. Appuyer sur le mélange. Verser le mélange de bouillon uniformément sur la viande. Mettre au réfrigérateur au moins 3 h, jusqu'à ce que la gelée soit prise. Pour servir, plonger rapidement le moule dans l'eau chaude. Déposer une assiette de service sur le dessus du moule. En tenant bien le moule et l'assiette ensemble, tourner le moule à l'envers, puis démouler l'aspic. Garnir de radis et de persil, si désiré.

Perdrix à la Newburg (-30) ▲

180 ml (3/4 tasse) de crème légère à 15 %
180 ml (3/4 tasse) de lait
25 g (7/8 oz) de mélange de sauce au poulet en poudre
225 g (8 oz) de champignons frais, en tranches
60 g (1/4 tasse) de beurre ou de margarine
1/4 c. à café (1/4 c. à thé) de sel épicé
1/4 c. à café (1/4 c. à thé) de cari
1/8 c. à café (1/8 c. à thé) de poivre blanc
2 jaunes d'œufs, légèrement battus
210 à 280 g (1 1/2 à 2 tasses) de perdrix cuite
2 c. à soupe de xérès oloroso
1 c. à soupe de piment doux d'Espagne en dés, égoutté
Vol-au-vent ou pointes de toasts beurrées, chaudes

4 à 6 portions

Dans un petit bol, mélanger la crème, le lait et le mélange de sauce, en remuant, puis réserver. Dans un poêlon moyen, cuire les champignons dans le beurre ou la margarine jusqu'à ce qu'ils soient tendres, en remuant. Ajouter le mélange de sauce, le sel épicé, le cari et le poivre blanc. Cuire à feu moyen, en brassant constamment, jusqu'à ce que la sauce soit assez épaisse et fasse des bulles. Retirer du feu. Incorporer une petite quantité de ce mélange très chaud aux jaunes d'œufs. Remettre ce dernier mélange dans le poêlon avec la sauce, en continuant à brasser. Cuire à feu moyen-doux, en remuant toujours, jusqu'à ce que la sauce soit très chaude. Ajouter la perdrix, le xérès et le piment. Cuire à feu moyen-doux, en brassant constamment, jusqu'à ce que le tout soit chaud. Servir sur des vol-aux-vent.

Riz crémeux en casserole (-45)

40 g (1/3 tasse) de céleri haché
55 g (1/3 tasse) d'oignon haché
30 g (1/4 tasse) de carotte hachée
2 c. à soupe de beurre ou de margarine
280 g (2 tasses) de dindon ou d'autre gibier à plume terrestre, cuit, en morceaux
390 g (2 tasses) de riz cuit (riz sauvage, riz brun, riz blanc ou un mélange de riz)
305 ml (10 3/4 oz) de crème de champignons en conserve
125 ml (1/2 tasse) de lait
1/4 c. à café (1/4 c. à thé) de sel
1/8 c. à café (1/8 c. à thé) de feuilles de thym séchées
1/8 c. à café (1/8 c. à thé) de poivre

4 à 6 portions

Chauffer le four à 190 °C (375 °F). Beurrer légèrement une cocotte de 2 litres (8 tasses), puis réserver. Dans un poêlon, cuire en remuant le céleri, l'oignon et la carotte dans le beurre ou la margarine, à feu moyen, jusqu'à ce que les légumes soient tendres. Mettre le mélange de légumes dans la cocotte beurrée. Ajouter les ingrédients qui restent. Bien mélanger et couvrir. Cuire au four environ 30 minutes, jusqu'à ce que le mélange soit très chaud et fasse des bulles.

Recettes de gibier d'eau

La cuisson du gibier d'eau

Dans bien des familles, l'oie sauvage est le plat traditionnel des jours de fête. Les adeptes de la chasse au gibier d'eau se préparent plusieurs heures avant le lever du jour, puis ils attendent dans le froid et l'humidité, espérant avoir la chance qu'une bernache du Canada vienne embellir la table de l'Action de grâces ou de Noël.

L'oie et le canard sauvages ont un goût plus relevé que celui du gibier d'eau domestique. S'ils sont bien apprêtés, ils sont délicieux, même si leur viande riche et foncée ne plaît pas à tout le monde. Quand on a des invités qui n'ont jamais goûté le gibier d'eau sauvage, l'oie peut constituer un bon choix, car elle possède une saveur plus douce que celle du canard.

Le goût du canard varie beaucoup, selon son espèce et ses particularités. Ceux qui obtiennent la palme en cuisine sont le fuligule à dos blanc, le fuligule à collier, le canard colvert et la sarcelle. Le fuligule à tête rouge, le canard noir, le canard branchu et le canard pilet sont aussi excellents. Le régime alimentaire d'un canard a également une influence sur le goût de la chair. C'est pourquoi il peut y avoir de grandes variations de saveur à l'intérieur d'une même espèce.

Avant de faire cuire la viande, il faut la sentir. Si elle a une odeur de boue ou de poisson, on souhaitera sans doute la faire mariner ou la cuire dans une sauce bien parfumée.

On doit aussi se préoccuper du gras que contient chaque canard. Le canard qui est au début de sa migration d'hiver sera plus gras que celui qui vient de parcourir une longue distance. Mais quand l'oiseau récupère de sa migration, il recommence à engraisser. Celui que l'on capture dans ses quartiers d'hiver à la fin de la saison sera donc plus dodu que celui que l'on prendra avant.

La poitrine constitue le meilleur endroit pour vérifier la quantité de gras d'un canard. Si l'on voit une couche jaune à travers la peau, le canard est assez gras pour être rôti. Une autre façon de l'apprêter serait de le fumer (voir p. 151-152). Le fuligule, le fuligule à collier, le garrot à œil d'or et autres canards plongeurs sont particulièrement savoureux apprêtés de cette manière, car ils sont généralement plus gras que le canard colvert, la sarcelle, le canard branchu et les autres *canards de surface*. Toutefois, si la peau de la poitrine est plus foncée, le canard peut manquer de gras. On devra arroser plus fréquemment un canard maigre et le faire cuire plus lentement.

On doit également tenir compte de l'âge de l'oiseau (voir p. 32). Les oiseaux plus âgés et plus durs peuvent être attendris par une cuisson lente, par une cuisson à l'étuvée suivie d'un rôtissage ou par une cuisson sous pression. Pour cuire sous pression, on doit d'abord enlever la peau et l'excès de gras. Il faut couper un gros oiseau en morceaux pour qu'il entre dans l'autocuiseur. Les oiseaux plus petits peuvent être cuits entiers. Suivre les indications de la page 89, en cuisant de 20 à 25 minutes à une pression de 102 kPa (15 lb). La viande cuite sous pression est excellente dans les ragoûts et les salades.

Certains préfèrent manger le canard saignant. La viande est particulièrement juteuse et savoureuse quand elle rappelle quelque peu le bœuf saignant. À l'opposé, d'autres préfèrent une viande cuite à feu doux, jusqu'à ce qu'elle se détache littéralement des os.

Pour déterminer le degré de cuisson, piquer l'oiseau avec une fourchette. Si le jus est rosé, l'oiseau est saignant. La viande est légèrement souple au toucher, et la température interne est de 63 à 65 °C (145 à 150 °F). Dans le cas d'un oiseau bien cuit, on lit 82 °C (180 °F) au thermomètre, et le jus qui coule d'une cuisse quand on la pique est transparent. Le pilon doit alors bouger facilement dans la jointure.

On peut calculer 1 gros canard — comme le canard colvert, le fuligule à dos blanc, le canard noir et le fuligule à tête rouge — pour 2 personnes. Le canard chipeau, le canard de Chiloé, le canard branchu, le canard pilet, le fuligule à collier, le fuligule et le garrot à œil d'or sont plus petits, on peut donc compter 3 canards pour 4 personnes. Calculer 1 sarcelle par personne. Une bernache du Canada pourra nourrir de 3 à 8 personnes, selon son poids. L'ouette, l'oie des neiges et l'oie rieuse sont plus petites que la plupart des bernaches du Canada, il faut donc calculer 1 oiseau pour 2 à 6 personnes.

Oie aux mandarines ▲

1 oie sauvage entière de 1,3 à 2,7 kg (3 à 6 lb), avec la peau
Sel
1 oignon moyen, coupé en deux
1 c. à soupe de farine tout usage
125 ml (1/2 tasse) de porto
60 ml (1/4 tasse) de jus d'orange
1 c. à soupe de jus de citron
1/2 c. à café (1/2 c. à thé) de moutarde sèche
80 g (1/4 tasse) de gelée de groseilles
2 c. à soupe de fécule de maïs
2 c. à soupe d'eau froide
290 g (11 oz) de quartiers de mandarine, égouttés, en conserve

3 à 6 portions

Chauffer le four à 180 °C (350 °F). Saupoudrer légèrement l'intérieur et l'extérieur de l'oiseau de sel, puis placer un oignon à l'intérieur. Ajouter la farine dans un grand sac pour le four, puis remuer pour répartir la farine. Mettre le sac dans un plat à rôtir. Dans un petit bol, mélanger le porto, le jus d'orange, le jus de citron et la moutarde sèche, puis ajouter ce mélange au sac pour le four. À l'aide d'une cuillère de bois ou de plastique, incorporer le liquide à la farine. Mettre l'oie, la poitrine vers le haut, dans le sac. Fermer le sac avec l'attache de nylon prévue à cet effet. Faire six incisions de 1,2 cm (1/2 po) sur le dessus du sac. Rôtir au four de 30 à 45 minutes/kg (15 à 20 minutes/lb), jusqu'à la cuisson désirée. Faire une incision dans le sac en partant du centre jusqu'en bas. Rôtir de 15 à 20 minutes de plus, jusqu'à ce que l'oie soit dorée. Retirer l'oie du sac, puis jeter l'oignon. Garder l'oie au chaud.

Filtrer le jus du sac pour le four dans un contenant de 1 litre (4 tasses), puis le dégraisser. Si nécessaire, ajouter de l'eau pour obtenir 500 ml (2 tasses). Dans une casserole moyenne, mettre le jus de cuisson et la gelée. Cuire à feu moyen, en brassant constamment, jusqu'à ce que la gelée soit fondue. Dans un petit bol, mélanger la fécule et l'eau, puis incorporer au mélange de gelée. Cuire à feu moyen, en continuant à remuer, jusqu'à ce que la sauce épaississe et fasse des bulles. Ajouter les quartiers de mandarine à la sauce et réchauffer. Servir la sauce avec l'oie.

Rôti d'oie farci

Pour cette recette traditionnelle, utiliser une jeune oie.

1 bernache du Canada de 1,3 à 2,3 kg (3 à 5 lb), avec la peau
Sel et poivre
1 recette de Farce à l'abricot (voir p. 142) ou autre farce

3 à 5 portions

Chauffer le four à 200 °C (400 °F). Saupoudrer légèrement l'intérieur de l'oiseau de sel et de poivre. Mettre un peu de Farce à l'abricot. Replier les ailerons derrière le dos. Attacher les pilons de chaque côté de l'abdomen de l'oiseau. Déposer l'oie, poitrine vers le haut, sur la grille d'un plat à rôtir. Saler et poivrer légèrement. Faire rôtir au four pendant 1 h, en arrosant souvent du jus de cuisson. Égoutter et jeter l'excès de gras pendant la cuisson. Réduire la température à 160 °C (325 °F). Faire rôtir l'oie de 1 h à 1 h 30 de plus en l'arrosant fréquemment, jusqu'à la cuisson désirée.

Oie sauvage «pochée»

Même si le nom de cette recette peut faire croire que l'on mange une oie qui a passé la nuit à fêter, ce nom fait ici référence à la méthode de cuisson. On peut utiliser cette méthode si l'on a une oie adulte.

1 oie sauvage entière, avec la peau
1 gros oignon, en quartiers
2 tiges de céleri, coupées en morceaux de 2,5 cm (1 po)
2 carottes, coupées en morceaux de 2,5 cm (1 po)
1 feuille de laurier
Eau très chaude
2 c. à soupe de beurre ou de margarine, fondu

4 à 8 portions

Dans une grande marmite, mettre l'oie, l'oignon, le céleri, les carottes et le laurier. Ajouter de l'eau pour couvrir, puis porter à ébullition. Réduire le feu. Laisser mijoter de 1 h 30 à 2 h 30, jusqu'à ce que l'oiseau soit tendre. Si l'oie est trop grosse pour être couverte d'eau, la retourner une ou deux fois pendant la cuisson. Chauffer le four à 200 °C (400 °F). Égoutter l'oie, filtrer le bouillon et le conserver pour faire d'autres recettes. Assécher l'oie et la mettre dans un plat à rôtir. Badigeonner de beurre ou de margarine, fondu, puis faire rôtir au four de 20 à 30 minutes, jusqu'à ce que la peau soit dorée et croustillante.

Oie rôtie accompagnée de pommes cuites

La magnifique présentation de cette recette en fait un plat idéal pour un repas de fête. Servir avec des légumes verts et du pain frais.

POMMES CUITES:
6 à 8 pommes moyennes fermes, évidées
330 g (1 tasse) de patates douces cuites, en purée
55 g ($^{1}/_{4}$ tasse) de cassonade bien tassée
2 c. à soupe de beurre ou de margarine, fondu
$^{1}/_{4}$ c. à café ($^{1}/_{4}$ c. à thé) de sel
Pincée de poivre

1 oie entière de 2,7 à 3,6 kg (6 à 8 lb), avec la peau
Sel épicé
Sel et poivre
1 carotte, coupée en morceaux de 2,5 cm (1 po)
1 tige de céleri, coupée en morceaux de 2,5 cm (1 po)
1 oignon moyen, coupé en huit
Eau-de-vie de cidre ou calvados (facultatif)

6 à 8 portions

Comment préparer l'Oie rôtie accompagnée de pommes cuites

Couper une mince bande de pelure sur le dessus de chaque pomme. Dans un bol, mettre le reste des ingrédients du mélange de pommes et bien mêler.

Farcir les pommes avec le mélange de patates douces en faisant un petit monticule sur le dessus. Placer dans un plat peu profond allant au four. Réserver. Chauffer le four à 160 °C (325 °F).

Assécher l'oie avec des essuie-tout. Saupoudrer légèrement l'intérieur de sel épicé, de sel et de poivre, puis y mettre la carotte, le céleri et l'oignon.

Attacher les pilons de chaque côté de l'abdomen de l'oiseau. Replier les ailerons derrière le dos. Déposer l'oie, poitrine vers le haut, sur la grille d'un plat à rôtir. Saupoudrer l'extérieur de l'oiseau de sel épicé, de sel et de poivre.

Faire rôtir au four de 45 à 55 minutes/kg (20 à 25 minutes/lb), en arrosant souvent avec le jus de cuisson et en aspergeant d'eau-de-vie de cidre ou de calvados à l'occasion, jusqu'à la cuisson désirée. Égoutter et jeter l'excès de gras durant la cuisson.

Placer les pommes farcies au four pendant les 30 à 45 dernières minutes de cuisson de l'oie. Arroser les pommes souvent du jus de cuisson de l'oiseau. Retirer les pommes quand elles sont tendres lorsqu'on les pique à la fourchette. Servir avec l'oie.

Ouette aux cerises

On peut également faire cette recette en utilisant un gros canard comme le fuligule à dos blanc ou le canard colvert, ou encore 2 canards plus petits.

900 g à 1,3 kg (2 à 3 lb) d'ouette, avec ou sans la peau
500 g (16 oz) de cerises douces rouge foncé, dénoyautées, en conserve
1 c. à soupe de beurre ou de margarine
1 c. à soupe d'huile végétale
1 petit oignon haché
1 c. à soupe de farine tout usage
125 ml (1/2 tasse) d'eau
2 c. à soupe de xérès oloroso
1 c. à soupe de cassonade bien tassée
1 c. à café (1 c. à thé) de bouillon de bœuf instantané en poudre
1/2 c. à café (1/2 c. à thé) de cannelle moulue
1/4 c. à café (1/4 c. à thé) de sel
2 c. à soupe d'eau froide (facultatif)
1 à 2 c. à soupe de fécule de maïs (facultatif)

2 ou 3 portions

Fendre l'ouette en deux (voir p. 39), puis enlever la colonne vertébrale. Découper chaque moitié en deux en coupant à angle droit par rapport à la première coupe*. Réserver. Égoutter les cerises et conserver 125 ml (1/2 tasse) de jus. Réserver. Dans une grosse cocotte en métal, faire fondre le beurre ou la margarine dans l'huile, à feu moyen. Ajouter l'oignon et cuire en remuant jusqu'à ce qu'il soit tendre. Ajouter les morceaux d'ouette et les faire légèrement dorer de tous les côtés. Retirer les morceaux d'ouette et réserver.

Ajouter la farine au mélange d'oignon en brassant. En continuant à brasser, ajouter le jus de cerise réservé, 125 ml (1/2 tasse) d'eau, le xérès, la cassonade, le bouillon en poudre, la cannelle et le sel. Ajouter l'ouette et les cerises. Porter à ébullition, puis réduire le feu et couvrir. Laisser mijoter de 1 h 30 à 2 h, jusqu'à ce que l'oiseau soit tendre, en retournant les morceaux une fois. Mettre les morceaux d'ouette sur un plat de service chaud. Réserver et garder au chaud. Dégraisser la sauce. Si la sauce est trop claire, mélanger 2 c. à soupe d'eau à de la fécule, puis incorporer ce mélange à la sauce. Cuire à feu moyen, en brassant constamment, jusqu'à ce que la sauce soit assez épaisse et translucide. Servir la sauce sur les morceaux d'ouette.

* *Variante:* Au lieu de couper l'oiseau en quatre tel que décrit, le couper selon la méthode illustrée à la page 40.

Ouette aux cerises, mijotée

Suivre la recette précédente, mais mettre les morceaux d'ouette dorés dans une mijoteuse. Ajouter la farine au mélange d'oignon, en brassant. Ne pas mettre les 125 ml (1/2 tasse) d'eau. Incorporer le jus de cerise réservé, le xérès, la cassonade, le bouillon en poudre, la cannelle et le sel. Cuire, en remuant constamment, jusqu'à ce que le mélange soit assez épais. Ajouter les cerises et brasser. Verser sur les morceaux d'ouette dans la mijoteuse. Couvrir et cuire à feu doux de 6 h à 7 h, jusqu'à ce que ce soit tendre. Mettre les morceaux de l'oiseau sur un plat de service chaud. Réserver et garder au chaud. Dégraisser la sauce. Si la sauce est trop claire, mélanger 2 c. à soupe d'eau à de la fécule, puis incorporer ce mélange à la sauce, en brassant. Augmenter à feu élevé. Cuire, en remuant constamment, jusqu'à ce que le mélange soit assez épais et translucide. Servir la sauce sur les morceaux d'ouette.

Oie à la façon de Limerick, farcie aux pommes de terre

Dans cette recette d'inspiration irlandaise, les pommes de terre et le porc haché de la farce forment un heureux mariage.

2 litres (8 tasses) d'eau
1 c. à café (1 c. à thé) de sel
6 pommes de terre blanches, moyennes, soit environ 1,3 kg (3 lb), pelées et en quartiers
225 g (1/2 lb) de porc haché, maigre
1 c. à soupe de beurre ou de margarine
120 g (3/4 tasse) d'oignon haché
80 g (2/3 tasse) de céleri haché
1 c. à café (1 c. à thé) d'assaisonnement pour volaille
1 c. à café (1 c. à thé) de sel
1/4 c. à café (1/4 c. à thé) de poivre
90 g (3 tasses) de pain rassis, en cubes
15 g (1/4 tasse) de persil frais en petits morceaux ou 1 c. à soupe de persil séché en flocons
1 oie sauvage entière, avec la peau
Sel et poivre

4 à 8 portions

Dans une grosse cocotte en métal, chauffer l'eau et 1 c. à café (1 c. à thé) de sel. Ajouter les pommes de terre, puis porter de nouveau à ébullition. Réduire le feu et couvrir. Laisser mijoter de 25 à 35 minutes, jusqu'à ce que les pommes se défassent à la fourchette. Égoutter et réserver le liquide de cuisson. Dans un grand bol, écraser les pommes de terre avec un presse-purée. Chauffer le four à 190 °C (375 °F).

Dans un poêlon, cuire le porc à feu moyen, en brassant de temps en temps, jusqu'à ce qu'il soit doré. Le retirer du poêlon à l'aide d'une écumoire et l'ajouter aux pommes de terre. Conserver 1 c. à soupe du jus de cuisson dans le poêlon, puis jeter le reste. Ajouter le beurre ou la margarine au jus de cuisson réservé, puis le faire fondre à feu moyen. Ajouter l'oignon et le céleri. Cuire en remuant jusqu'à ce que les légumes soient tendres, puis retirer du feu. En continuant à brasser, ajouter l'assaisonnement pour volaille, 1 c. à café (1 c. à thé) de sel et 1/4 c. à café (1/4 c. à thé) de poivre. Ajouter le mélange à l'oignon, les cubes de pain et le persil aux pommes de terre, puis bien mêler. Réserver.

Saupoudrer l'intérieur de l'oie de sel et de poivre. Farcir légèrement du mélange de pommes de terre. Placer le reste de farce dans une cocotte beurrée, couvrir et réserver. Replier les ailerons derrière le dos. Attacher les pilons de chaque côté de l'abdomen de l'oiseau. Déposer l'oiseau, poitrine vers le haut, sur la grille d'un plat à rôtir. Faire rôtir l'oie au four de 45 à 55 minutes/kg (20 à 25 minutes/lb), jusqu'à la cuisson désirée, en l'arrosant souvent de l'eau de cuisson des pommes de terre. Cuire le reste de farce au four pendant les 30 dernières minutes de cuisson de l'oiseau.

Canard mariné à la danoise ▲

Cet amuse-gueule délicieux et inhabituel surprendra les invités. La viande du canard devient floconneuse et sucrée, un peu comme celle du thon doux. Pour ajouter un peu de couleur, servir sur des craquelins et avec des betteraves marinées.

2 canards sauvages entiers, avec la peau
Eau froide
Sel
5 feuilles de laurier
1 gousse d'ail, en quartiers
1 c. à café (1 c. à thé) de piment de la Jamaïque moulu
10 baies de genièvre entières
8 grains de poivre noir entiers
375 ml (1 1/2 tasse) de vin rouge

10 à 12 amuse-gueule

Mettre les canards dans une grosse cocotte en métal ou dans une marmite. Ajouter de l'eau, mais seulement pour couvrir les canards. Ajouter 1 c. à soupe de sel/litre (4 tasses) d'eau. Ajouter les ingrédients qui restent. Porter à ébullition, réduire le feu et couvrir. Laisser mijoter de 2 h 30 à 3 h 30, jusqu'à ce que les canards soient tendres. Retirer du feu. Mettre les canards et le liquide dans un grand plat en verre ou dans un bol, puis laisser refroidir. Couvrir et mettre au réfrigérateur pendant 3 jours, en retournant les canards une ou deux fois. Pour servir, enlever la peau et désosser, puis jeter la peau et les os.

Truc: Remplacer le lapin cuit de la Salade de lapin (voir p. 99) ou remplacer le thon de votre recette préférée de salade de thon par un reste de canard mariné. Le canard mariné est aussi excellent dans une salade du chef.

◂ Canard rôti à la polynésienne

Quand on attend des invités, voilà une belle recette à préparer. Suivre les suggestions de service au bas de la recette, puis dresser le plat de service sur le buffet.

4 canards colvert ou autres gros canards sauvages, ou encore 6 à 8 canards sauvages plus petits, avec ou sans la peau
2 litres (8 tasses) d'eau
340 g (3/4 lb) de saucisse de porc douce
150 g (1 tasse) de poivron vert haché
90 g (3/4 tasse) de céleri haché
55 g (1/3 tasse) d'oignon haché
780 g (4 tasses) de riz blanc, de riz brun ou d'un mélange des deux, cuit
570 g (20 oz) d'ananas broyés, égouttés, en conserve
1/2 c. à café (1/2 c. à thé) de sel
1/4 c. à café (1/4 c. à thé) de poivre
55 g (1/4 tasse) de cassonade bien tassée
60 ml (1/4 tasse) de vin blanc

SAUCE:
3 c. à soupe de vinaigre de cidre
2 c. à soupe de fécule de maïs
375 ml (1 1/2 tasse) de jus d'orange fraîchement pressé
55 g (1/4 tasse) de sucre
1/2 c. à café (1/2 c. à thé) de sel
Pincée de poivre

8 portions

Dans une grosse cocotte en métal, mettre les canards et l'eau. Porter à ébullition. Réduire le feu et laisser mijoter les gros canards 45 minutes et les plus petits 30 minutes. Égoutter en conservant le bouillon. Mettre les canards de côté. Dégraisser et filtrer le bouillon. Conserver 250 ml (1 tasse) de bouillon pour la sauce. Garder le bouillon qui reste pour l'utiliser dans d'autres recettes.

Chauffer le four à 180 °C (350 °F). Beurrer, puis réserver un moule de 33 x 23 cm (13 x 9 po). Dans un grand poêlon, cuire la saucisse, le poivron, le céleri et l'oignon en remuant, à feu moyen, jusqu'à ce que la saucisse soit dorée et que les légumes soient tendres. Égoutter. Dans un grand bol, mettre le mélange de saucisse, le riz, l'ananas, le sel et le poivre, puis bien mêler le tout. Garnir les canards d'un peu de farce. Mettre le reste du mélange de riz dans le moule. Dresser les canards sur le riz. Dans une petite casserole, mettre la cassonade et le vin, puis porter à ébullition en remuant de temps en temps. Badigeonner les canards du mélange de vin. Cuire les gros canards au four environ 1 h 15 et les plus petits environ 45 minutes, jusqu'à ce qu'ils soient bien dorés, en les badigeonnant du mélange de vin, à l'occasion.

Pendant que les canards cuisent, on peut préparer la sauce. Dans une casserole moyenne, mélanger le vinaigre et la fécule. Incorporer le bouillon réservé et le reste des ingrédients de la sauce. Porter à ébullition à feu moyen-élevé, en brassant constamment. Laisser bouillir 1 minute. Servir la sauce avec les canards et le riz.

Suggestion de service: Si désiré, laisser les canards refroidir un peu. Retirer la farce des canards, puis l'ajouter au mélange de riz du moule ou mettre le tout dans le plat de service. Trancher la poitrine et les cuisses de canard, puis dresser la viande sur le mélange de riz.

Canard branchu et riz sauvage

Le riz sauvage est composé des graines d'une plante aquatique que l'on trouve en abondance dans le nord des États-Unis. Dans cette recette, on ne fait pas bouillir le riz, on le fait plutôt tremper et on le cuit à l'intérieur du canard. Le riz a un délicieux goût de noisette et demeure croquant.

160 g (1 tasse) de riz sauvage, rincé
Eau froide
60 g (1/4 tasse) de beurre
Sel épicé
Poivre
3 ou 4 canards branchus ou autres canards moyens, avec la peau
250 ml (1 tasse) de vin blanc sec

4 ou 5 portions

Mettre le riz dans un bol moyen, puis le recouvrir d'eau. Laisser tremper le riz à la température de la pièce au moins 8 h ou toute la nuit. Égoutter le riz complètement. Étendre deux couches d'essuie-tout et bien assécher le riz. Remettre le riz dans le bol. Faire fondre le beurre dans une petite casserole, à feu moyen-élevé. En brassant, ajouter le sel épicé et du poivre au goût. Verser le beurre fondu sur le riz et bien mélanger. Réserver.

Chauffer le four à 220 °C (425 °F). Replier les ailerons des canards derrière le dos. Mettre un peu de farce au riz sauvage. Attacher les pilons de chaque côté de l'abdomen de l'oiseau. Déposer les canards sur la grille d'un plat à rôtir. Saupoudrer légèrement de sel épicé et de poivre. Faire rôtir au four pendant 30 minutes. Égoutter et jeter l'excès de gras. Ajouter le vin au plat à rôtir, puis couvrir. Réduire la température du four à 180 °C (350 °F). Faire rôtir les canards au four, jusqu'à ce qu'ils soient tendres, de 1 h à 2 h de plus, en les arrosant du jus de cuisson toutes les 15 minutes. Si désiré, faire rôtir les oiseaux sans couvercle pendant les 30 dernières minutes de cuisson.

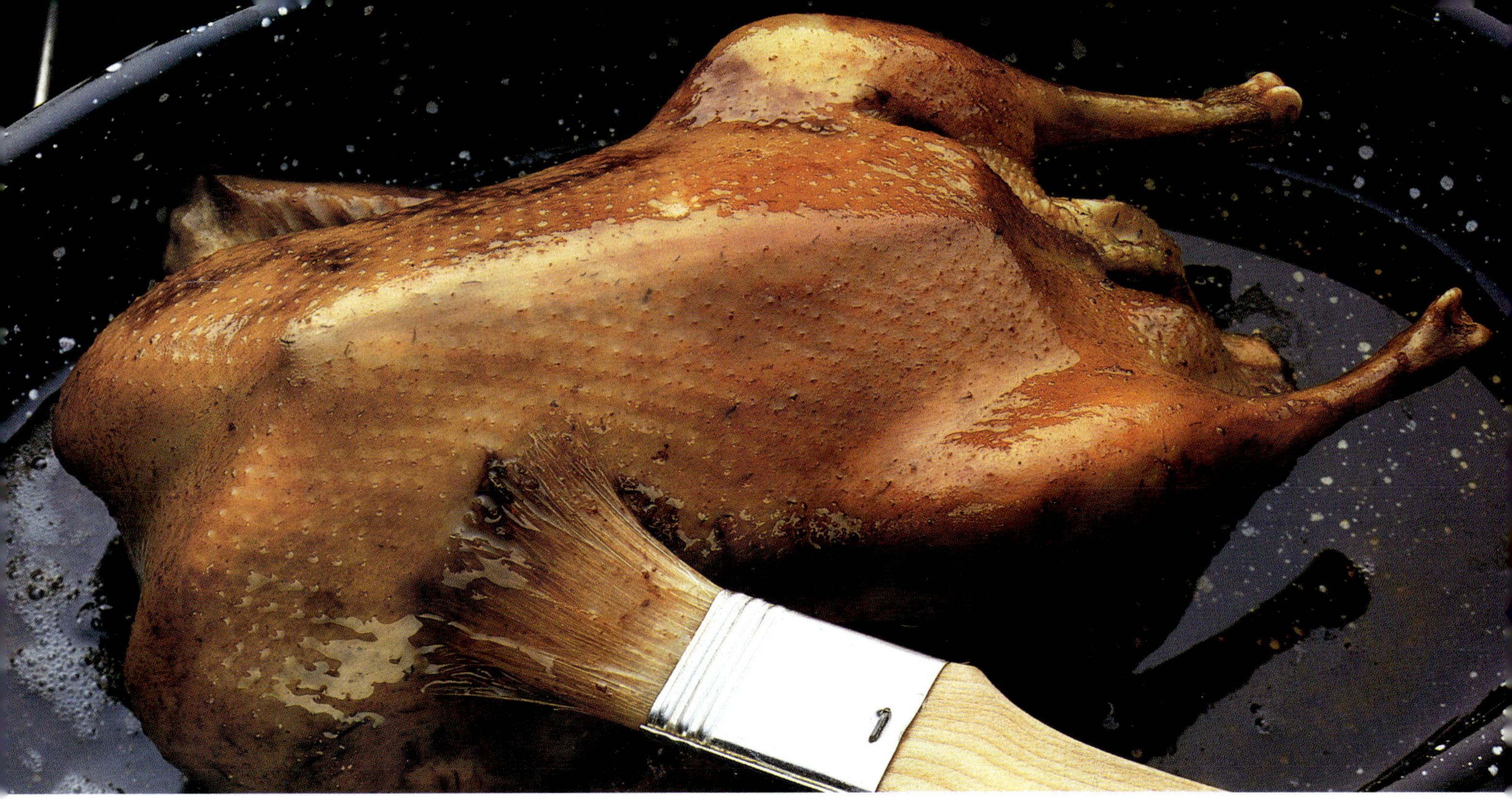

Canard rôti au citron et à la menthe ▲

1 canard colvert entier ou autre gros canard sauvage, avec la peau
1 c. à soupe de menthe fraîchement hachée
Jus et zeste râpé d'un petit citron
3 c. à soupe de beurre ramolli, à utiliser séparément
$^1/_4$ c. à café ($^1/_4$ c. à thé) de poivre
$^1/_8$ c. à café ($^1/_8$ c. à thé) de sel
250 ml (1 tasse) de Bouillon de canard (voir p. 145) ou de bouillon de poulet
1 $^1/_2$ c. à café (1 $^1/_2$ c. à thé) de menthe fraîchement hachée
1 citron moyen, coupé en six tranches

2 portions

Chauffer le four à 200 °C (400 °F). Assécher l'intérieur et l'extérieur du canard avec des essuie-tout. Dans un petit bol, mettre 1 c. à soupe de menthe, le jus et le zeste de citron et 1 c. à soupe de beurre, puis bien mélanger. Badigeonner l'intérieur de l'oiseau du mélange de beurre. Déposer le canard dans un moule de 58 cm^2 (9 po^2). Dans une petite casserole, mettre les 2 c. à soupe de beurre qui restent, le poivre et le sel. Chauffer à feu doux jusqu'à ce que le beurre fonde et badigeonner l'extérieur du canard de ce mélange.

Faire rôtir le canard au four de 40 à 60 minutes en l'arrosant souvent du jus de cuisson, jusqu'à ce que la peau soit dorée et croustillante, et qu'il soit suffisamment cuit. Déposer le canard sur un plat de service chaud. Réserver et garder au chaud. Verser le jus de cuisson dans une casserole moyenne, ajouter le bouillon et cuire à feu moyen jusqu'à ce que le liquide soit réduit de moitié. Retirer du feu. Ajouter 1 $^1/_2$ c. à café (1 $^1/_2$ c. à thé) de menthe et les tranches de citron. Laisser reposer environ 2 minutes. Disposer les tranches de citron sur le canard. Verser la sauce sur les tranches de citron et le canard.

Sarcelle grillée

4 sarcelles entières, avec la peau
1 citron entier, en quartiers
Huile d'olive
Sel et poivre
8 baies de genièvre entières
4 branches de céleri avec les feuilles
4 petites pommes de terre
4 petits oignons blancs
Feuilles d'origan séchées (facultatif)

4 portions

Allumer les briquettes dans le barbecue. Assécher l'intérieur et l'extérieur des sarcelles avec des essuie-tout. Frotter l'intérieur de chaque oiseau d'un quartier de citron, puis d'huile d'olive. Conserver les quartiers de citron. Saupoudrer l'intérieur des sarcelles de sel et de poivre. Mettre à l'intérieur de chaque oiseau 2 baies de genièvre, 1 branche de céleri, 1 pomme de terre et 1 oignon. Attacher les pilons de chaque côté de l'abdomen de l'oiseau avec de la ficelle de cuisine mouillée. Replier les ailerons derrière le dos. Frotter l'extérieur de chaque sarcelle d'un quartier de citron, puis d'huile d'olive. Parsemer les oiseaux de sel, de poivre et d'origan, si désiré.

Quand les briquettes sont recouvertes de cendre, les répartir uniformément. Placer la grille au-dessus des briquettes chaudes. Faire griller les canards de 15 à 35 minutes, jusqu'à la cuisson désirée, en les retournant une ou deux fois et en les badigeonnant d'huile d'olive.

Truc: Cette recette peut aussi se faire facilement au tournebroche. Embrocher les sarcelles en se référant aux photos de la page 108.

Canard, sauce à l'orange ▲

80 g (1/2 tasse) d'oignon haché
55 g (1/2 tasse) de pomme hachée
30 g (1/4 tasse) de céleri haché
2 fuligules à dos blancs entiers ou autres gros canards sauvages, ou encore 3 ou 4 canards sauvages plus petits, avec la peau

SAUCE À L'ORANGE:
2 c. à soupe de beurre ou de margarine
2 c. à soupe de farine tout usage
2 c. à café (2 c. à thé) de sucre
2 c. à café (2 c. à thé) de zeste d'orange râpé
3/4 c. à café (3/4 c. à thé) de sel
1/8 c. à café (1/8 c. à thé) de moutarde sèche
160 ml (2/3 tasse) de jus d'orange fraîchement pressé
80 ml (1/3 tasse) de Bouillon de canard (voir p. 145) ou de bouillon de poulet
80 g (1/4 tasse) de marmelade d'orange
2 c. à soupe de liqueur d'orange (facultatif)
Tranches d'orange pour la garniture (facultatif)

4 portions

Chauffer le four à 180 °C (350 °F). Dans un petit bol, mettre l'oignon, la pomme et le céleri, et bien mélanger. Farcir l'intérieur des canards uniformément avec ce mélange. Disposer les oiseaux sur la grille d'un plat à rôtir. Cuire au four pendant 45 minutes.

Pendant la cuisson des canards, préparer la sauce à l'orange. Dans une petite casserole, faire fondre le beurre ou la margarine à feu moyen. Retirer du feu. Mélanger à la farine. Ajouter le sucre, le zeste d'orange, le sel et la moutarde sèche en remuant. Incorporer le jus d'orange et le bouillon. Cuire à feu moyen, en brassant constamment, jusqu'à ce que la sauce épaississe et fasse des bulles. Ajouter la marmelade et cuire en brassant jusqu'à ce que la marmelade fonde. Retirer du feu. Si désiré, incorporer la liqueur à l'orange, couvrir et garder au chaud.

Après 45 minutes de cuisson, badigeonner légèrement les canards de sauce à l'orange. Continuer à cuire environ 45 minutes de plus, jusqu'à ce que les canards soient tendres, en les badigeonnant de sauce une ou deux fois. Jeter la farce. Garnir les canards de tranches d'orange, si désiré. Servir avec de la sauce supplémentaire.

Canard braisé au vin

30 g (1/4 tasse) de farine tout usage
1/4 c. à café (1/4 c. à thé) de sel
1/4 c. à café (1/4 c. à thé) de poivre
2 canards colvert ou autres gros canards sauvages, en morceaux
2 c. à soupe de beurre ou de margarine
2 c. à soupe d'huile végétale
1 oignon moyen, haché
2 échalotes moyennes, hachées
250 ml (1 tasse) de vin rouge
250 ml (1 tasse) de Bouillon de canard (voir p. 145) ou de bouillon de poulet
225 g (8 oz) de champignons frais, en tranches
1 petite feuille de laurier
1 c. à café (1 c. à thé) de feuilles de thym séchées
1 c. à café (1 c. à thé) de feuilles de romarin séchées
1 c. à soupe de persil frais en petits morceaux
3 c. à soupe d'eau froide
2 c. à soupe de farine tout usage
Sel et poivre

4 à 5 portions

Sur une feuille de papier ciré, mélanger 30 g (1/4 tasse) de farine, le sel et le poivre. Passer les morceaux de canard dans la farine, en les retournant pour bien les enrober. Dans une grosse cocotte en métal, faire fondre le beurre ou la margarine dans l'huile à feu moyen. Ajouter les morceaux de canard et les faire dorer de tous les côtés. À l'aide d'une écumoire, retirer les morceaux de canard et réserver.

Mettre l'oignon et les échalotes dans la cocotte. Cuire en brassant à feu moyen jusqu'à ce que ce soit tendre. Remettre les morceaux de canard dans la cocotte. Ajouter le vin, le bouillon, les champignons, le laurier, le thym, le romarin et le persil. Porter à ébullition, réduire le feu et couvrir. Laisser mijoter de 1 h à 1 h 45, jusqu'à ce que le canard soit tendre. À l'aide d'une écumoire, mettre les morceaux de canard sur un plat de service chaud. Réserver et garder au chaud. Jeter la feuille de laurier. Enlever l'excès de gras du jus de cuisson. Dans un petit bol, mélanger l'eau et 2 c. à soupe de farine, puis incorporer au jus de cuisson. Cuire à feu moyen, en brassant constamment, jusqu'à ce que la sauce soit assez épaisse et fasse des bulles. Saler et poivrer au goût. Servir la sauce sur les morceaux de canard.

Canard bouilli de la Louisiane

3 litres (12 tasses) d'eau
85 g (3 oz) de mélange d'épices cajun* pour faire bouillir le crabe et les crevettes
2 ou 3 fuligules à collier ou autres canards sauvages moyens, avec la peau
Sel d'ail
Poivre
4 ou 6 tranches de bacon (facultatif)

3 à 5 portions

Dans une grosse cocotte en métal ou dans une marmite, porter l'eau à ébullition. Ajouter le mélange d'épices cajun, puis porter de nouveau à ébullition. Laisser bouillir 5 minutes et ajouter les canards. Porter encore à ébullition, réduire le feu et couvrir. Laisser mijoter environ 1 h 30, jusqu'à ce que les canards soient tendres.

Chauffer le four à 180 °C (350 °F). Retirer les canards du liquide. Les égoutter et les assécher avec des essuie-tout. Placer les canards, poitrine vers le haut, dans un plat à rôtir. Saupoudrer de sel d'ail et de poivre. Si désiré, mettre 2 tranches de bacon sur chaque canard. Cuire au four de 15 à 20 minutes, jusqu'à ce que les canards et le bacon soient dorés.

* Truc: On peut trouver le mélange d'épices cajun dans les poissonneries ou au comptoir de poissons des supermarchés.

Poitrines de canard avec bacon et oignon

Plusieurs personnes soutiennent que les canards sauvages, particulièrement les canards plongeurs, ont un goût de foie. Cette recette joue sur cette ressemblance.

4 demi-poitrines de canard désossées de 2 canards sauvages
125 à 250 ml (1/2 à 1 tasse) de brandy
30 g (1/4 tasse) de farine tout usage
1/4 c. à café (1/4 c. à thé) de sel
1/8 c. à café (1/8 c. à thé) de poivre
8 tranches de bacon, coupées
1 oignon moyen, haché très grossièrement

4 portions

Dans un bol moyen, mettre les demi-poitrines et assez de brandy pour couvrir la viande. Couvrir le bol de pellicule plastique. Faire mariner au réfrigérateur de 1 h à 2 h. Égoutter les demi-poitrines et jeter le brandy, puis les assécher avec des essuie-tout. Sur une feuille de papier ciré, mélanger la farine, le sel et le poivre. Passer les demi-poitrines dans la farine, en les retournant pour bien les enrober. Réserver les demi-poitrines et jeter le surplus de farine.

Dans un grand poêlon, faire revenir le bacon à feu moyen, jusqu'à ce qu'il soit croustillant. Enlever le bacon avec une fourchette et réserver. Mettre les demi-poitrines dans le poêlon, puis les faire revenir à feu moyen jusqu'à ce qu'elles soient dorées d'un côté. Tourner les demi-poitrines et ajouter l'oignon. Poursuivre la cuisson, en replaçant les morceaux de poitrine et l'oignon une ou deux fois, jusqu'à ce que la viande ait la cuisson voulue et que l'oignon soit *al dente*. Servir avec le bacon.

Poitrine de canard Rumaki ▲

Dans cet amuse-gueule traditionnel, la poitrine de canard remplace les foies de poulet.

2 demi-poitrines de canard désossées d'un canard sauvage
125 ml (1/2 tasse) de saké ou de xérès sec
1 c. à soupe de sauce soya
1 c. à soupe d'huile d'arachide
1 c. à soupe de gingembre frais, émincé (facultatif)
8 à 10 tranches de bacon, coupées en deux
16 à 20 châtaignes d'eau entières, en conserve

16 à 20 amuse-gueule

Couper chaque demi-poitrine en 8 ou 10 morceaux d'environ 2,5 cm (1 po) chacun. Dans un petit bol, mélanger le saké, la sauce soya, l'huile et le gingembre, si désiré. Ajouter les morceaux de canard, puis remuer pour bien les enrober. Laisser mariner à la température de la pièce pendant 1 h. Déposer un morceau de canard et une châtaigne sur un morceau de bacon. Entourer le canard et la châtaigne de bacon, puis fixer le tout avec un cure-dent. Répéter l'opération pour les ingrédients qui restent. Chauffer le four à *broil* ou à 290 °C (550 °F). Disposer les amuse-gueule sur le plateau à grillades. Faire griller de 7,5 à 10 cm (3 à 4 po) du gril, environ 10 minutes, jusqu'à ce que le bacon soit croustillant, en retournant les amuse-gueule une fois.

Canard dans une farce de pain de maïs

Suivre la recette des Colombes dans une farce de pain de maïs (voir p. 112), mais remplacer les colombes par 2 poitrines de canards sauvages, sans peau et désossées, coupées en lanières de 2 cm (3/4 po). Suivre la méthode indiquée. Cuire au four pendant 1 h.

Canard épicé sauté aux arachides ▲

1 poitrine de gros canard sauvage ou 2 poitrines de canards plus petits, sans peau et désossées

MARINADE:
1 c. à soupe de sauce soya
1 c. à soupe d'huile végétale
1 c. à soupe de fécule de maïs

SAUCE:
60 ml (1/4 tasse) de bouillon de poulet ou d'eau
2 c. à soupe de sauce soya
1 c. à soupe de xérès
2 c. à café (2 c. à thé) de vinaigre de vin rouge
1 c. à café (1 c. à thé) de fécule de maïs
1 c. à café (1 c. à thé) de sucre
1/2 c. à café (1/2 c. à thé) d'huile de sésame

2 c. à soupe d'huile végétale
2 c. à soupe de gingembre frais, haché
1/4 à 1/2 c. à café (1/4 à 1/2 c. à thé) de piment rouge séché, en flocons
70 g (1/2 tasse) d'arachides salées
25 g (1/4 tasse) d'oignons verts, hachés
Riz cuit, chaud

2 ou 3 portions

Couper la poitrine de canard en morceaux de 2 cm (3/4 po). Dans un petit bol, mélanger tous les ingrédients de la marinade. Ajouter les morceaux de canard et remuer pour bien les enrober. Réfrigérer de 30 à 60 minutes.

Mélanger tous les ingrédients de la sauce dans un autre petit bol, puis réserver. Dans un wok ou un poêlon moyen, chauffer 2 c. à soupe d'huile à feu moyen-élevé, puis ajouter le gingembre et le piment en flocons. Faire sauter environ 30 secondes. Ajouter le mélange de canard et faire sauter seulement jusqu'à ce que le canard soit ferme. Ajouter les arachides et faire sauter environ 45 secondes, jusqu'à ce que le canard soit doré. Ajouter la sauce et les oignons verts, et cuire jusqu'à ce que la sauce soit assez épaisse et translucide. Servir sur du riz chaud.

Canard aux gombos à la façon du Mississippi

BOUILLON:
4 ou 5 canards de Chiloé ou autres canards sauvages de grosseur moyenne, avec ou sans la peau
1 oignon moyen, en morceaux
2 carottes coupées en morceaux de 5 cm (2 po)
20 g (1/3 tasse) de persil frais en petits morceaux (facultatif)
1 feuille de laurier
1 ou 2 litres (4 ou 8 tasses) d'eau

ROUX:
180 ml (3/4 tasse) d'huile végétale
90 g (3/4 tasse) de farine tout usage

6 oignons moyens, hachés finement
3 poivrons verts moyens, hachés finement
240 g (2 tasses) de céleri haché finement
3 gousses d'ail hachées
840 g (28 oz) de tomates entières, coupées en morceaux et égouttées, en conserve
1 à 2 c. à soupe de sauce Worcestershire
1 c. à soupe + 1 1/2 c. à café (1 1/2 c. à thé) de sel
1 1/2 à 2 c. à café (1 1/2 à 2 c. à thé) de poivre
1/2 c. à café (1/2 c. à thé) de feuilles d'origan séchées
1/2 c. à café (1/2 c. à thé) de feuilles de thym séchées
285 g (10 oz) de gombos surgelés, en morceaux
Riz cuit, chaud

Environ 2,2 kg (16 tasses)

Dans une grande marmite, mettre tous les ingrédients du bouillon en ajoutant assez d'eau pour couvrir les canards. Porter à ébullition, puis réduire le feu et couvrir. Laisser mijoter de 1 h à 1 h 30, jusqu'à ce que les canards soient tendres. Retirer les canards. Filtrer et réserver le bouillon, puis jeter les légumes. Désosser les canards, couper la viande en petits morceaux, puis réserver. Jeter la peau et les os. Dégraisser le bouillon, puis filtrer à travers plusieurs couches de mousseline à fromage. Réserver 1 litre (4 tasses) de bouillon. Conserver le bouillon qui reste pour l'utiliser dans d'autres recettes.

Chauffer l'huile à feu moyen dans une grande marmite, puis y mélanger la farine. Cuire environ 30 minutes, en remuant constamment, jusqu'à ce que la farine soit bien dorée. Ajouter les oignons, les poivrons, le céleri et l'ail en remuant doucement. Cuire, en brassant constamment, jusqu'à ce que les légumes soient tendres. Ajouter la viande, le bouillon réservé et tous les ingrédients qui restent, sauf les gombos et le riz. Porter tout juste à ébullition, en brassant de temps en temps, puis réduire le feu. Laisser mijoter, sans couvercle, environ 30 minutes, en brassant de temps en temps. Ajouter les gombos. Remuer pour les séparer. Laisser mijoter 30 minutes. Servir sur du riz chaud.

Variante: Pour un plat plus facile à préparer, cuire les canards à l'autocuiseur tel qu'indiqué (voir p. 129), ou utiliser 560 g (4 tasses) d'un reste de canard, d'oie ou de dindon, cuit. Utiliser 1 litre (4 tasses) de Bouillon de canard (voir p. 145) ou de bouillon prêt à servir. Préparer un roux comme il est décrit plus haut, puis continuer tel qu'indiqué.

Terrine de canard et de pistaches

Cet élégant pâté fait merveille dans un buffet et est également délicieux à la maison dans un panier de pique-nique avec un pain de campagne croustillant et une bouteille de bourgogne.

1 gousse d'ail hachée
1 c. à café (1 c. à thé) de feuilles de thym séchées
1 c. à café (1 c. à thé) de feuilles de romarin séchées, émiettées
1 c. à café (1 c. à thé) de sel
1/4 c. à café (1/4 c. à thé) de poivre
180 ml (3/4 tasse) de xérès sec
2 demi-poitrines désossées d'un canard colvert, coupées en morceaux de 5 cm (2 po)
340 g (3/4 lb) de rôti de porc gras, désossé, ou de côtelettes, coupé en cubes de 5 cm (2 po)
60 ml (1/4 tasse) de brandy
125 ml (1/2 tasse) de vin rouge
4 demi-poitrines désossées de 2 sarcelles ou autres petits canards sauvages
8 tranches de bacon
35 g (1/4 tasse) de pistaches grossièrement hachées

1 terrine

Dans un bol, mélanger l'ail, le thym, le romarin, le sel, le poivre et le xérès. Ajouter les morceaux de canard colvert et les cubes de porc, puis remuer pour bien les enrober du mélange. Couvrir le bol d'une pellicule plastique et réserver. Dans un autre bol, mettre le brandy et le vin, puis ajouter les demi-poitrines de sarcelle. Couvrir le bol d'une pellicule plastique. Mettre les deux bols au réfrigérateur pour au moins 8 h ou pour toute la nuit.

Chauffer le four à 160 °C (325 °F). Tapisser un moule à pain de tranches de bacon en plaçant 4 tranches en croix au fond et sur les côtés du moule, et en laissant l'excès de bacon pendre sur les côtés du moule. Couper 2 tranches de bacon en deux. Placer 2 moitiés en haut, à chaque bout du moule. Réserver les 2 tranches qui restent.

Égoutter la marinade du mélange de canard colvert et réserver 60 ml (1/4 tasse) de marinade. Au robot culinaire, hacher le mélange de canard colvert jusqu'à consistance moyenne. Mélanger à la marinade réservée. Presser la moitié de la viande hachée dans le moule déjà préparé. Disposer les demi-poitrines de sarcelle sur la viande hachée. Parsemer la viande de pistaches. Presser l'autre moitié de la viande hachée dans le moule. Replier les extrémités du bacon sur le dessus de la viande. Disposer les 2 tranches de bacon qui restent sur le dessus du pain de viande. Recouvrir de papier d'aluminium, en appuyant bien sur le bacon. Bien fermer autour des bords.

Mettre le moule à pain rempli de viande dans un autre moule de 30 x 20 cm (12 x 8 po) et placer le tout sur une grille du four. Ajouter 2,5 à 4 cm (1 à 1 1/2 po) d'eau bouillante au fond du grand moule. Cuire pendant 1 h 30. Enlever le moule à pain du grand moule. Laisser refroidir, dans le papier d'aluminium, pendant 1 h. Déposer une brique recouverte de papier d'aluminium sur la terrine aussi recouverte de papier d'aluminium. Mettre au réfrigérateur pendant au moins toute la nuit. Pour servir, enlever le papier d'aluminium, puis libérer les bords. Retourner la terrine sur une assiette et démouler. Enlever tout le gras et la gélatine qui ont pu se détacher de la terrine.

Oie en sauce ⏱-30 ▲

500 ml (2 tasses) d'un reste de sauce brune à l'oie ou au bœuf
125 ml (1/2 tasse) de vin blanc sec ou de xérès
1 c. à soupe de sauce Worcestershire
70 g (1 tasse) de champignons frais, en tranches
1 petit oignon haché finement
2 c. à soupe de beurre ou de margarine
560 g (4 tasses) d'oie cuite, en tranches
2 c. à soupe d'olives noires, en tranches
1 1/2 c. à café (1 1/2 c. à thé) de jus de citron
Sel et poivre
Riz sauvage cuit, chaud ou pointes de toasts beurrées

4 à 6 portions

Dans une casserole, chauffer la sauce à feu moyen, jusqu'à ce qu'elle fasse des bulles, en la remuant de temps en temps. Incorporer le vin et la sauce Worcestershire, puis réserver. Dans un poêlon, cuire à feu moyen les champignons et l'oignon dans le beurre ou la margarine, en remuant, jusqu'à ce que l'oignon soit tendre. Ajouter au mélange de sauce. En brassant, ajouter l'oie, les olives et le jus de citron, puis saler et poivrer au goût. Cuire à feu moyen-doux, environ 5 minutes, en remuant de temps en temps, jusqu'à ce que la viande soit bien chaude. Servir sur du riz cuit très chaud.

Salade de chou ⏱-30 au canard et au sésame

2 c. à café (2 c. à thé) de beurre ou de margarine
2 c. à soupe d'amandes en tranches
2 c. à soupe de graines de sésame
390 g (3 tasses) de chou rouge, râpé
390 g (3 tasses) de chou vert, râpé
140 à 280 g (1 à 2 tasses) de canard cuit, déchiqueté
2 oignons verts, émincés
85 g (3 oz) de mélange de soupe poulet et nouilles à l'orientale

Vinaigrette:
3 c. à soupe de vinaigre de vin rouge
3 c. à soupe d'huile végétale
2 c. à soupe de sucre
1 c. à café (1 c. à thé) d'huile de sésame
1/4 c. à café (1/4 c. à thé) de sel
1/4 c. à café (1/4 c. à thé) de poivre

6 à 8 portions

Dans un petit poêlon, faire fondre le beurre ou la margarine à feu moyen-doux. Ajouter les amandes et les graines de sésame. Cuire jusqu'à ce qu'elles soient légèrement dorées, en brassant constamment. Retirer du feu et laisser refroidir.

Dans un grand bol, mettre le mélange d'amande, le chou rouge et le chou vert, le canard et les oignons, puis bien mélanger. Saupoudrer le mélange de soupe sur la salade, à l'exception des nouilles. Casser les nouilles en petits morceaux, puis les ajouter à la salade. Bien mêler. Dans un petit bol, mélanger tous les ingrédients de la vinaigrette. Verser sur la salade en la remuant doucement pour bien la recouvrir de vinaigrette. Servir aussitôt.

Salade de canard aux mandarines (-30) ▲

Faite avec des restes de canard cuit, cette salade constitue un agréable mariage de saveurs, de textures et de couleurs.

2 c. à café (2 c. à thé) de beurre ou de margarine
70 g (1/2 tasse) d'amandes en tranches

VINAIGRETTE:
125 ml (1/2 tasse) d'huile d'olive
60 ml (1/4 tasse) de vinaigre de riz ou de vinaigre de vin rouge
1 c. à soupe d'oignon râpé
1/4 c. à café (1/4 c. à thé) de sel
1/4 c. à café (1/4 c. à thé) de poivre

SALADE:
340 g (12 oz) d'épinards frais, lavés, parés et déchiquetés
140 g (1 tasse) de canard cuit, déchiqueté
70 g (1 tasse) de champignons frais, en tranches
1 petit oignon rouge, tranché mince
290 g (11 oz) de quartiers de mandarine, égouttés, en conserve

4 à 6 portions

Dans un petit poêlon, faire fondre le beurre ou la margarine à feu moyen-doux, puis ajouter les amandes. Cuire jusqu'à ce qu'elles soient légèrement dorées, en brassant constamment. Retirer du feu et laisser refroidir.

Mettre tous les ingrédients de la vinaigrette dans un bol et réserver. Dans un saladier moyen, mettre tous les ingrédients de la salade et les amandes grillées. Juste avant de servir, ajouter la vinaigrette à la salade. Remuer doucement pour bien recouvrir la salade de vinaigrette.

Oie et riz sauvage en casserole

500 ml (2 tasses) d'eau
80 g (1/2 tasse) de riz sauvage, non cuit, rincé
1/2 c. à café (1/2 c. à thé) de sel
60 g (1/4 tasse) de beurre ou de margarine
225 g (8 oz) de champignons frais, en tranches
3 c. à soupe de farine tout usage
2 c. à café (2 c. à thé) de bouillon de poulet instantané en poudre
1/2 c. à café (1/2 c. à thé) de sel
340 ml (12 oz) de lait concentré en conserve
80 ml (1/3 tasse) d'eau
210 à 280 g (1 1/2 à 2 tasses) d'oie cuite, en morceaux
140 g (8 oz) de châtaignes d'eau en tranches, égouttées, en conserve
50 g (2 oz) de piment doux d'Espagne en tranches, égoutté, en bocal
70 g (1/2 tasse) d'amandes en tranches

4 à 6 portions

Dans une casserole moyenne, mettre 500 ml (2 tasses) d'eau, le riz et 1/2 c. à café (1/2 c. à thé) de sel. Porter à ébullition, en brassant une fois. Réduire le feu et couvrir. Laisser mijoter de 30 à 45 minutes, jusqu'à ce que le riz soit tendre. Égoutter et réserver.

Chauffer le four à 180 °C (350 °F). Beurrer une cocotte de 1,5 litre (6 tasses) et réserver. Dans un poêlon, faire fondre le beurre ou la margarine à feu moyen. Ajouter les champignons. Cuire en remuant jusqu'à ce que ce soit tout juste tendre. Ajouter la farine, le bouillon en poudre et 1/2 c. à café (1/2 c. à thé) de sel en remuant. Incorporer le lait et 80 ml (1/3 tasse) d'eau. Cuire, en brassant toujours, environ 5 minutes, jusqu'à ce que la sauce soit assez épaisse et fasse des bulles. Retirer du feu. Ajouter l'oie, les châtaignes et le piment doux. Verser dans la cocotte réservée. Parsemer d'amandes, couvrir et cuire au four pendant 30 minutes. Enlever le couvercle et cuire de 15 à 30 minutes de plus, jusqu'à ce que le plat soit très chaud et que la sauce fasse des bulles. Servir sur le riz cuit.

Recettes de farce

On devrait farcir tous les gibiers à plume juste avant de les faire rôtir. Remplir l'oiseau légèrement pour que la farce puisse prendre de l'expansion.

Chaque recette contenue dans cette section donne environ 700 g (5 tasses) de farce — ce qui est suffisant pour une grosse oie ou un dindon, ou encore pour 4 faisans ou canards. On peut aussi cuire la farce séparément et la servir pour accompagner un rôti, de la viande grillée ou un autre plat principal. Mettre la farce dans une cocotte beurrée de 1,5 litre (6 tasses). Cuire 30 minutes au four, à couvert, à 180 °C (350 °F). Enlever le couvercle et poursuivre la cuisson de 15 à 25 minutes, jusqu'à ce que la farce soit très chaude. Si l'on utilise la farce comme plat d'accompagnement d'un rôti, verser du jus de cuisson du rôti sur la farce à plusieurs reprises, pour lui ajouter de la saveur.

◂ Farce de pain de maïs

5 tranches de bacon
3 c. à soupe de beurre ou de margarine
1 petit oignon haché
40 g (1/3 tasse) de céleri haché
105 g (1 1/2 tasse) de champignons frais, en tranches
560 g (4 tasses) de mélange de farce de pain de maïs
25 g (1/3 tasse) de persil frais en petits morceaux
250 ml (1 tasse) de Bouillon de gibier à plume (voir p. 145) ou de bouillon de poulet
1 œuf battu

Dans un poêlon, faire revenir le bacon à feu moyen-doux, jusqu'à ce qu'il soit croustillant, puis le faire égoutter sur des essuie-tout. Émietter le bacon et réserver. Faire fondre le beurre ou la margarine à feu moyen dans la graisse de cuisson du bacon. Ajouter l'oignon et le céleri. Cuire en remuant pendant 3 minutes. Ajouter les champignons. Cuire en remuant environ 2 minutes de plus, jusqu'à ce que les légumes soient tendres. Retirer du feu. Dans un bol moyen, mettre le mélange de farce, le persil, le bacon émietté et le mélange de légumes, puis bien mêler le tout. Incorporer le bouillon et l'œuf, puis bien mélanger.

Farce à l'abricot

Voici une excellente farce pour tous les gibiers à plume, mais c'est aussi un savoureux plat d'accompagnement pour le petit ou le gros gibier.

7 ou 8 tranches de pain de blé entier ou de pain blanc (ou moitié-moitié pain de blé entier et pain blanc)
65 g (1/2 tasse) d'abricots séchés
55 g (1/2 tasse) de pacanes ou de noix hachées
1 c. à café (1 c. à thé) de feuilles de sauge séchées, émiettées
1 c. à café (1 c. à thé) de persil séché en flocons
1/2 c. à café (1/2 c. à thé) de sel
1/4 c. à café (1/4 c. à thé) de poivre
1 oignon moyen, haché
120 g (1 tasse) de céleri haché
60 g (1/4 tasse) de beurre ou de margarine
250 ml (1 tasse) de Bouillon de gibier à plume (voir p. 145) ou de bouillon de poulet

Chauffer le four à 160 °C (325 °F). Déposer le pain directement sur la grille du four. Cuire de 5 à 10 minutes, jusqu'à ce que le pain soit sec. Laisser refroidir. Couper en cubes de 1,2 cm (1/2 po); on devrait obtenir environ 150 g (5 tasses) de pain en cubes. Mettre le pain dans un bol moyen, puis ajouter les abricots, les noix, la sauge, le persil, le sel et le poivre. Bien mélanger et réserver.

Dans un poêlon, cuire en brassant l'oignon et le céleri dans le beurre ou la margarine, à feu moyen, jusqu'à ce que ce soit tendre. En continuant à remuer, ajouter au mélange de pain. Incorporer le bouillon et bien mélanger.

Note: Pour obtenir une farce un peu moins sèche ou si l'on cuit la farce séparément, on doit ajouter au bouillon 1 œuf battu.

Farce à la saucisse épicée

Cette farce peut être utilisée avec le gibier d'eau ou servie en plat d'accompagnement d'un rôti de gros gibier.

60 g (1/4 tasse) de beurre ou de margarine
150 g (5 tasses) de pain de campagne en cubes de 2 cm (3/4 po)
225 g (1/2 lb) de saucisse de porc épicée
1 petit oignon haché
40 g (1/3 tasse) de céleri haché finement
1 pomme moyenne, évidée et hachée
55 g (1/2 tasse) de pacanes ou de noix hachées
80 ml (1/3 tasse) de Bouillon de gibier à plume (voir p. 145) ou de bouillon de poulet

Dans un grand poêlon, faire fondre le beurre ou la margarine à feu moyen-doux. Ajouter le pain en remuant pour bien l'enrober. Cuire en brassant, à feu moyen, jusqu'à ce que le pain soit légèrement doré, puis mettre le pain dans un grand bol et réserver.

Dans le même poêlon, cuire la saucisse à feu moyen, jusqu'à ce que la viande perde sa couleur rosée, en remuant pour briser les saucisses en morceaux. Ajouter l'oignon et le céleri. Cuire en brassant jusqu'à ce que les légumes soient tendres et que la saucisse soit cuite à l'intérieur. Ajouter le mélange de saucisses au pain, mettre les morceaux de pommes et les noix, et bien mélanger. Incorporer le bouillon et bien mélanger encore une fois.

Note: Pour obtenir une farce un peu moins sèche ou si l'on cuit la farce séparément, on doit ajouter au bouillon 1 œuf battu.

Farce à l'oignon et au pain

Voici la bonne vieille farce traditionnelle.

1 oignon moyen, coupé en deux dans le sens de la longueur, puis haché finement
60 g (1/4 tasse) de beurre ou de margarine
135 g (4 1/2 tasses) de croûtons aux herbes
2 c. à café (2 c. à thé) de persil séché en flocons
1/2 c. à café (1/2 c. à thé) de sel
1/2 c. à café (1/2 c. à thé) de feuilles de sauge séchées, émiettées (facultatif)
1/2 c. à café (1/2 c. à thé) de feuilles de basilic séchées
1/4 c. à café (1/4 c. à thé) de feuilles de marjolaine séchées
250 ml (1 tasse) de Bouillon de gibier à plume (voir p. 145) ou de bouillon de poulet
1 œuf

Dans un poêlon moyen, cuire en remuant l'oignon dans le beurre ou la margarine, à feu moyen, jusqu'à ce qu'il soit tendre. Retirer du feu et réserver. Dans un bol, mettre les croûtons, le persil, le sel, la sauge, le basilic et la marjolaine, et bien mélanger. En continuant à remuer, ajouter l'oignon et le beurre ou la margarine. Verser le bouillon dans un petit bol et le mêler à l'œuf. Ajouter au mélange de croûtons et bien mélanger.

Farce au riz et au gingembre ▲

Le mélange de riz blanc, de riz brun et de riz sauvage fait de cette farce un plat attrayant. C'est une excellente farce pour tous les gibiers à plume, mais c'est aussi un savoureux plat d'accompagnement.

240 g (2 tasses) de céleri haché
1 oignon moyen, haché
2 c. à café (2 c. à thé) de gingembre frais, râpé
115 g (1/2 tasse) de beurre ou de margarine
390 g (2 tasses) de riz cuit
140 g (8 oz) de châtaignes d'eau en tranches, égouttées, en conserve
35 g (1/3 tasse) de chapelure

Dans un poêlon, cuire en remuant le céleri, l'oignon et le gingembre dans le beurre ou la margarine, à feu moyen, jusqu'à ce qu'ils soient tendres. Mettre ce mélange de légumes dans un bol et ajouter le reste des ingrédients. Bien mélanger.

Bouillon de gibier

Un bon bouillon est un ingrédient essentiel pour faire de la bonne cuisine. On l'utilise comme base dans les sauces et comme liquide de cuisson dans de nombreuses recettes. Pour faire un bouillon de gibier, on fait bouillir les os de gros ou de petit gibier, ou encore de gibier à plume, généralement avec des légumes et des assaisonnements. Le bouillon maison donne plus de saveur aux plats que le bouillon de poulet ou de bœuf que l'on trouve dans le commerce. Pour plus de commodité, on peut congeler le bouillon en contenants de 250 ml (1 tasse) (voir p. 49). On peut aussi le mettre en conserve à l'aide d'un autocuiseur (voir p. 153). Laisser un vide de 1,2 cm (1/2 po) dans le haut des bocaux. Traiter à 68 kPa (10 lb) de pression pendant 10 minutes.

Si l'on fait une plus grande quantité de bouillon, on peut vouloir utiliser la même technique que les chefs. Préparer le bouillon sans sel, puis le filtrer dans deux couches de mousseline à fromage. Laisser refroidir complètement le bouillon filtré, puis le dégraisser. Faire bouillir ce bouillon filtré et dégraissé jusqu'à ce qu'il réduise de moitié pour obtenir une demi-glace, qui constitue la base de nombreuses sauces françaises classiques. Réduire la demi-glace davantage donne une glace plus dure, caoutchouteuse, que l'on peut couper en petits morceaux et faire congeler. Un petit morceau de cette glace, ajouté à une sauce ou à un liquide dans lequel on fait braiser, intensifie la saveur du plat sans ajouter de liquide. Si l'on trouve dans les ingrédients d'une recette 1 c. à café (1 c. à thé) de bouillon en poudre instantané, on peut le remplacer par un petit morceau de glace et un peu de sel.

Bouillon de gros gibier ►

Faire dorer les os au four donne un bouillon riche et foncé. Le bouillon de gros gibier nécessite une longue cuisson pour que la saveur des os de taille importante soit mise en valeur.

Suffisamment d'os de cerf, d'antilope d'Amérique, de wapiti ou d'orignal pour remplir une marmite, soit de 2,3 à 4,5 kg (5 à 10 lb)
4 à 6 carottes, en morceaux de 5 cm (2 po)
3 ou 4 tiges de céleri, en morceaux de 5 cm (2 po)
2 oignons moyens, en quartiers
2 feuilles de laurier
10 grains entiers de poivre noir
4 ou 5 brins de persil frais
1 brin de thym frais ou 1/2 c. à café (1/2 c. à thé) de feuilles de thym séchées

Environ 3 litres (12 tasses)

Comment préparer le Bouillon de gros gibier

Disposer tous les os dans le plat à rôtir. Chauffer le four à 230 °C (450 °F). Rôtir les os au four pendant environ 1 h, jusqu'à ce qu'ils soient bien dorés, en les retournant une fois. Mettre les os dans une marmite.

Détacher les petites parcelles collées au fond de la rôtissoire en brassant et en ajoutant 250 ml (1 tasse) d'eau, si nécessaire. Verser le liquide dans une grosse tasse à mesurer, dégraisser et jeter le gras. Ajouter le liquide à la marmite.

Ajouter le reste des ingrédients à la marmite. Couvrir les os d'eau froide. Porter à ébullition à feu moyen-élevé. Réduire le feu, puis écumer le bouillon. Laisser mijoter environ 8 h, en dégraissant de temps en temps, et en ajoutant de l'eau pour que les os en soient toujours recouverts.

Filtrer le bouillon dans deux couches de mousseline à fromage. Jeter les os et les légumes. Remettre le bouillon dans la marmite. Porter à ébullition à feu moyen-élevé. Cuire jusqu'à ce que le bouillon soit réduit à environ 3 litres (12 tasses). Laisser refroidir légèrement, puis mettre au réfrigérateur toute la nuit. Enlever le gras qui s'est solidifié à la surface du bouillon.

Bouillon de gibier à plume ►
(faisan, perdrix, gélinotte, dindon ou gibier d'eau)

Lorsqu'on découpe le gibier à plume, on peut conserver la colonne vertébrale et le cou, ainsi que les os qui restent après avoir désossé les oiseaux, jusqu'à ce qu'on en ait assez pour faire du bouillon. Le Bouillon de gibier à plume se fait plus rapidement que le Bouillon de gros gibier.

680 à 900 g (1 ½ à 2 lb) de dos de gibier à plume cru et d'os
1 petit oignon, en quartiers
1 tige de céleri, en morceaux de 2,5 cm (1 po)
1 carotte, en morceaux de 2,5 cm (1 po)
15 g (¼ tasse) de persil frais en petits morceaux
½ c. à café (½ c. à thé) de feuilles de marjolaine séchées
½ c. à café (½ c. à thé) de feuilles de thym séchées
6 grains entiers de poivre noir
2 clous de girofle entiers
1 feuille de laurier
1 ¼ c. à café (1 ¼ c. à thé) de sel (facultatif)
1 à 1,5 litre (4 à 6 tasses) d'eau froide

Environ 750 ml (3 tasses) de bouillon

Mettre tous les ingrédients dans une grande casserole, en ajoutant assez d'eau pour recouvrir les os et les légumes. Porter à ébullition à feu moyen-élevé. Réduire le feu, puis écumer le bouillon. Laisser mijoter de 1 h 30 à 2 h, en écumant de temps en temps. Filtrer le bouillon à travers deux couches de mousseline à fromage. Jeter les os et les légumes. Laisser refroidir le bouillon légèrement, puis le mettre au réfrigérateur toute la nuit. Enlever toute trace de gras solide à la surface du bouillon.

Bouillon de lapin

Suivre la recette précédente, en remplaçant les os de gibier à plume par 680 à 900 g (1 ½ à 2 lb) de dos, de côtes ou d'autres os de lapin. Continuer tel qu'indiqué et cuire de 2 h à 2 h 30.

Sauces et marinades

Les sauces rehaussent la saveur du gibier préparé simplement. Le Bouillon de gibier est excellent. Si l'on remplace le Bouillon de gibier par du bouillon de bœuf ou par du bouillon de poulet instantané, il serait préférable de réduire la quantité de sel indiquée dans la recette.

Les marinades attendrissent les coupes de gibier les plus dures et leur ajoutent de la saveur. La plupart des marinades sont faites d'un mélange d'huile et d'un ingrédient acide — comme le jus de citron, le vin ou le vinaigre — auxquels on ajoute des herbes et des épices pour plus de saveur. On peut essayer différents assaisonnements pour créer son propre mélange maison.

Sauce aux cerises ♡ (-30) ▲

Les cerises rouge foncé semblent être le complément naturel du gibier d'eau. Cette sauce convient aussi très bien aux rôtis de gros gibier.

500 g (16 oz) de cerises douces, rouge foncé, dénoyautées, égouttées, dont on réserve le jus, en conserve
Liqueur de cerise, brandy ou eau
2 c. à soupe de fécule de maïs
2 c. à soupe de jus de citron
Pincée de sel
2 c. à soupe de miel
2 c. à soupe de beurre ou de margarine, coupé

Environ 625 ml (2 1/2 tasses)

Dans une grande tasse à mesurer, mettre le jus de cerise réservé et suffisamment de liqueur de cerise, de brandy ou d'eau pour faire 415 ml (1 2/3 tasse). Dans une casserole moyenne, incorporer le mélange de jus de cerise, la fécule, le jus de citron et le sel. Cuire à feu moyen, de 5 à 7 minutes, en brassant constamment, jusqu'à ce que le liquide soit translucide et fasse des bulles. Ajouter le miel en continuant à brasser. Mettre le beurre ou la margarine et cuire à feu doux en continuant à remuer jusqu'à ce que le beurre ou la margarine fonde. Ajouter les cerises et cuire en brassant constamment, jusqu'à ce que ce soit très chaud. Servir la sauce chaude.

Sauce aux câpres à l'italienne

En Italie, cette sauce accompagne souvent les viandes grillées. Elle convient parfaitement à n'importe quel type de gibier.

10 g (1/4 tasse) de mie de pain en dés
2 c. à café (2 c. à thé) de vinaigre blanc
1 jaune d'œuf cuit dur, haché
1 ou 2 filets d'anchois, en petits morceaux (facultatif)
2 c. à café (2 c. à thé) de câpres
45 g (3/4 tasse) de persil frais, en petits morceaux
2 c. à café (2 c. à thé) d'oignon haché finement
1 gousse d'ail hachée
80 à 125 ml (1/3 à 1/2 tasse) d'huile d'olive

Environ 180 ml (3/4 tasse)

Dans un petit bol, mettre la mie de pain et le vinaigre, et bien mêler le tout. Laisser reposer pendant 10 minutes. Dans un autre bol, mettre le jaune d'œuf, les anchois, si désiré, et les câpres. À l'aide d'une fourchette, en faire une purée. Ajouter le mélange de jaune d'œuf, le persil, l'oignon et l'ail au mélange de mie de pain, puis bien mélanger. Incorporer l'huile, jusqu'à ce que la sauce ait la consistance voulue. Laisser reposer à la température de la pièce au moins 30 minutes avant de servir. Brasser, puis servir la sauce à la température de la pièce.

Note: Pour obtenir une consistance plus onctueuse, mettre tous les ingrédients au mélangeur ou au robot culinaire et mélanger jusqu'à ce que la sauce soit homogène. La sauce préparée au mélangeur devrait être servie aussitôt.

Sauce aux champignons séchés

Les morilles séchées enjolivent cette variante de Sauce veloutée (voir recette à droite). On remplace le Bouillon de gibier à plume ou le bouillon de poulet par l'eau dans laquelle on a fait tremper les champignons.

15 g (1/2 oz ou environ 2/3 tasse) de morilles séchées ou d'autres champignons
250 ml (1 tasse) d'eau tiède
2 c. à soupe de beurre ou de margarine
2 c. à soupe de farine tout usage
1/4 c. à café (1/4 c. à thé) de sel
Pincée de poivre blanc
Pincée de muscade moulue
60 ml (1/4 tasse) de crème à 35 % ou de crème légère à 15 %

375 ml (1 1/2 tasse)

Casser les champignons en morceaux. Dans un petit bol, mélanger les champignons et l'eau. Laisser les champignons se réhydrater pendant 15 minutes. À l'aide d'une écumoire, retirer les champignons, puis réserver. Conserver 180 ml (3/4 tasse) du liquide dans lequel les champignons ont trempé.

Dans une petite casserole, faire fondre le beurre ou la margarine à feu moyen-doux. En remuant, ajouter la farine, le sel, le poivre et la muscade. Incorporer la crème, les champignons réservés et leur liquide. Cuire de 5 à 7 minutes, jusqu'à ce que la sauce soit assez épaisse et fasse des bulles. Servir la sauce chaude.

Sauce pour le gibier au madère

Cette délicieuse sauce accompagne merveilleusement bien les rôtis et les steaks de gros gibier.

3 c. à soupe de beurre ou de margarine
3 c. à soupe de farine tout usage
250 ml (1 tasse) de Bouillon de gibier (voir p. 144) ou de bouillon de bœuf
2 c. à soupe de gelée de raisins de Corinthe
2 c. à soupe de madère

Environ 250 ml (1 tasse)

Dans une petite casserole, faire fondre le beurre ou la margarine à feu moyen-doux. Ajouter la farine en remuant. Mélanger le bouillon. Cuire de 5 à 7 minutes, à feu moyen, jusqu'à ce que la sauce soit assez épaisse et fasse des bulles. Incorporer la gelée et brasser jusqu'à ce qu'elle soit fondue. Ajouter le madère et porter tout juste au point d'ébullition. Servir la sauce chaude.

Sauce veloutée facile à préparer

Servir cette sauce avec le gibier à plume ou le petit gibier. On peut créer ses propres variantes en ajoutant des herbes fraîches.

2 c. à soupe de beurre ou de margarine
2 c. à soupe de farine tout usage
1/4 c. à café (1/4 c. à thé) de sel
Pincée de poivre blanc
180 ml (3/4 tasse) de Bouillon de gibier à plume (voir p. 145) ou de bouillon de poulet
60 ml (1/4 tasse) de crème à 35 % ou de crème légère à 15 %

Environ 250 ml (1 tasse)

Dans une petite casserole, faire fondre le beurre ou la margarine à feu moyen-doux. En brassant, ajouter la farine, le sel et le poivre. Incorporer le bouillon et la crème. Cuire de 5 à 7 minutes, à feu moyen, en brassant constamment, jusqu'à ce que la sauce soit assez épaisse et fasse des bulles. Servir la sauce chaude.

Sauce brune pour le gros gibier

Dans la cuisine française classique, la sauce brune, faite de la réduction d'un riche bouillon, est à la base de nombreuses sauces. Les recettes qui suivent sont des variations sur le même thème, simplifiées pour la cuisine à la maison.

55 g ($^1/_3$ tasse) d'oignon haché finement
1 petite carotte hachée finement
3 c. à soupe de beurre ou de margarine
60 ml ($^1/_4$ tasse) de vin blanc sec
2 c. à soupe de farine tout usage
250 ml (1 tasse) de Bouillon de gros gibier (voir p. 144) ou de bouillon de bœuf
1 c. à café (1 c. à thé) de jus de citron ou de vinaigre
Sel et poivre noir fraîchement moulu

Environ 250 ml (1 tasse)

Dans un poêlon, cuire l'oignon et la carotte dans le beurre ou la margarine, à feu moyen, jusqu'à ce que ce soit tendre. Incorporer le vin en remuant. Cuire, en brassant de temps en temps, jusqu'à ce que le vin soit réduit de moitié. Ajouter la farine en remuant, puis incorporer le bouillon et le jus de citron ou le vinaigre. Cuire de 5 à 7 minutes, à feu moyen-élevé, jusqu'à ce que la sauce soit assez épaisse et fasse des bulles. Filtrer la sauce, si désiré. Saler et poivrer au goût. Servir chaud.

Sauce brune plus riche pour le gros gibier: Cuire l'oignon et la carotte dans le beurre ou la margarine, tel que décrit dans la recette précédente. Mélanger le vin et le faire réduire, tel qu'indiqué. Ajouter la farine en remuant. Mélanger 180 ml ($^3/_4$ tasse) de Bouillon de gros gibier réduit (demi-glace, voir p. 144), 60 ml ($^1/_4$ tasse) de vin blanc et le jus de citron ou le vinaigre. Cuire de 5 à 7 minutes, à feu moyen-élevé, en brassant constamment, jusqu'à ce que la sauce soit assez épaisse et fasse des bulles. Filtrer la sauce, si désiré. Saler et poivrer au goût. Servir chaud.

Sauce brune facile à préparer pour le gros gibier: Cuire l'oignon et la carotte dans le beurre ou la margarine, tel que décrit dans la recette de Sauce brune pour le gros gibier, en haut de cette colonne. Mélanger le vin et le faire réduire, tel qu'indiqué. Ne pas mettre de farine. Dans un bol, mélanger 25 g ($^7/_8$ oz) de mélange de sauce brune en poudre et 250 ml (1 tasse) d'eau. Mêler ce mélange de sauce et le jus de citron ou le vinaigre au mélange oignon-carotte. Cuire de 5 à 7 minutes, à feu moyen-élevé, en brassant constamment, jusqu'à ce que la sauce soit assez épaisse et fasse des bulles. Filtrer la sauce, si désiré. Saler et poivrer, si nécessaire. Servir chaud.

Sauce au poivre

Dans une petite casserole, mettre 250 ml (1 tasse) de Bouillon de gros gibier (voir p. 144), de 6 à 10 grains entiers de poivre noir, de $^1/_4$ à $^1/_2$ c. à café ($^1/_4$ à $^1/_2$ c. à thé) de moutarde sèche et une pincée de cayenne. Porter à ébullition, puis réduire le feu et couvrir. Laisser mijoter 10 minutes. Filtrer le bouillon et jeter les grains de poivre. Suivre la recette de Sauce brune pour le gros gibier, au début de cette page, mais utiliser le bouillon au poivre que l'on vient de préparer au lieu du Bouillon de gros gibier ou du bouillon de bœuf, et du vermouth plutôt que du vin blanc. Continuer tel qu'indiqué.

Sauce brune à l'orange

Dans un petit bol, mettre 3 c. à soupe de zeste d'orange râpé et 500 ml (2 tasses) d'eau bouillante. Laisser reposer 5 minutes. Égoutter et réserver le zeste. Suivre la recette de Sauce brune pour le gros gibier, au début de cette page, mais ne pas mettre de carotte et remplacer le vin blanc par 60 ml ($^1/_4$ tasse) de vin rouge sec et 60 ml ($^1/_4$ tasse) de jus d'orange. Continuer tel qu'indiqué. Quand la sauce est assez épaisse et qu'elle fait des bulles, ajouter le zeste d'orange réservé, 2 c. à soupe de cognac (facultatif) et 1 c. à soupe de gelée de groseilles rouges, en brassant. Cuire à feu moyen jusqu'à ce que la gelée fonde, en remuant constamment.

Marinade au citron et à l'ail

Cette marinade est particulièrement savoureuse avec le gibier à plume terrestre.

125 ml ($^1/_2$ tasse) de jus de citron frais
125 ml ($^1/_2$ tasse) d'huile d'olive ou d'huile végétale
2 c. à café (2 c. à thé) de feuilles d'origan séchées
1 c. à café (1 c. à thé) de moutarde de Dijon
3 gousses d'ail hachées
$^1/_8$ c. à café ($^1/_8$ c. à thé) de poivre noir fraîchement moulu

Dans une petite casserole, mettre tous les ingrédients. Chauffer jusqu'à ce que la sauce fasse des bulles. Laisser refroidir à la température de la pièce. Laisser mariner le gibier à plume ou la viande au moins 3 h, ou encore toute la nuit, en retournant les oiseaux ou la viande de temps en temps avant de les faire griller.

Marinade à la grecque

On peut faire mariner les steaks de gros gibier dans ce mélange avant de les faire griller. Cette marinade est également délicieuse avec le canard.

125 ml ($^1/_2$ tasse) d'huile d'olive ou d'huile végétale
125 ml ($^1/_2$ tasse) de vermouth doux
1 c. à soupe de jus de citron
$^3/_4$ c. à café ($^3/_4$ c. à thé) de feuilles d'estragon séchées
1 petit oignon rouge, tranché finement et séparé en rondelles
$^1/_8$ c. à café ($^1/_8$ c. à thé) de poivre noir concassé

Dans une petite casserole, mettre tous les ingrédients. Chauffer jusqu'à ce que la sauce fasse des bulles. Laisser refroidir à la température de la pièce. Faire mariner le gibier à plume ou la viande au moins 3 h, ou encore toute la nuit, en retournant les oiseaux ou la viande de temps en temps avant de les faire griller.

Le fumage du gibier

Le gibier et la fumée semblent se compléter de façon naturelle. La saveur à la fois piquante et douce de la fumée rappelle une journée dans les bois ou dans les champs.

Il y a deux méthodes de base pour fumer les aliments. Le *fumage à chaud* ou cuisson à la fumée se fait à des températures qui dépassent 50 °C (120 °F) — généralement de 65 à 150 °C (150 à 300 °F). Le *fumage à froid* se fait à moins de 50 °C (120 °F). Le fumage à chaud n'est pas une technique de conservation, mais une méthode de cuisson. Jadis, on fumait à froid la viande très saumurée pour la conserver. Il est toutefois difficile d'utiliser le fumage à froid pour la conservation des aliments et, dans certains cas, ce procédé prend plusieurs semaines. Dans cet ouvrage, le fumage à froid est utilisé seulement pour rehausser la saveur des aliments.

Tous les fumoirs fonctionnent selon le même principe. La viande est suspendue ou étendue sur des grilles dans une petite structure. Une source de chaleur, généralement située au bas, brûle du bois pour produire de la fumée. Des évents permettent à la fumée de s'échapper et à l'air de rester sain, tout en assurant la stabilité de la température du fumoir.

On trouve une vaste gamme de fumoirs dans les magasins d'articles de sport, mais plusieurs personnes fabriquent leur fumoir. Les fumoirs maison peuvent être faits de différentes façons: un vieux réfrigérateur et une plaque de cuisson chaude, jusqu'à une structure en brique beaucoup plus élaborée. Pour plus de détails, on peut consulter des ouvrages spécialisés. Plusieurs fumoirs peuvent être utilisés pour fumer à chaud ou à froid, selon la source de chaleur du fumoir et la température extérieure. Si le fumoir ne possède pas de thermomètre, il peut être utile de l'en munir (voir p. 150).

Les fumoirs qui possèdent de grands éléments électriques ou ceux dont la source de chaleur est le charbon de bois servent généralement au fumage à chaud. Les fumoirs au charbon de bois peuvent aussi servir à fumer à froid. Utiliser seulement une poignée de briquettes de charbon de bois, plutôt qu'une grande quantité, et contrôler soigneusement la température du fumoir.

Les fumoirs à chaud ont souvent un récipient pour contenir le liquide, il est placé au-dessus de la source de chaleur. Ce liquide s'évapore sous l'action de la chaleur, et la viande baigne alors dans une fumée humide. Fumé de cette façon, le gibier ne s'assèche pas autant. De nombreux cuisiniers utilisent de la bière, du bouillon ou d'autres liquides pour rehausser la saveur des aliments. Les fumoirs qui ont de petites plaques de cuisson ne conviennent pas au fumage à chaud, surtout par temps froid. Ces fumoirs, habituellement en aluminium, sont souvent utilisés dans le fumage à froid.

Contrairement au poisson, il n'est pas toujours nécessaire de mettre le gibier en saumure avant de le fumer. D'ailleurs, plusieurs personnes préfèrent le fumer nature ou légèrement assaisonné. Toutefois, le saumurage avant le fumage donne une saveur unique au gibier et rend la viande plus ferme.

Pour obtenir de la fumée, on peut utiliser des copeaux d'arbres fruitiers ou d'autres bois durs. Le pommier et l'aulne ajoutent une saveur douce et sucrée. Le cerisier et le poirier procurent une saveur plus prononcée, mais c'est le hickory qui donne la saveur la plus relevée. On l'utilise traditionnellement avec le jambon et le bacon. Les épis de maïs séché donnent aussi un goût intéressant, comme le fait le bois du mesquite ou du sassafras. On peut se procurer des morceaux ou des copeaux de bois dans les endroits où l'on vend des fumoirs ou dans les supermarchés. On ne doit jamais utiliser de bois d'arbres à feuilles persistantes ou de bois tendre. Cela donnerait à la viande un goût résineux. Tremper les morceaux de bois dans l'eau au moins 1 h avant de les utiliser. Ils feront plus de fumée et risqueront moins de prendre soudainement en feu. Habituellement, on ne fait pas tremper le bran de scie ou les copeaux de bois utilisés sur une petite plaque de cuisson électrique.

La température extérieure peut avoir une influence sur le temps de fumage. Par temps très chaud, même les modèles ayant une petite plaque de cuisson électrique peuvent devenir trop chauds pour le fumage à froid. Un temps frais et venteux abaisse la température de n'importe quel fumoir. Pour augmenter la température de fumage, placer le fumoir à l'abri du vent. S'il est au charbon de bois, lui ajouter simplement du charbon de bois. Si la température est trop basse pour le fumage à chaud, fumer la viande pendant plusieurs heures à basse température, puis finir la cuisson au four.

On détermine la cuisson d'une viande fumée à chaud à l'aide d'un thermomètre. Quand on fume une viande à froid pour l'aromatiser, on utilise la couleur de la viande comme indice: un faisan doré est légèrement aromatisé, mais une couleur brune plus prononcée indique qu'il est fortement aromatisé. On découvre vite le degré de fumage que l'on préfère. Après le fumage à froid, rôtir la viande au four, jusqu'à la température désirée.

Le fumage est un art et, pour le pratiquer, il est essentiel de ne pas craindre les expériences. Les fumoirs maison sont sujets à de grandes variations: température du fumoir, humidité, quantité de fumée produite... On doit apprendre de quelle façon la température extérieure affecte le fumage, combien de temps il faut à l'appareil pour fumer et découvrir les méthodes que l'on préfère pour fumer divers types de gibier. On pourra noter dans un carnet les recettes que l'on aura essayées, les temps de fumage, les conditions climatiques et les résultats obtenus.

Comment fumer le gibier

Pour fumer du gibier de diverses grosseurs en même temps, on doit placer les plus gros sur la grille du bas et les plus petits sur la grille du haut. Le gibier placé sur le dessus est plus loin de la source de chaleur et est plus facile à retirer s'il est prêt plus rapidement.

Utiliser un barbecue muni d'un couvercle pour fumer à chaud. Entasser des briquettes de charbon de bois d'un côté, puis les allumer. Remuer des morceaux de bois mouillés sur les briquettes recouvertes de cendre. Déposer un récipient de liquide sur la grille au-dessus des briquettes et placer le gibier à l'autre bout de la grille. Fermer le couvercle et régler la chaleur à l'aide des évents.

Si le fumoir ne possède pas son propre thermomètre, attacher un thermomètre à grande friture avec une épingle à linge et insérer le bout du thermomètre dans un évent. L'épingle à linge empêche le thermomètre d'entrer en contact avec le métal brûlant.

Rôti de gibier fumé ♡ ►

On peut utiliser une pointe de surlonge désossée, un rôti de croupe, de l'intérieur de ronde ou de l'extérieur de ronde roulé de cerf. On peut aussi utiliser des rôtis tendres de même poids d'antilope d'Amérique, de wapiti ou d'orignal.

Morceaux de hickory ou autres morceaux de bois dur
680 à 900 g (1 ½ à 2 lb) de rôti de gibier, de 7,5 à 10 cm (3 à 4 po) d'épaisseur
Gras de bacon, beurre ou margarine
Sel d'ail ou sel épicé
4 à 6 tranches de bacon
Bouillon de bœuf, bière ou eau

4 à 6 portions

Allumer une grande quantité de briquettes de charbon de bois dans un fumoir à chaud au charbon de bois ou brancher le fumoir électrique. Tremper de 8 à 10 gros morceaux de hickory — des morceaux d'environ 2,5 x 5 cm (1 x 2 po) (en utiliser davantage si les morceaux sont plus petits) — dans un seau d'eau pendant au moins 1 h. Frotter le rôti de gras de bacon, de beurre ou de margarine, puis le saupoudrer de sel d'ail ou de sel épicé. Recouvrir le rôti de tranches de bacon, puis les fixer avec des cure-dents. Insérer un thermomètre à viande dans la partie la plus épaisse du rôti.

Quand les briquettes sont recouvertes de cendre ou quand les éléments électriques sont chauds, retourner le bois mouillé sur les briquettes chaudes ou le placer dans le récipient à bois d'un fumoir électrique. Remplir le récipient de bouillon environ aux deux tiers. Placer le rôti sur la grille du bas, au-dessus du récipient de bouillon. Fermer le fumoir. Fumer pendant 2 h à 3 h, jusqu'à ce que la viande atteigne la température désirée (voir p. 54). Si le fumoir au charbon de bois n'est pas assez chaud, ouvrir légèrement l'évent du haut et celui du bas. Ne pas ouvrir le fumoir, sauf pour vérifier la température de la viande, vers la fin de la cuisson. Pendant la dernière heure du fumage, ajouter du bois mouillé. Si un rôti d'un poids semblable à ce qui est indiqué dans la liste des ingrédients n'a pas atteint la température désirée après environ 3 h, le retirer du fumoir. Finir le rôtissage au four à 180 °C (350 °F) dans une cocotte couverte.

Variante: Dans un poêlon, saisir le rôti de tous les côtés dans du gras de bacon très chaud ou dans de l'huile végétale. Saler et ne pas mettre de tranches de bacon. Continuer tel qu'indiqué.

Note: Les rôtis plus gros peuvent être fumés à chaud, mais on doit augmenter le temps de cuisson. C'est l'épaisseur de la viande, pas nécessairement son poids, qui détermine le temps de fumage. S'il faut plus d'environ 3 h de temps de fumage, il sera peut-être nécessaire d'ajouter du bouillon au récipient.

Gibier à plume ou petit gibier fumé à chaud

On peut placer les oiseaux et le petit gibier dans la saumure (voir p. 152) ou les fumer sans saumure. Les petits oiseaux comme les cailles peuvent tremper de 1 h à 2 h dans la saumure. Les lapins et les gros oiseaux comme le faisan et le canard peuvent y passer jusqu'à 4 h. On peut badigeonner les oiseaux avec la peau d'un mélange de 2 c. à soupe de miel et de 2 c. à café (2 c. à thé) de sauce soya, si désiré. Il est aussi possible d'enduire le petit gibier et les oiseaux sans la peau de beurre ramolli ou de les couvrir de tranches de bacon. Le tableau de droite donne la façon de procéder.

Temps de fumage à chaud du gibier à plume ou du petit gibier

Type de gibier	Type de bois	Temps moyen
Dindon sauvage	Pommier	8 h à 12 h (sur la grille du bas)
Faisan	Pommier	2 h à 3 h (sur la grille du bas)
Perdrix	Pommier, aulne	1 h à 2 h (sur la grille du bas)
Gélinotte	Pommier	1 h à 2 h (sur la grille du bas)
Caille	Pommier, aulne	1 h à 2 h (sur la grille du haut)
Poitrine de dindon	Pommier	3 h à 4 h (sur la grille du haut)
Gros canard	Cerisier, hickory	3 h à 4 h (sur la grille du bas)
Petit canard	Cerisier, hickory	2 h à 3 h (sur la grille du bas)
Oie entière	Poirier, cerisier	6 h à 12 h (sur la grille du bas)
Poitrine d'oie	Poirier, cerisier	3 h à 4 h (sur la grille du bas)
Lapin sauvage	Hickory, mesquite	3 h à 5 h (sur la grille du haut)

Gibier à plume fumé à froid

La viande des oiseaux fumés de cette façon est ferme et sèche, et elle est généralement servie en amuse-gueule. Dans cette recette, on peut aussi utiliser du lapin.

SAUMURE:
2 litres (8 tasses) d'eau de source en bouteille
215 g (3/4 tasse) de sel pour marinades
110 g (1/2 tasse) de cassonade
60 ml (1/4 tasse) de sirop d'érable
3 c. à soupe de vinaigre de vin blanc
1 c. à soupe d'épices pour marinades

2 faisans ou canards sauvages entiers

3 ou 4 portions

Dans un bol en verre ou en céramique, mettre tous les ingrédients de la saumure et brasser jusqu'à ce que le sel soit dissous. Ajouter les faisans ou les canards. Déposer une petite assiette en céramique sur les oiseaux pour les immerger complètement. Laisser reposer les oiseaux au réfrigérateur dans la saumure au moins 8 h ou toute la nuit, en les retournant une fois.

Retirer les oiseaux de la saumure, puis les éponger. Laisser sécher à l'air ambiant pendant 30 minutes. Fumer à froid les faisans de 2 h à 3 h, et les canards, de 3 h à 4 h. Chauffer le four à 180 °C (350 °F). Si ce sont des oiseaux avec la peau, les faire rôtir au four sans couvercle environ 1 h, jusqu'à la cuisson désirée. Si les oiseaux n'ont plus de peau, les couvrir de mousseline à fromage saturée de beurre ou encore de tranches de bacon. Servir les oiseaux chauds ou froids.

Poitrines de canard fumées à froid

Préparer une saumure tel que décrit dans la recette précédente. Ajouter les poitrines désossées, sans peau, de 3 ou 4 canards. Laisser reposer dans la saumure pendant environ 4 h. Sécher comme il est expliqué plus haut. Fumer à froid de 2 h à 3 h. Badigeonner les poitrines de beurre ramolli. Cuire au four à 180 °C (350 °F) de 30 à 45 minutes, jusqu'à la cuisson désirée. Les tranches de poitrine de canard fumé font des sandwiches tellement délicieux que même les chasseurs ont envie d'en manger dans leurs caches...!

◂ Gibier séché à l'ancienne

ASSAISONNEMENTS:
2 1/4 c. à café (2 1/4 c. à thé) de sel attendrisseur
2 1/4 c. à café (2 1/4 c. à thé) de sel pour marinades
1 1/2 c. à café (1 1/2 c. à thé) d'ail en poudre
1 1/2 c. à café (1 1/2 c. à thé) de poivre

680 g (1 1/2 lb) de cerf, d'antilope d'Amérique, de wapiti ou d'orignal

Environ 340 g (3/4 lb) de viande séchée

Dans un petit bol ou dans une bouteille à épices vide munie d'un couvercle avec des trous, mettre tous les assaisonnements. Bien mélanger et réserver. Trancher le gibier dans le sens de la fibre, en lanières d'environ 0,3 cm (1/8 po) d'épaisseur. Disposer en une seule couche sur une planche à découper. Saupoudrer uniformément la viande du mélange d'assaisonnements en utilisant ce mélange comme si l'on salait beaucoup. Pétrir légèrement la viande avec un attendrisseur. Retourner les lanières, puis les saupoudrer et les pétrir de l'autre côté aussi.

Disposer la viande sur les grilles du fumoir. Fumer à froid 5 h ou plus, jusqu'à ce que les lanières soient sèches, mais qu'elles ne se cassent pas, en inversant les grilles de temps en temps et en ajoutant d'autres copeaux de bois, si nécessaire. (Le hickory, le cerisier ou le mesquite sont parfaits dans cette recette.) En refroidissant, la viande séchée deviendra plus friable. La conserver au réfrigérateur.

Côtelettes fumées à froid et choucroute

MARINADE:
2 ou 3 gousses d'ail hachées
3 c. à soupe d'huile végétale
3 c. à soupe de sauce soya
1 c. à soupe de sauce Worcestershire
1 1/2 c. à café (1 1/2 c. à café) de jus de citron

680 g à 1,1 kg (1 1/2 à 2 1/2 lb) de côtelettes ou de steaks de gros gibier, d'environ 2 cm (3/4 po) d'épaisseur
2 litres (8 tasses) de choucroute
125 ml (1/2 tasse) de jus de pomme ou de bouillon de poulet
125 ml (1/2 tasse) d'eau

6 à 8 portions

Mettre tous les ingrédients de la marinade au robot culinaire ou au mélangeur, puis mélanger jusqu'à ce que ce soit homogène. Placer la viande en formant une seule couche dans un grand moule en verre allant au four. Verser la moitié de la marinade sur la viande. Retourner les tranches, puis couvrir du reste de la marinade. Mettre de la pellicule plastique directement sur la surface de la viande. Placer au réfrigérateur 8 h ou pendant toute la nuit.

Égoutter les tranches, puis les déposer sur une grille du fumoir à froid. Fumer à froid de 3 h à 4 h. (Le poirier, le cerisier ou l'aulne sont de bons bois à utiliser dans cette recette.)

Chauffer le four à 150 °C (300 °F). Rincer la choucroute et bien l'égoutter. Beurrer un moule de 33 x 23 cm (13 x 9 po). Disposer les tranches de viande dans le moule. Garnir de choucroute. Verser le jus de pomme et l'eau uniformément sur la choucroute. Couvrir le moule d'un papier d'aluminium. Cuire au four de 45 minutes à 1 h, jusqu'à ce que la viande soit à la cuisson désirée.

Morceaux de gibier fumé en conserve

Utiliser cette viande pour des ragoûts vite faits ou la déchiqueter, puis l'ajouter à la sauce barbecue pour obtenir des hamburgers qui sortent de l'ordinaire. La viande en conserve est aussi excellente utilisée comme viande de gibier cuit dans la Garniture pour sandwich de gros gibier (voir p. 78).

1,3 kg (3 lb) ou plus de steaks de gros gibier désossés ou autres gros morceaux de 2 à 2,5 cm (3/4 à 1 po) d'épaisseur.

MARINADE — POUR 1,3 KG (3 LB) DE VIANDE:
125 ml (1/2 tasse) de sauce soya
60 ml (1/4 tasse) d'huile végétale
1 c. à café (1 c. à thé) de sucre
1 c. à café (1 c. à thé) de poivre noir
3 gousses d'ail hachées
1/2 c. à café (1/2 c. à thé) de sauce Worcestershire

BOUILLON POUR LA MISE EN CONSERVE — POUR 1,3 KG (3 LB) DE VIANDE:
250 ml (1 tasse) de Bouillon de gibier (voir p. 144) ou de bouillon de bœuf
60 ml (1/4 tasse) de vinaigre
1 c. à café (1 c. à thé) de sucre

680 g/500 ml (1 1/2 lb/2 tasses)

Placer la viande en formant une seule couche dans un grand moule en verre. Mettre tous les ingrédients de la marinade dans un robot culinaire ou au mélangeur, puis mélanger jusqu'à ce que ce soit homogène. Verser la moitié de la marinade sur la viande. Retourner la viande et couvrir du reste de marinade. Mettre de la pellicule plastique directement sur la surface de la viande. Placer au réfrigérateur pendant au moins 3 h.

Préparer le fumoir à chaud tel que décrit dans la recette de Rôti de gibier fumé (voir p. 151). Utiliser de 8 à 10 morceaux de hickory, de mesquite, de cerisier ou d'aulne, mouillés. Remplir le récipient d'eau à peu près aux deux tiers. Égoutter la viande, puis la placer sur les grilles du haut et du bas du fumoir à chaud. Garnir la viande d'oignon émincé finement, si désiré. Fumer de 2 h à 3 h, jusqu'à ce que la viande soit cuite à point, en arrosant une fois de marinade et en inversant la position des grilles.

Retirer la viande du fumoir et laisser refroidir légèrement. Dans une casserole moyenne, mettre tous les ingrédients du bouillon pour la mise en conserve. Porter à ébullition. Retirer du feu et réserver. Couper la viande en morceaux de 2,5 à 4 cm (1 à 1 1/2 po). Voir les photos du bas pour la mise en conserve.

Comment mettre en conserve le gros gibier à l'aide d'un autocuiseur

Laver des bocaux de 500 ml (2 tasses), le tour et l'intérieur des couvercles à l'eau savonneuse très chaude. Rincer parfaitement. Placer les bocaux et le tour des couvercles dans l'évier rempli d'eau très chaude. Mettre les couvercles dans une casserole et les recouvrir d'eau très chaude. Chauffer à feu doux en faisant tout juste frémir.

Remplir les pots de morceaux chauds de viande fumée, en laissant un vide de 2,5 cm (1 po) sur le dessus. On peut aussi mettre en conserve des cubes de viande non fumée. Cuire la viande saignante, remplir les pots de viande très chaude et ajouter le bouillon en laissant un vide de 2,5 cm (1 po) sur le dessus. Essuyer le bord avec un linge propre.

Placer l'intérieur et le tour des couvercles chauds sur les bocaux. Serrer légèrement mais quand même solidement, avec la pression des doigts seulement. Déposer les bocaux fermés hermétiquement sur le trépied d'un autocuiseur. Suivre les indications du manufacturier pour savoir combien de bocaux et quelle quantité d'eau mettre dans l'autocuiseur. Chauffer jusqu'à ce que l'appareil atteigne 68 kPa (10 lb) de pression, puis commencer à compter le temps de traitement. Cuire pendant 1 h 15 à 68 kPa (10 lb) de pression.

Laisser la pression retomber d'elle-même. Quand la pression est complètement tombée, enlever les bocaux avec des pinces, puis les placer dans un endroit sans courant d'air pendant 12 h. Vérifier l'étanchéité des couvercles selon les indications du fabricant. Mettre au réfrigérateur tout bocal qui ne serait pas parfaitement étanche et en consommer le contenu dans les 3 jours qui suivent. Ranger les bocaux dans un endroit sombre et frais. Temps de conservation: un an.

Index

Table des matières

Cet ouvrage a été achevé d'imprimer
en Malaisie en septembre 2000.